DER ZUCHTMEISTER

General Franco
und sein Spanien

ECKART PLATE

Herausgeber:
Moll-Verlag, S.L. 03720 Benissa / Alicante (Spanien)
Avda. País Valencià 56, Tel. 965 733 540

Lektorat: Dorothea Boyer-Mletzko
Korrektorat: Nicole Waletzky
Satz, Montage und Lithographien:
Linares Porta, S.L., Benissa, Tel. 965 730 082
Druck: Artes Gráficas Esquerdo, S.L.
Printed in Spain
ISBN: 84-89111-14-6
Depósito Legal: A-1071-2000

Inhaltsverzeichnis

Anhang

1. Teil

El Ferrol – Milch der frommen Denkungsart

Francisco Franco wurde am 4. Dezember 1892 an einem kalten und trüben Wintertag in dem nordwestspanischen Kriegshafen El Ferrol geboren.

Ein Jahrhundert näherte sich seinem Ende, das den meisten westeuropäischen Staaten Fortschritt und gewaltigen Machtzuwachs, Spanien aber Stagnation und Dekadenz gebracht hatte.

Nach der blamablen Niederlage im spanisch-amerikanischen Krieg (1*) hatte das Land, in dem einstmals die Sonne nicht unterging, seine letzten Kolonien verloren. Ein vierhundert Jahre währender Zyklus war zum Abschluss gekommen, und von dem riesigen Imperium war nichts übrig geblieben als die hohle Arroganz einer nostalgierenden Oberschicht, die in absurdem Kontrast zu der Elendsszenerie stand, die keinem damaligen Spanienreisenden entging. Der materielle Unterschied zum Nachbarn Frankreich war so groß geworden, dass der Spruch „Hinter den Pyrenäen beginnt Afrika“ zum geflügelten Wort avancierte.

Zwar hatte der Abstieg Spaniens bereits im 17. Jahrhun-

(*) Alle mit ( ) versehenen Namen siehe Glossar ab Seite 315

dert begonnen, aber die Gold- und Silberlieferungen aus Amerika gaben der herrschenden Schicht lange die ausreichenden Mittel, um damit Augenwischerei und Selbstbetrug betreiben zu können.

Noch nicht einmal der Verlust von Süd- und Mittelamerika zu Beginn des 19. Jahrhunderts hatte die an Überfluss und Müßiggang gewöhnten oberen Zehntausend dazu veranlassen können, ihren aufwändigen Lebensstil umzustellen und die Strukturen des Landes den neuen Gegebenheiten anzupassen. Statt die Ärmel hochzukrempeln und die nötigen Reformen für eine Sanierung des Landes einzuleiten, wurden die zum Erhalt des Status quo nötigen zusätzlichen Mittel aus der archaischen Produktionsstruktur des Mutterlandes herausgepresst, wobei die Kirche half, die Opfer des parasitären Systems durch Hinweise auf evetuelle Gefährdungen des Seelenheils bei der mittelalterlichen Schufterei zu halten und vor „dummem" Nachsinnen zu bewahren.

Es bedurfte der blamablen Niederlage gegen die Flotte der USA und des Todes von über 200 000 Soldaten in den kolonialen Rückzugsgefechten, dass es zu einem jähen Erwachen der Intellektuellen des Landes kam. Die so genannte 98er Generation (1) mit Schriftstellern und Philosophen wie Unamuno, Azorín, Baroja, Blasco Ibáñez und Ortega y Gasset begann damit, ihr Land als Patienten zu betrachten, für den es die geeignete Medizin zur Genesung zu finden galt.

Innerhalb des verelendeten Volkes hatte es auf Grund der sich verschlimmernden materiellen Situation und des tausendfachen Todes in den Wehrdienst gepresster Bauernjungen – für eine Sache, die nicht die ihre war – schon längst zu gären begonnen. Die importierten Ideen von Sozialismus und Anarchismus fanden dankbare Zuhörer und eifrige Akteure.

Auch ein Teil des Bürgertums strebte nach Veränderungen, besonders in den peripheren Regionen des Baskenlandes und Kataloniens. Gegen den starken Widerstand der kastilischen Oberschicht hatten sie einen Industrialisierungsprozess in Gang setzen können, der ihre Regionen zu wohlhabenden Fremdkörpern im eigenen Lande machte und gleichzeitig zu hoch willkommenen Milchkühen für die immer geldhungrige Staatszentrale. Die Folge waren starke separatistische Tendenzen, die für zusätzliche Unruhe sorgten.

Auf der Suche nach den Schuldigen an den verfahrenen Verhältnissen hatten viele Kritiker nach dem verlorenen Kolonialkrieg in Kuba und auf den Philippinen einen idealen Sündenbock gefunden: die Armee, deren Kampfmoral aber lediglich den Geisteszustand des Landes widerspiegelte, das sie verteidigen sollte.

Die einstige Militärmacht Nr. 1 in Europa war zu einem Schatten ihrer selbst herabgesunken und schoss noch mit Vorderladern, als in anderen europäischen Armeen bereits Maschinengewehre im Einsatz waren. Die Soldaten waren meist Analphabeten und machten mit ihren verschlissenen Uniformen und Bastsandalen keinen besonders repräsentablen Eindruck. Diese Rolle übernahmen die Offiziere mit ihren prächtigen Operettenuniformen. Angesichts ihrer vielen Ordensplaketten konnte man sich nur wundern, wie viele Ehrungen ihnen die ständigen Niederlagen eingebracht hatten.

Die Armada der einst stolzen spanischen Seemacht präsentierte sich als Sammelsurium veralteter Holzpötte, die vielleicht zur Jagd von Schmugglern ausreichten. Die wenigen Schlachtschiffe, welche diesen Namen verdienten, verfügten lediglich über Breitseiten festmontierter Vorderladerkanonen, als sie gegen eine US-Marine antraten, die aus gepanzerten Eisendampfern mit drehbaren Türmen und weit tragenden Hinterladergeschützen verfügte.

Die amerikanischen Schiffe brauchten vor den Philippinen und Kuba nur wenige Stunden, um die gesamte spanische Flotte auf den Meeresgrund zu bomben, ohne selber Verluste zu beklagen.

Tausende von spanischen Seesoldaten waren nicht in ihre Heimat zurückgekommen, und halb El Ferrol trug Schwarz, als der kleine Francisco Franco sechs Jahre alt war. Die Überlebenden waren häufig verkrüppelt oder zur Untätigkeit verdammt, denn ihre Arbeitsinstrumente lagen auf dem Meeresboden des Pazifik oder der Karibik.

Das sonst meist leere Casino von El Ferrol mit seinen roten Plüschsofas erfreute sich nun regen Zulaufs, und nörgelnde, unzufriedene, verbitterte Männer hatten reichlich Gelegenheit, ihre Lage zu bereden.

Es war eine absurde, realitätsfremde Diskussion, die dort geführt wurde und absonderliche Resultate gebar. Die Kapitäne und Admiräle, die da miteinander sprachen, waren zwar weit gereist und hatten viele fremde Häfen gesehen, was aber ihre auf dem Humus von Illusion wurzelnde Weltsicht nicht groß hatte verändern können. Unfähig, das Desaster objektiv zu analysieren, waren sie durchtränkt von nostalgischem Stolz auf eine Vergangenheit, deren Verklärung ihnen verbarg, dass diese seit dem Sieg bei Lepanto über die Türken im Jahre 1571 eigentlich eine Kette von Niederlagen gewesen war. Das verbale Instrumentarium zum ruhmreichen Verklären der Schlappen war gewiss größer als die Fähigkeit zum Herausfinden der tatsächlichen Ursachen.

Insofern war das Desaster von 1898 nicht blamabel, sondern ein tragisches, aber dennoch ruhmreiches Ereignis. Gerade die Tatsache, dass nur zwei Schiffe davongekommen waren, war Beweis für den spezifischen Heroismus, zu dem eben nur Spanier fähig waren.

Als ganz besonders heldisch wurde gedeutet, dass Admiral Pascual Cervera den Befehl zum Auslaufen aus der Bucht von Santiago de Cuba gegeben hatte, obwohl er sich der kommenden Katastrophe voll bewusst war. Er habe genau gewusst, so wurde stolz kommentiert, dass die Amerikaner mit ihren weitreichenden Geschützen auf schnelleren und zudem gepanzerten Schiffen die Spanier – selber außer Reichweite liegend – versenken konnten, was dann auch geschah. Dass der Admiral schwimmend die Küste erreichte, statt heroisch mit seinem Schiff unterzugehen, wurde bei der Legendenbildung gerne ausgeklammert.

Ungern erwähnte man im Casino von El Ferrol und anderswo auch, dass die Geschütze der spanischen Flotte vor Manila versehentlich mit Schrot gefüllte Manövergranaten schossen und deshalb trotz einiger Treffer lediglich geringe Lackschäden anrichteten.

Die Offiziere brauchten im Casino nur in die liberalen Zeitungen zu blicken – deren Lektüre die Kirche verboten hatte –, um zu wissen, dass sie als Sündenböcke herhalten sollten. Diese Perfidie kompensierten sie mit weinerlichem Selbstmitleid und der frenetischen Suche nach den wahren Schuldigen.

Dabei galt es zunächst, das angeschlagene Selbstbewusstsein zu stärken und sich dabei an die uriberischen

Heldenqualitäten zu erinnern: Kampfgestählt in Jahrhunderte währenden Schlachten gegen die Mohammedaner, hatte die spanische Kriegerkaste jene schließlich besiegt, im Namen Gottes, des Erlösers und der heiligen Mutter Maria. Durch die Vertreibung oder Zwangskonvertierung der Juden und Moslems und der damit einhergehenden Eliminierung des Krämergeistes hatten die katholischen Majestäten schon vierhundert Jahre zuvor zur Gesinnungsreinheit beigetragen und damit die Formierung einer Menschheitselite bewirkt, deren ungebremster Wille danach voll zum Tragen kam.

Mit Kreuz und Schwert eroberten und bekehrten die Christuskrieger riesige Landstriche. Die nimmermüden Scheiterhaufen der Inquisition wachten darüber, dass die Basis reiner Gesinnung erhalten blieb. Triumph des Homo hispanicus, der die gesamte Menschheit zu den höchsten Höhen hätte führen können, wenn Satan seinerseits nicht plötzlich aktiv geworden wäre, indem er begann, seine heimtückischen Fallstricke auszulegen.

Denn überall, wo die spanische Saat noch nicht aufgegangen war, wucherte nun das Unkraut teuflischer Ketzerei, und die keimende wahre Gesinnung ganzer Staaten verkümmerte, allen voran England, welches vergifteten Gemüts und voller Neid auf das spanische Imperium blickte und dieses Gott geweihte Werk zu vernichten trachtete.

Getarnt als Protestanten, Freimaurer und Aufklärer, begann die teuflische Aussaat in ganz Europa ihre Blüten zu treiben, um mit dem Ereignis der französischen Revolution ihren Siegestriumph zu feiern.

Die Stunde des Sturms auf Gottes eigenes Land hatte geschlagen. Französische Truppen marschierten über die Pyrenäen. Das gottesfürchtige Volk der Spanier aber erhob sich wie ein Mann und verjagte die von Satan inspirierten Eindringlinge. Dieser jedoch gab nicht auf und versuchte es nun mit anderen Tricks. Er injizierte die Idee des Liberalismus direkt in spanische Herzen. Epidemieartig wuchs das Heer der Infizierten, denen es schließlich gelang, die staatlichen Institutionen zu usurpieren. Einmal im Besitz der Macht, eliminierten sie die Inquisition und enteigneten die Kirchengüter. Sie blendeten das Volk durch den Bau von Eisenbahnen, ließen Telegrafenmasten errichten und machten in den Städten die Nacht zum Tag. Katalonien und das Baskenland bestärkten sie in ihrem ekelhaften Krämergeist und versuchten so die Einheit Spaniens aufzusplittern. Gegen die gottesfürchtigen Bauern aus Navarra und ihren frommen Führer Don Carlos zettelten sie drei blutige Bürgerkriege an. Sie schwächten den starken Arm von Armee und Flotte und machten aus dem Begriff Patriotismus ein Schimpfwort. Konsequenz all dieser zersetzenden Manöver war ein zerrissenes, hungerndes, gedemütigtes Spanien, das zudem seine Kolonien verloren hatte, die eigentlich keine Kolonien, sondern überseeische Provinzen gewesen waren.

Nicht vernichtbar hingegen war der Heldengeist, diese unauflösliche iberische Ursubstanz. Die Flamme dieses Geistes neu zu entfachen und die Freimaurer und Liberalen als Verräter zu entlarven, war Vorausbedingung für die erneute Glorie Spaniens. Nur so konnten auch Anarchismus und Sozialismus – die neuesten Waffen aus dem Arsenal des Teufels – ausgetrieben, die Volksseele gereinigt und Spanien wieder an den ihm zukommenden Platz gerückt werden, den ersten Platz natürlich und keinen anderen. Kreuz und Schwert würden die alt bewährten Begleiter in diesem Entscheidungskampf gegen das Satanische sein. Bevor Spanien die Welt wieder mit seinen Tugenden beglücken konnte, war ein erbarmungsloser Selbstreinigungsprozess unvermeidlich.

Das war die geistige Nährlösung, die El Ferrols Atmosphäre nach der 98er Niederlage durchtränkte. In der katholischen Schule zur Gewissheit verdichtet, düngte sie die zarten Geisteswurzeln der Heranwachsenden, und dazu gehörte der kleine Francisco Franco.

Als der 14-Jährige seine Koffer packte, um auf der Militärakademie von Toledo seine Studien fortzusetzen, war er bestens präpariert, die höheren Weihen der „Hispanidad" entgegenzunehmen. Dort hatte er neben dem Erlernen des Waffenhandwerks reichlich Gelegenheit, seine Studien über die spanische Vergangenheit und ihre Heldenmythen zu intensivieren.

Toledo war eine Art historischer Batterie, und anders als im provinziellen El Ferrol konnte er die Glorie von tausend Jahren hier sehen und förmlich einatmen, was ihm den Abschied von der heimatlichen Geborgenheit und Überschaubarkeit etwas leichter machte. Obwohl er gemäß der Familientradition eigentlich für den Dienst in der Marine bestimmt gewesen war, empfand er es als hohe Auszeichnung, in Toledo studieren zu dürfen. Er war ab sofort Teil des ihm verabreichten Heldenmythos, was ihn den alltäglichen Drill leichter ertragen ließ – und die herablassende Haltung seiner Kommilitonen, die ihn wegen seiner kleinen Statur hänselten und seinen Übereifer mit dem häufigen Verstecken seiner Schulbücher honorierten.

„Franquito"- Frankolein – oder „Cerrillita" – Streichhölzchen – wie man ihn nannte, war ein schüchtern wirkender Außenseiter unter den zukünftigen Helden Spaniens, der die ersten Ausflüge seiner Kameraden ins Reich der Mietröcke und des Suffs nicht mitmachte und nicht das geringste Verständnis für die gängigen Eskapaden hatte. Die für ihn später so typische Humorlosigkeit wurde bereits hier ansatzweise sichtbar. Schon konnte man herausspüren, dass mit ihm nicht gut Kirschen essen war.

Auf der Eisenbahnfahrt von La Coruña nach Toledo wurde der schmächtige Jüngling von seinem Vater begleitet, zu dem er ein gespanntes Verhältnis hatte. Als Familienoberhaupt hielt Nicolás Franco nicht viel von seinem zu klein geratenen, unauffälligen Zweitgeborenen und hatte stets dessen zwei extrovertierte Brüder vorgezogen.

Francisco fühlte sich mehr zur Mutter hingezogen, deren fromme, hingebungsvolle Art er schätzte und mit der er zu leiden lernte, wenn sie demütig die herablassend-schwadronierende Tyrannei ihres Machogatten ertrug. Der hohe Offizier und Zahlmeister der Kriegsmarine befehligte seine Familie laut Aussage von Francos Vetter Pacón wie ein General seine Truppen.

Außer seinen geschnauzten Befehlen redete er kaum ein Wort mit seiner Gemahlin, deren frömmlerisches Wesen ihm offensichtlich auf den Wecker ging. Der gemeinsame geistige Zeichenvorrat der Eheleute war – obwohl aus dem gleichen Milieu stammend – gering.

Im Casino jedoch machte Don Nicolás als einer von Wenigen keinen Hehl daraus, dass er von den gängigen heroischen Phrasen rein gar nichts hielt. Aber zumindest konnte er hier Karten und Domino spielen, ab und zu auch Mal eine Schnurre von seinen amüsanten Lebensepisoden auf Kuba und den Philippinen zum Besten geben. Es ist verständlich, dass die häufig erotische Einfärbung seiner Geschichten bei sich zu Hause nicht mit Beifall belohnt worden wäre.

Als jeweils fest stationierter Zahlmeister, also als „Landratte“ unter den Seeoffizieren, hatte er die Möglichkeit zu langen Aufenthalten in den überseeischen „Provinzen“ gehabt. Seine Gesprächsbeiträge offenbarten, dass er das ferrolanische Kirchturmdenken nicht nur weitgehend abgelegt hatte, sondern geradezu verabscheute. Er zog nicht nur die Heldenpose heimischer Spießbürger ins Lächerliche, sondern war sogar imstande zu sagen, dass es genau diese Engstirnigkeit sei, die Spanien zugrunde richte. Die Borniertheit der Traditionalisten und Kleriker sei es, welche die Zurückgebliebenheit seiner Heimat verursacht habe. Nur eine Öffnung der Halbinsel und Reformen der archaischen Strukturen könne Fortschritt und eine Erholung des Landes bewirken.

Kurz gesagt: Don Nicolás war vom luziferischen Bazillus infiziert. Er war antiklerikal, liberal und zudem Sympathisant der Freimaurer, was in El Ferrol geradezu skandalös war und von seiner Frau in stiller Bitternis getragen wurde. Sie ließ ihn auch ohne Worte spüren, dass er ein Fremdkörper sei, denn trotz seiner diktatorischen Allüren hatte sie im häuslichen Bereich das stille Sagen, wie es in vielen spanischen Familien traditionellen Zuschnitts zu sein pflegt.

Dort im Familienkreis konnte er nur schweigend seine Suppe hinunterlöffeln und seinem Unbehagen durch Raunzereien Ausdruck geben, was seine Beliebtheit im eigenen Haus nicht gerade steigerte. Er reduzierte seine Aufenthalte in der Familie auf die Essenszeiten und zog sich ansonsten ins Büro oder Casino zurück. Nur an Wochenenden machte er mit seinen Kindern Ausflüge in die wunderschöne Umgebung der Stadt und versuchte, sie dort mit seiner Sicht der Dinge zu befreunden, wobei die Barschheit seines Tons dem Erfolg nicht immer förderlich war.

Die idyllische grüne Landschaft an einem der nordwestspanischen Fjorde, Rías auf galicisch genannt, war in den Sommermonaten geradezu ideal für das Heranwachsen von Kindern. Sie konnten mit ihren kleinen Booten weit in die Ría de Ferrol hinausfahren, Robinson oder Pirat spielen, fischen oder in den Wäldern Pilze oder Beeren sammeln. Alles ideale Bedingungen für ein natürliches Heranwachsen und spielerisches Lernen am Busen von Mutter Natur. Die Stadt El Ferrol aber war kein Produkt von Mutter Natur, sondern von Menschen, die etwas ganz anderes im Sinn gehabt hatten als Idylle und natürliche Harmonie.

Ursprünglich ein verschlafener Fischerort, wurde El Ferrol wegen seiner günstigen strategischen Lage zu Beginn des 18. Jahrhunderts von dem spanischen König Philipp V. dazu ausersehen, Kriegshafen zu werden. Die Kunststadt, die nun zusammen mit den Anlegestellen und Werften entstand, war ein Abziehbild des architektonischen Rationalismus des beginnenden 18. Jahrhunderts, den die spanischen Bourbonen von ihren Verwandten in Versailles übernommen hatten. Die entstehende Kunststadt war streng geometrisch geplant und spiegelte das damals herrschende Standesdenken wider. Hier lebten die Werftarbeiter mit ihren Familien, dort, in gehörigem geographischem Abstand, die Clans der Seeoffiziere nebst Verwaltungshengsten, die Fischer da, wo sie immer hausten, in ihren Katen am Ufer der Ría de Ferrol.

Die isolierte Lage des Ortes – es gab eine einzige Schönwetter-Landverbindung ins 40 Meilen entfernt gelegene La Coruña – verfestigte einmal gegebene Denkstrukturen. Inzucht gab es nicht nur im biologischen Sinne.

Don Nicolás Franco langweilte sich in El Ferrol, und

der enge geistige Schnürleib und die trostlose Atmosphäre alltäglicher Routine ließen ihn einen für damalige Zeiten geradezu heroischen Entschluss fassen. Er veranlasste seine Versetzung nach Madrid und bekam einen seiner berüchtigten Zornesanfälle, als seine Frau zu äußern wagte, sie wolle mitkommen. Er befahl ihr, in El Ferrol zu bleiben.

Seine letzte Tat in Sachen Familie war eine schweigsame Eisenbahnfahrt mit seinem 14-jährigen Sprössling Francisco nach Toledo, um ihn auf der dortigen Kadettenschule abzuliefern.

In der Hauptstadt lernte Don Nicolás bald Agustina Aldana kennen. Die äußerst gebildete und modern denkende Frau entsprach mehr seinem geistigen Zuschnitt, ebenso wie das Flair der Hauptstadt. In den Cafeterías an der Calle de Alcalá oder der Puerta del Sol hatte er reichlich Gelegenheit, diskussionsfreudige Gesprächspartner zu finden. Die neue Lebenspartnerin begleitete ihn bis zum Ende seines noch recht langen Lebens.

Er hatte noch das zweifelhafte Vergnügen zu erleben, wie das alte, reaktionäre und engstirnige Spanien, dessen Essenz er so gut aus El Ferrol kannte, sich gegen die Republik erhob, den Bürgerkrieg provozierte, und das unter entscheidender Beteiligung seines Sohnes. Wenn er das gewusst hätte, hätte er Franquito vielleicht nicht nach Toledo gebracht. Don Nicolás starb im Jahr 1942 im Alter von 88 Jahren, ohne dass er oder sein Sohn jemals das Bedürfnis gehabt hätten, sich wiederzusehen.

Toledo – Humus der rechten Gesinnung

Francos auf der katholischen Schule von El Ferrol erworbene Bildungsgrundlagen waren für einen Einstieg in die spanische Militärakademie damaliger Prägung geradezu ideal. Das Erziehungskonzept auf der Schule der galicischen Hafenstadt hatte aus der Vermittlung eines hermetisch geschlossenen Weltbildes bestanden, das unveränderlich, weil von Gott gegeben war.

Es war das Konzept einer Welt als einer Art kosmischer Strafkolonie, ein Irrgarten der Fallstricke und Versuchungen, der den Wankelmütigen straucheln und noch tiefer fallen lassen oder aber Bewährung bedeuten und als Eingang des Sünders ins Himmelreich dienen konnte.

Der Vorteil eines Christenmenschen war es, dass die Kirche mit ihrer Jahrtausende alten Weisheit die Sünderfallen entlarvt hatte und dem Adepten in Form klarer Richtlinien vermitteln konnte, wie der Weg zur Seligkeit gestaltet sei. Empfohlen wurde nicht die direkt zur Verdammnis führende Straße der Bequemlichkeit und Sinnenfreude, sondern der schmale, steile und holprige Pfad des Verzichts, des Opfermutes und der Selbstverleugnung. Nur der führte zum Heil.

Alle weltlichen Phänomene, auch Ungerechtigkeiten

und Heimsuchungen, entsprachen einem göttlichen Plan, der heilig war und sich deshalb jeglicher Diskussion entzog. Alle Versuche, das von Gott gewollte Daseinsgebäude zu verbessern, waren zum Scheitern verurteilt und gleich bedeutend mit Gotteslästerung.

In dieser Weltordung hatte der Arbeiter zu arbeiten, der Mönch zu beten, der Krieger im Namen von König Christus zu kämpfen und der Edelmann ein edles Leben zu führen.

Jeder an seinem Platz! war die Devise und die Eintrittskarte ins Paradies. Alle Versuche, die göttliche Ordnung zu verändern, das Leben in diesem Jammertal zu verschönern und zu verbessern, waren das Resultat teuflicher Einflüsterungen und Schritte in Richtung Verdammnis.

Das Hauptanliegen schon der Schule in El Ferrol war die Vermittlung fester Gewissheiten und Glaubensinhalte gewesen. Die Unterrichtsstoffe, die dem Schüler vorgesetzt wurden, hatten gelernt zu werden. Ein guter Schüler war derjenige, der am besten auswendig lernen und das Gespeicherte perfekt rezitieren konnte. Kritische Denkansätze und eigene Ideen wurden als Irrwege gebrandmarkt. Wenn in den Lehrbüchern stand, blau sei schwarz, dann war das richtig, und wenn diese Richtigkeit vom Schüler bestätigt wurde, wurde ein solcher Glaubensgehorsam mit guten Noten und Lob honoriert.

Mit solchen mentalen Voraussetzungen ausgestattet, deren praktische Gültigkeit durch die sozialen Gegebenheiten des unter einer „Käseglocke" liegenden El Ferrol bestätigt wurde, kam der 14-jährige Franco auf die Militärakademie von Toledo.

Der angehende „Gotteskämpfer" wurde hier weniger mit Religion konfrontiert als vielmehr mit der Idee des in der Gnade Gottes stehenden Vaterlandes, das er später wie ein Cherubim gegen eventuelle Widersacher zu verteidigen hatte.

Was das Vaterland war und wer seine Feinde, war für den Offiziersschüler Franco bald eine leicht zu beantwortende Frage. Ein Katalog von nicht zu hinterfragenden soldatischen Tugenden gab eine klare Verhaltensgrundlage für die spätere Ausübung des Berufes. Ethische Basis war ein Tugendkatalog von heroischer Todesbereitschaft, Opfermut, makelloser Ehre und blindem Gehorsam den Vorgesetzten gegenüber, dem unter allen Umständen – auch wider besseres Wissen – zu folgen war.

Der Begriff Vaterland war mehr als nur ein Wort, sondern Bezeichnung für ein real existierendes Megawesen, das mit Organen und Gefühlen ausgestattet war, das leiden, sich freuen und dessen Herz bluten konnte. Jeder Spanier war Teil dieser Überperson, die nicht Geburt und Tod unterworfen war, genauso wie derjenige unsterblich war, der daran glaubte und dafür sein Leben zu geben bereit war.

Das Gefühlskonglomerat Vaterland war symbiotisch und hierarchisch verbunden mit den kleinen Vaterländern, der Region, der Sippe, letztlich der Familie, wobei diese als konkrete Gefühlsgrundlage eine besonders prägende Rolle spielte.

Mit bestimmend für die emotionale Basis ist die feminine Zumischung, verkörpert in der Gestalt der Mutter, sicher zurückführbar auf die dominante Stellung der Frauen in der traditionellen spanischen Familie. Vielleicht findet deshalb der Begriff Patria (Vaterland) im Begriff Madre Patria (Mutter Vaterland) seine paradox erscheinende, aber sinnvolle Ergänzung. Ein Begriff, den Franco noch als

Staatsmann gern im Munde führte und bei dessen Nennung seine Augen oft feucht wurden.

All diese Schlüsselworte wie Madre Patria, Opfermut, Märtyrertum, Heroismus und Ehre verbanden sich zu einem Netzwerk emotionaler Knotenpunkte, die der Ratio übergeordnet und tabu waren.

Wichtige äußere Merkmale des geheiligten Vaterlandes waren seine traditionelle Ständeordnung und die festgelegte Rollenverteilung auch innerhalb der Familie.

So entsprach das Denksystem des typischen Absolventen einer spanischen Militärakademie einem Schienennetz, das sich durch seine besondere Schmalspurigkeit auszeichnete. Während in England das Abitur Voraussetzung für den Offiziersberuf war und im Inselreich somit ein immerhin einige Jahre währender Ausflug in andere Geistesregionen nicht nur erlaubt, sondern obligatorisch war, trat der spanische Offiziersaspirant im zarten Alter von 14 Jahren in die Akademie ein und wurde so ein leichtes Opfer lückenloser und sich verschärfender Gehirnwäsche, deren scholastische Methodik kein Entweder-Oder erlaubte.

Für den aufgeklärten Zeitgenossen war der spanische Jungoffizier ein von missionarischem Eifer besessener Besserwisser, ein verkitschter Hüter „ewiger" Grundwerte des Vaterlandes. Das gab ihm das Recht, auch in der Tagespolitik des Landes tatkräftig mitzumischen, wann immer er seine „Grundwerte" in Gefahr sah.

Außer der Absolvierung des militärischen Alltags vervollkommnete Franco besonders seine geschichtlichen Kenntnisse, mit denen er seine mentalen Schmalspurschienen säumte, die auch zu Zeitreisen einluden. Besucht wurden dabei mit Vorliebe Nationalheroen wie El Cid, die katholischen Majestäten Isabella und Fernando, Karl der Fünfte und Philipp der Zweite.

Während in Europa der 1. Weltkrieg tobte, erfreuten sich die in quijoteskem Heldentum badenden spanischen Offiziere eines Rufes skurriler Rückschrittlichkeit. Auf den Sektoren Strategie und Taktik waren von der Iberischen Halbinsel schon lange keine Anregungen mehr gekommen, geschweige denn aus dem Bereich waffentechnischer Innovationen. Die Zeiten, als die spanische Artillerie und Infanterie einen legendären Ruf genossen, waren längst vorbei. Die Waffenbestände der spanischen Armee setzten sich meist aus dem Import gebrauchten Geräts zusammen.

Ihre – veralteten – Strategien hatten sich die Instrukteure aus dem preußischen Deutschland ausgeliehen, wobei die Schlachten des Krieges 1870/71 immer noch als Vorbild dienten. Eine Art der Kriegsführung, die mit der konkreten Aufgabenstellung der spanischen Armee allerdings wenig zu tun hatte. Denn die konnte kaum daraus bestehen, der Armee eines europäischen Nachbarn in offener Feldschlacht gegenüberzutreten. Die tatsächlichen soldatischen Aktivitäten hatten sich während der letzten hundert Jahre auf die Unterdrückung von Aufstandsbewegungen in eigenem Territorium beschränkt, sei es gegen die Carlisten (2) im Norden Spaniens oder die Rebellen auf Kuba und den Philippinen. Das waren durchweg Konfrontationen mit Guerillas gewesen. Nicht zuletzt wegen geistiger Fehlorientierung, Mangelwirtschaft und Schlamperei waren die Kolonialkriege blamabel und unter großen Verlusten verloren gegangen.

Durch das Kopieren ausländischer Uniformschnitte konnten sich die Offiziere zwar vorspiegeln, auf dem letzten Stand zu sein, waren aber offensichtlich nicht in der

Lage gewesen, aus konkreten Erfahrungen Lehren zu ziehen. Wie sonst wäre es möglich gewesen, dass der neue Kolonialkrieg, welcher sich seit 1904 im Norden Marokkos abzeichnete, wieder hohe Verluste und eine nicht abreißende Kette blamabler Niederlagen einbrachte?

Der Kampf gegen die Bergstämme des Rif begann, als Franco gerade in Toledo studierte. Statt die prekäre Lage zum Unterrichtsthema zu machen und den Studenten die Gelegenheit zu geben, adäquate Strategien anhand tatsächlicher Ereignisse durchzuproben, wurde stur an den eingeschliffenen Ausbildungsritualen festgehalten.

Für einen Außenstehenden war es nicht schwer, die grundlegenden Mängel der spanischen Armee zu erkennen. Die angehenden Offiziere konnten mit ihrem zackigen, von den Preußen entlehnten Gehabe zwar Eindruck schinden. Eher peinlich und aufgesetzt aber wirkte sich diese Pose im Vergleich zur Masse der Wehrpflichtigen aus, deren verschlissene Uniformen, unterernährte Physiognomie und Bastsandalen einen grotesken Kontrast zu dem martialen Ritual bildeten, das ihnen eingebläut wurde.

Die Engstirnigkeit, um nicht zu sagen Dummheit und Aufgeblasenheit der Offiziere war kein Geburtsdefekt, sondern direkte Folge ihres an eine Gebetsmühle erinnernden Unterrichtsprogramms.

Marokko – Charakterhärtung im Kugelregen

Als Franco im Jahre 1912 als frischgebackener Leutnant nach Marokko kam, waren die Spanier bereits im achten Jahr damit beschäftigt, die Bewohner des ihnen zugesprochenen Territoriums zwischen Ceuta und Melilla zu unterjochen, das ihnen auf der internationalen Konferenz von Algeciras im Jahre 1904 durch die europäischen Großmächte zugesprochen worden war. Die dort lebenden Stämme der Rifkabylen hatten trotz ihrer erbärmlichen Lebensverhältnisse etwas dagegen einzuwenden, sich von den Ungläubigen aus dem Norden „zivilisieren" zu lassen.

Die wilden Bergbewohner erwiesen sich als äußerst tapfere Krieger, die es vorzogen zu sterben, als ihre Freiheit preiszugeben.

Als Franco in Marokko eintraf, waren es insbesondere zwei Führer, um die sich die Kabylen scharten: El Miziam im Westen und El Raisuni im Osten des spanischen Protektorats. Trotz hohen Blutzolls war es den spanischen Truppen nicht gelungen, ihre Einflusszone wesentlich zu erweitern. Sie beschränkte sich auf einen Puffergürtel um die beiden erwähnten Städte herum und die Bewachung der Eisenbahnlinie zu den Eisenerzminen in der Nähe Melillas. Die spanischen Truppen sollten noch über zehn

Jahre brauchen, um ihr gesamtes Protektorat besetzen zu können.

Es war ein harter und grausamer Krieg, der Zehntausende spanische Soldaten das Leben kostete. Diese wechselvollen Kämpfe erlebte Franco an vorderster Front mit, und sie brachten ihm nicht nur einen fast tödlichen Bauchschuss ein, sondern letztlich auch den Generalsrang, mit dem er sich schon im Alter von 33 Jahren schmücken konnte. Diese hohe Auszeichnung war ihm zuteil geworden, weil er zu dem schwer erkämpften Sieg entscheidend beigetragen hatte.

Als der 19-jährige Leutnant im Jahre 1912 im marokkanischen Ceuta eintraf, befand er sich in einer spanischen Kolonialstadt von etwa 50 000 Einwohnern, die noch von den Düften des Mittelalters durchweht war, vor allen Dingen wohl deshalb, weil das Wort Kanalisation noch nicht seine Entsprechung fand.

Um die zentrale Plaza mit den prunkvollen Gebäuden der Kolonialverwaltung lag die Altstadt mit ihren winkligen, verfilzten Gassen und dem bunten Treiben orientalischer Basare mit ihren Teppichhändlern, Schlangenbeschwörern, Wasserverkäufern und dämmrigen Teestuben, in denen zuckersüße grüne Minze getrunken und Marihuana geraucht wurde.

Getrennt von der Altstadt lag ein neu erstandenes Viertel, wo in bungalowartigen Chalets die Offiziere und höheren Chargen der Kolonialverwaltung lebten.

Franco musste feststellen, dass ein spanischer Offizier im Kolonialdienst unvergleichlich besser gestellt war als in der Heimat. Ein Bursche und eine Menge anderer dienstbarer Geister standen ihm zur Verfügung und sorgten für sein leibliches Wohl. Ein snobistischer Kollege leistete sich sogar einen Mohren, dessen ausschließliche Aufgabe es war, seinem Herrn in der heißen Jahreszeit mit einem Riesenfächer zuzuwedeln.

Die Offiziere führten ein abgehobenes Herrenleben, stolzierten mit ihren immer tadellos gebügelten Uniformen umher und ließen es sich in den Casinos bei kühlen Drinks und gepflegten Mahlzeiten gut ergehen.

Weniger prächtig war es um die Rekruten bestellt, die nicht freiwillig hier waren wie die Offiziere. Sie hausten in baufälligen Baracken, schliefen in übereinander montierten Betten und erfreuten sich einer Verpflegung, die man nur als Schlangenfraß bezeichnen konnte. Die hygienischen Verhältnisse waren katastrophal und die Kasernen während der heißen Jahreszeit Brutstätten von Thyphus und Cholera. Die meisten Rekruten waren Analphabeten, die noch nicht einmal wussten, dass Madrid die Hauptstadt Spaniens war. Noch viel weniger ging ihnen auf, welch widriges Schicksal sie in diese fremde Welt verschlagen hatte. Man hatte ihnen gesagt, es gelte für das Vaterland zu kämpfen. Was das bedeutete, blieb den meisten von ihnen wohl schleierhaft, bis sie irgendwo in den Bergen des Rif verwesten oder brutalisiert und an Leib und Seele geschädigt in ihren Heimatort zurückkehrten.

Das war das „Werkzeug“, welches Franco vorfand, mit dem Spaniens imperiale Größe wiederhergestellt werden sollte. Es bestand aus schlecht motivierten und genährten, ignoranten und verlausten Analphabeten, die mit einem Monatssold „verwöhnt“ wurden, der gerade zum Kauf einer Stange schlechter Zigaretten reichte.

Ihre Ausbildung bestand aus Exerzieren im staubigen Kasernenhof und Schießübungen mit alten Mauserkarabinern, die schon den deutsch-französischen Krieg 1870/

71 erlebt hatten. Die Unteroffiziere waren schlecht gelaunte und noch schlechter ausgebildete Minidespoten, die den Rest jeglichen guten Willens auf Seiten der Mannschaften zunichte machten. Kein Wunder, dass diese zahlenmäßig recht starke Truppe, deren Qualitätsstandard in den anderen Garnisonsstädten Marokkos gleich mies war, nicht mit Siegen verwöhnt wurde und im Heimatland keine gute Presse hatte.

Für Franco selbst, an die heroischen Sprüche Toledos und El Ferrols gewöhnt, muss die erste Begegnung mit der tristen Wirklichkeit schockierend gewesen sein. Sein Einstieg in die berufliche Praxis war gleichzeitig auch erster Einblick in die Lebensrealität des spanischen Volkes, der ihm auf Grund der kunstvollen Abschirmtechniken seiner Kaste bisher verwehrt geblieben war.

Der Anblick der anderen Seite der spanischen Medaille war aber mitnichten in der Lage, sein vaterländisches Glaubenskonstrukt ins Wanken zu bringen. Der desolate Zustand der Truppe ließ ihn vielmehr zu der Auffassung gelangen, dass Satan mit seinem Zerstörungswerk weiter gekommen war, als er bisher dachte. Was er da sah, war das Resultat eines nun über 100 Jahre währenden liberalen Laisser-faire und antichristlicher Politik. Nur strengste Zucht, die konsequente Vermittlung vaterländischen Bewusstseins und kämpferischer Todesbereitschaft waren seiner Meinung nach in der Lage, das Blatt noch zu wenden.

Franco beschloss, Zuchtmeister zu werden, eine Rolle deren Aktionsbereich und Gewicht im Laufe seiner steilen Karriere ständig zunahmen und die er bis zu seinem Lebensende sehr erfolgreich durchspielen sollte.

Ihm war aus seinem Selbstverständnis heraus klar, dass nur absolute Unnachsichtigkeit den Erfolg seines Kampfes gegen die inneren und äußeren Widersacher herbeiführen könne.

Um die dazu notwendige Härte zu erlernen, bot ihm der Guerillakrieg in Marokko ein ideales Feld. Der schmutzige Krieg gegen die Rifkabylen im Landesinneren und die unausbleiblichen Extremsituationen ließen ihn eine Menge bisher verborgener Eigenschaften entdecken, mit denen er die Komplexe, welche ihn wegen seiner kleinen Statur und Schüchternheit plagten, mehr als kompensieren konnte.

Schon bei der ersten Feindberührung machte er hoch erfreut Bekanntschaft mit seiner totalen Angstlosigkeit. Wenn Heckenschützen wieder einmal auf seine Kolonne schossen, blieb er meist gelassen auf seinem Pferd sitzen, während die Kugeln ihn umpfiffen und seine Begleiter sich in den Staub geworfen hatten.

Schnell sprach es sich in Ceuta herum, dass ein „Paco" – ein Heckenschütze – Franco eine Kaffetasse aus der Hand geschossen habe. Er habe nicht mit der Wimper gezuckt und mit seiner sachlichen ruhigen Stimme um eine neue Tasse gebeten, so als befinde er sich in Abrahams Schoß.

Zur Legendenbildung trug auch der Bauchschuss bei, den er sich bei einer militärischen Exkursion eingehandelt hatte. Die schmerzhafte und meist tödliche Verletzung hatte ihn weder Bewusstsein noch Haltung verlieren lassen. Er wurde zum nächsten Lazarett transportiert und stand schon einige Wochen später wieder auf den Beinen. Der ihn behandelnde Arzt sagte, die Kugel habe lebenswichtige Organe nur um Haaresbreite verfehlt. Dieser Bauchschuss sollte übrigens die einzige Kriegsverletzung bleiben, die Franco je hatte.

Seine Mitleidlosigkeit konnte er entdecken, nachdem er

sich zu den marokkanischen Hilfstruppen der Regulares hatte versetzen lassen. Diese gut besoldete Eingeborenentruppe musste gegen die eigenen Landsleute kämpfen und war berüchtigt für ihre besonders großen Verluste, Todesverachtung und blutrünstigen Kampfrituale. Sie pflegten keine Gefangenen zu machen, schnitten getöteten Gegnern Köpfe und Ohren ab und erdrosselten aufgeschlitzte Gegner mit deren eigenen Gedärmen. Franco fühlte sich als Anführer eines Tabors (225 Mann) nicht bemüßigt, gegen solche Grausamkeiten einzuschreiten. Offensichlich empfand er es als gut, dass die Regulares Schrecken und Panik verbreiteten, waren es doch Faktoren, die zum Sieg beitrugen, letztlich seine Karriere förderten und damit seinen Einflussbereich erweiterten.

Die Regulares von Franco waren besonders erfolgreich, weil er sie mit etwas ausstattete, was sie von Haus aus nicht hatten: Disziplin. Dafür sorgte er mit solch drakonischer Härte, dass er schon geringe Regelvergehen mit dem Tod durch Erschießen bestrafte. In diesem Zusammenhang ist ein Vorfall erwähnenswert, der sich bei der später von ihm geführten Fremdenlegion zutrug. Bei der Essensausgabe weigerte sich ein Legionär, angegorene Linsensuppe auszulöffeln und schüttete sie dem Offizier, der ihm den ungenießbaren Fraß eintrichtern wollte, über die Hose. Zufällig wurde Franco Zeuge dieser Szene und notierte in sein Tagebuch: „Ich befahl, dass ein Pelotón von Legionären den rebellischen Kameraden füsilierte, und danach musste die ganze Truppe an der Leiche vorbeimarschieren. Von da ab gab es keinen Fall von Disziplinlosigkeit mehr."

Während Franco seine besoldeten Meuchelmörder zu blindem Gehorsam erzog und sich intensiv darum bemühte, endlich Taktiken zu entwickeln, die unter den Bedingungen des Guerillakrieges erfolgreich sein konnten, zogen die meisten seiner Kollegen das süße Leben in der Etappe vor und versuchten, ihre Gehälter auf Kosten der Armee aufzubessern. Offiziere der Pioniere agierten als Bauunternehmer, indem sie mit Materialien und Gerät der Armee sowie zu Bauarbeitern umfunktionierten Soldaten Privatchalets bauten. Sogar Waffen verschwanden aus den Arsenalen und tauchten in den Händen des Feindes wieder auf. Einen Winter lang mussten die Rekruten frieren, weil die aus Spanien eingetroffenen Mäntel auf den Basaren von Ceuta oder Melilla verhökert wurden. Franco wusste von der endemischen Korruption, veranlasste aber nicht, dass gegen die Missetäter vorgegangen wurde. Allerdings ließ er sehr wohl erkennen, dass er mehr als genug wusste, was ihm die ängstliche Sympathie und Fügsamkeit der in die Unehrenhaftigkeiten verstrickten Offiziere eintrug. Wiederum ein Faktor, der karrierefördernd war.

Franco war gerade erst fünf Jahre Soldat, als er auf Grund seiner Verdienste zum Major befördert wurde – ein Dienstgrad, den er mit über doppelt so alten Männern teilte. Seine Beförderung bedeutete aber auch seine Versetzung nach Festlandspanien, da in Afrika kein Posten für seinen Dienstgrad frei war.

Er kam in das kühle und regnerische Asturien, wo er in der Hauptstadt Oviedo das Kommando eines Infantrieregimentes übernahm. Dort verliebte er sich nicht nur zum ersten Mal, nämlich in die 15-jährige María del Carmen Polo, sondern erlebte gleichzeitig mit eigenen Augen eine proletarische Aufstandsbewegung, die paradoxerweise Folge des durch den ersten Weltkrieg ausgelösten Wirtschaftsbooms war.

Seit dem Jahr 1914 hatten die vorher nicht konkurrenzfähigen spanischen Fabrikate eine nie dagewesene Nachfrage von Seiten der kriegführenden Nationen erlebt. Die Industriellen des Baskenlandes und Kataloniens erfreuten sich einer kolossalen Bonanza, ebenso wie die Agrarfürsten des Südens und Kastiliens. Die Gewinne stiegen ins Unermessliche. Die Exportschwemme aber löste eine allgemeine Güterverknappung aus, was die Preise nach oben galoppieren ließ. Die Löhne jedoch blieben „stabil". So kam es, dass trotz Vollbeschäftigung und Boom in vielen Arbeiterfamilien die blanke Not herrschte.

Besonders symptomatisch waren die Folgen der Boomkrise in der Bergbauregion Asturiens. Da die Forderung der mächtigen sozialistischen Gewerkschaft UGT nach höheren Löhnen ignoriert wurde, rief sie für den 13. August 1917 einen Generalstreik aus, der von der fantasielosen Provinzregierung mit der Verhängung des Estado de Guerra (Kriegszustand) beantwortet wurde.

Stimuliert durch die Vorgänge, die seit dem März in Russland zu beobachten waren, nahm der Generalstreik schnell die Formen einer kleinen Revolution an. Der Gouverneur beauftragte die Armee damit, die Unruhen mit scharfer Munition zu unterdrücken. Es folgte ein Blutbad, das 70 Arbeiter das Leben kostete. Auch Franco war an der Niederschlagung des Aufstandes beteiligt. Der Gewerkschaftsführer Manuel Llaneza und Augenzeuge der Ereignisse sprach später von dem „afrikanischen Hass", den Plünderungen, Misshandlungen und Folterorgien, die das militärische Eingreifen begleitet hätten.

Für den jungen Disziplinfanatiker Franco aber war der Aufstand ein Schlüsselerlebnis gewesen. Arbeiter waren in seinen Augen eine Art Rekruten der Produktion, und deshalb deutete er Streik als eklatanten Fall von Rebellion, ein Vergehen, das bei der Armee mit dem Tod durch Erschießen geahndet wurde. Dass es in Asturien nur etwa 70 Tote gab, war wohl nur der relativ untergeordneten Funktion Francos beim Unterdrücken des Aufstandes zu verdanken. Später jedoch würde er noch reichlich Gelegenheit haben zu zeigen, wie man mit Rebellen verfuhr.

Auch Franco hatte von den Ereignissen in Russland gehört und roch beim Anblick der frenetischen Arbeitermassen den Pestgeruch einer sozialistischen Revolution. Ohne sich auch nur zu fragen, ob die Forderungen der Streikenden vielleicht ihre Berechtigung hatten, war das Geschehen für ihn das Symptom einer nationalen Krankheit, deren Erreger schonungslos und unsentimental eliminiert zu werden hatte.

Allerdings gab es Groll wegen der Inflation auch unter den Offizieren. Das war natürlich etwas ganz anderes als die Gier des Pöbels, denn hier handelte es sich schließlich um den Ausdruck legitimer Forderungen sich vernachlässigt fühlender Helden. Politiker, die sich gegen eine Erhöhung des Soldes sperrten, waren schlicht und einfach antipatriotisch, um nicht zu sagen Verräter des Vaterlandes.

Die Wirren, Schießereien und Emotionen, deren Zeuge Franco war, konnten den frisch Verliebten nicht davon abhalten, sich intensiv um die junge Carmen zu bemühen. Wohl um sie besser im Visier zu haben, erinnerte er sich an seine eigene Frömmigkeit und nahm täglich an der Morgenmesse in der Kirche von San Juan del Real teil, wo er seine Angebetete durch ein schmiedeeisernes Gitter bei der Ausübung ihrer frommen Pflichten beobachten konnte. Parallel zu seiner Verliebtheit steigerte sich auch sein Zorn auf das Proletariat, seitdem die sozialistischen Zeitungen immer vehementer das kostspielige Marokkoabenteuer anprangerten, wo das von unterbezahlten spanischen Proleten erwirtschaftete Geld verschleudert werde und Arbeitersöhne in einem kriminellen Krieg, der nicht der ihre sei, geopfert würden.

Franco hatte dieses „Kanonenfutter“ in Marokko zur Genüge kennen gelernt: Arbeiter- und Bauernsöhne, schlecht motiviert, ängstlich, traurig und nicht in der Lage, ein Feindbild zu entwickeln, wie es dem inkarnierten Opfermut eines echten Spaniers eigentlich entsprach.

Für ihn waren diese „Antihelden“ Ausdruck einer tiefgreifenden Degeneration, die dem vaterländischen Geist während der letzten 100 Jahre widerfahren war. Das „Werkzeug“ – so wurden die Mannschaften von den Offizieren kurz benannt – war schartig und stumpf, und deshalb auch hatte Franco es vorgezogen, den Krieg zusammen mit den blutrünstigen Regulares zu erleben.

Im Herbst des Jahres 1920 gab es in seiner asturischen Dienstroutine eine Abwechslung, als er zu Schießübungen in die Nähe von Madrid eingeladen wurde. Dort lernte er einen Mann kennen, der seine beruflichen Hoffnungen enorm anfachte. Es handelte sich um den dreizehn Jahre älteren Oberstleutnant Millán Astray ( ), ein mit Narben übersäter Haudegen, der schon auf den Philippinen gefochten hatte und wie Franco der Meinung war, dass es in Afrika so wie bisher nicht weitergehen dürfe. Er erzählte Franco von den Erfolgen der französischen Fremdenlegion und verriet ihm seine Absicht, eine ähnlich konzipierte Truppe zusammenzustellen. Es handele sich dabei um gut besoldete Freiwillige aus aller Herren Länder, darunter Kriminelle, Staatenlose und arbeitslose Ex-Soldaten, die man ohne jegliche Rücksicht auf Gesetz oder Heimatpresse einem eisernen Disziplinarrecht unterwerfen und zu einer kompromisslosen Tötungsmaschine abrichten konnte.

Franco war begeistert von der Idee und machte mit seiner ihm eigenen Militanz und engagierten Sachkenntnis einen so hervorragenden Eindruck auf Millán Astray, dass dieser ihm vorschlug, der zweite Mann in der neuen Truppe zu werden.

Während die Aktien für Francos Karriere im Steigen begriffen waren, ergaben sich für den jungen Major Komplikationen an der Liebesfront. Carmens Vater hatte als Oberhaupt einer großbürgerlichen Familie Bedenken gegen die Heirat seiner Tochter mit dem seiner Meinung nach aus kleinbürgerlichem Milieu stammenden Franco, über dessen gefahrvollen Beruf er spottete: „Da könnte meine Tochter ja gleich einen Stierkämpfer heiraten."

Franco jedoch war von außerordentlicher Beharrlichkeit, wie bei allem, was er sich einmal vorgenommen hatte. Bevor er von Millán Astray als dessen Stellvertreter nach Afrika gerufen wurde, war es ihm gelungen, Carmen ein Eheversprechen abzuringen. Der Vater der jungen, liebreizenden Asturierin kapitulierte.

Während die Verlobte nun alle Ängste einer Kriegerbraut durchzustehen begann, setzte Franco über die Meerenge von Gibraltar und begann zusammen mit dem alten Haudegen Astray den Aufbau der Fremdenlegion, deren brutaler Kampfgeist bald zur Legende wurde und Rückschlüsse auf den Charakter ihrer beiden Erschaffer zuließ.

Mehr denn je war Franco nun in der Lage, seine mangelnde Körpergröße zu kompensieren und seinen Willen Männern aufzuzwingen, die viel größer und stärker waren als er.

Schon bei der Ankunft in Ceuta zeigten die ersten 200

geworbenen Legionäre, wes Geistes Kind sie waren. Sie stürzten sich kurz vor ihrer Vereidigung in ein grandioses Massenbesäufnis und streiften dann grölend und marodierend durch die engen Straßen der Altstadt, wobei eine Prostituierte und ein Wachmann getötet wurden. Auf der Jagd nach den Tätern gab es weitere Leichen.

Die Vorfälle hatten zur Folge, dass Franco sein Bataillon aus der Stadt schaffen und statt dessen in Dar Riffien stationieren musste, einem staubigen Nest, in dem die wilden Männer nicht viel Schaden anrichten konnten. Hier sollten sie ihre überschüssigen Energien durch das Errichten von Baracken und eines Triumphbogens abbauen, in den sie ihr künftiges Schicksal eingravieren durften: Legionarios a luchar, Legionarios a morir (Legionäre kämpfen, Legionäre sterben).

Obwohl den Söldnern von Anfang an gnadenlose Disziplin auferlegt wurde, hatten sie freie Hand bei der Behandlung der Feinde. Die Enthauptung von Kriegsgefangenen und die Zurschaustellung ihrer Köpfe als Trophäen wurden zur notorischen Routine.

So wurde die Herzogin Clara de la Victoria als Organisatorin eines Teams von Krankenschwestern mit einem makabren Begrüßungsgeschenk beehrt. Man überreichte ihr einen rosengeschmückten Korb, aus dessen Mitte sie die erloschenen Augen zweier Berberköpfe anstarrten. Als General Miguel Primo de Rivera ( ) kurz nach seinem Staatsstreich im Jahre 1923 der Legion einen Besuch abstattete, wurde er von einer Formation stramm stehender Söldner begrüßt, die, wohl um dem General eine Freude zu machen, Berberköpfe auf ihre aufgepflanzten Bajonette gespießt hatten. Während dem Diktator übel wurde, zeigte Francos Gesicht laut Berichten von Augenzeugen eine wilde Freude über die perverse Theatralik seiner Männer.

Da Grausamkeit vom Truppenchef gefördert und bald Teil selbstverständlicher Routine war, wurde der Schrekkensruf, den sich die Legion erwarb, eine probate und vorbeugende Waffe zur Einschüchterung der Eingeborenen. Der außerordentliche psychologische Effekt beeindruckte Franco und überzeugte ihn nachhaltig von der exemplarischen Funktion des Terrors. Wie jetzt in Afrika, so auch später im spanischen Bürgerkrieg tat er nichts, um die Ermordung oder Verstümmelung von Kriegsgefangenen zu verhindern.

Die gnadenlose Brutalität, von der er umgeben war, schien ihn nicht im geringsten zu berühren. Sogar der gewiss nicht zimperliche spätere Putschgeneral Gonzalo Queipo de Llano war schockiert über Francos Gesichtsausdruck tiefster Befriedigung, als er der Bestrafung von Söldnern zusah, die wegen geringer Disziplinverstöße blutig gepeitscht wurden. Die Leichtigkeit, mit der er die Bestialitäten duldete, lässt vermuten, dass eine normale Empfindungsfähigkeit, wenn er sie überhaupt jemals besessen hatte, in Afrika auf der Strecke geblieben war.

Während der Ordensverleihung an uniformierte Mörder nichts im Wege stand, drohten jedem Dieb von Fleischkonserven oder Tabakpäckchen aus Armeebeständen drakonische Strafen. Als Franco einmal darüber informiert wurde, zwei Legionäre, nach einem Raubüberfall geflohen, seien wieder eingefangen worden, sagte er mit seiner emotionslosen Fistelstimme: „Erschießt sie." Als der ihn gerade besuchende Waffenbruder Vicente Guarner dagegen protestieren wollte, sagte Franco genervt: „Halt den Mund, du bist dir gar nicht im Klaren darüber, mit welchen Leuten ich es hier zu tun habe. Wenn ich nicht mit eiserner Hand durchgreifen würde, bräche hier bald das Chaos aus."

Nicht nur die Mannschaften, auch die Offiziere hatten bald Angst vor der drakonischen Strenge ihres kleinen Chefs. Neuankömmlinge wurden mit den Worten gewarnt: „Gott helfe dir, wenn irgend etwas von deiner Ausrüstung fehlt, dein Gewehr schmutzig ist oder du ein Bummelant bist."

Während Franco dabei war, die neue Profitruppe zu drillen und in realem Kampfgeschehen zu erproben, überschlugen sich die Ereignisse in Marokko und als Folge davon auf der Iberischen Halbinsel.

Im Osten des Protektorats wurde die gesamte Ostarmee des Generals Manuel Fernández Silvestre bei einem ungesicherten Vormarsch von Berbern umzingelt und niedergemacht. Die Panik der nach Melilla fliehenden Soldaten übertrug sich auf die Besatzungen der kleinen Forts, welche die spanische Führung in den Bergen hatte errichten lassen.

Unter Zurücklassung von über 17 000 Toten retteten die Überlebenden einer panischen Flucht sich hinter die mittelalterlichen Mauern von Melilla. Die in siebzehn Jahren unter hohen Verlusten erzielten Geländegewinne waren innerhalb von wenigen Tagen verloren gegangen, und die lange und kostspielige „Befriedungsaktion" hatte sich als Schimäre erwiesen.

Die Nachricht von der Niederlage sorgte unter der kriegsmüden Bevölkerung der Halbinsel für ungeheuren Wirbel. Die Horrorberichte Überlebender und Fotos von Bergen verstümmelter Leichen erzeugten in Spaniens Industriestädten eine hochexplosive Stimmung. Tausende von Menschen gingen auf die Straße. Es kam zu Streiks und Schießereien mit den Ordnungskräften.

Für den kritischen Teil der Presse Anlass, die Armee an den Pranger und das gesamte Marokkoabenteuer in Frage zu stellen, dieses jahrelange und sinnlose Gemetzel um ein paar tausend Quadratkilometer karger Gebirgslandschaft, das nur die Karrieresucht einiger Offiziere und das Gewinnstreben einiger Minenkonzessionäre und Waffenhändler befriedigte, im übrigen aber ein Grab von Milliarden von Peseten und tausender junger Soldaten war, Wehrpflichtigen, die aus ärmsten Schichten des Volkes kamen und sich nicht wie die Söhne der Reichen vom Wehrdienst frei kaufen konnten.

Das gesamte politische System wurde in Frage gestellt und als Scheindemokratie im Interesse profitgieriger Oligarchen entlarvt. Sogar der Thron des Königs Alfons XIII. geriet ins Wanken, als bekannt wurde, er persönlich habe den Oberbefehlshaber General Silvestre zur Eile angetrieben und damit die Katastrophe letztlich verursacht.

Zur Beruhigung der äußerst gespannten Atmosphäre setzte die zivile Regierung eine Kommission ein, um die näheren Umstände der Katastrophe zu untersuchen. Bevor die Ergebnisse vorgelegt werden konnten, putschte die Armee unter Führung von General Miguel Primo de Rivera, der zusammen mit weiteren Militärs die Regierung übernahm und als erstes den Untersuchungsbericht kassierte.

Die Monarchie war zunächst einmal gerettet. Die Armee hatte sich nicht nur weitere Peinlichkeiten erspart, sondern Spanien zugleich von einem Clan ungeliebter Politiker befreit, der ihrer Meinung nach die Bedürfnisse der Armee stets vernachlässigt und damit die Katastrophe verursacht hatte. In diesem Zusammenhang schrieb Franco in sein Tagebuch: „Unsere Herzen weinten über die

Niederlage. Die Regierung sah dem aufopfernden Einsatz der Armee und dieses selbstlosen Offizierskorps gleichgültig zu, die tagein, tagaus zwischen glühenden Felsen ihren Blutzoll entrichten. Welche Gefühllosigkeit."

So schmerzhaft das Desaster für Franco auch gewesen war, so sehr stärkte es doch seine persönliche Position. Schon lange vorher hatte er die Schwächen der Armee in Fachzeitschriften kritisiert.

Stets hatte er vergeblich für die Massierung der militärischen Kräfte an strategisch wichtigen und leicht versorgbaren Punkten plädiert und die Zersplitterung der Mannschaften auf die über hundert im Ernstfall nicht zu haltenden Forts kritisiert. Abgesehen von größerer Verwundbarkeit lähme diese Ausdünnung die Stoßkraft der Armee. Um diese Angriffskraft mit stets disponiblen, hochmotivierten und konzentriert stationierten Truppen zu erhöhen, empfahl Franco seine neue Legion, ihren beschleunigten Aufbau und die Bereitstellung der dazu nötigen Mittel.

Schon im Jahr 1925 sollte die neue Elitearmee Gelegenheit haben, ihre enorme Schlagkraft zu beweisen, nachdem es General Primo de Rivera gelungen war, die aufständischen Berber unter Mithilfe französischer Kolonialtruppen in die Zange zu nehmen und so nachhaltig zu schlagen, dass das Protektorat Marokko fortan als befriedet gelten konnte.

Kernstück der Operation war die Landung Zehntausender spanischer Soldaten im Rücken der Berber in der Bucht von Alhucemas gewesen. Ohne den äußerst gewagten Einsatz der Legionäre beim Erklimmen der Steilküste und Säuberung der Höhen von Berberschützen wäre die Landung gescheitert. Franco und seine 600 Kämpfer zählende

Bandera waren in vorderster Front dabei und trugen mit diesem Bravourstück entscheidend zum Sieg bei. Major Francisco Franco wurde befördert. Mit 33 Jahren wurde er der jüngste General Europas.

Im Laufe der nächsten Jahre waren der spanische Gouverneur und Franco mit der Konsolidierung des Friedens im Rif beschäftigt. Der junge General stand nun der komplexen Wirklichkeit Dutzender rivalisierender Bergstämme gegenüber, deren zeitweilige Einigkeit nach ihrer Niederlage zerbrochen war. Mit diesen häufig durch das Gesetz der Blutrache verfeindeten Stämmen klug umzugehen und aus den Rivalitäten eigenen Vorteil zu ziehen war eine der Aufgaben, die Franco zu bewältigen hatte. Dass er diese trotz seines pathologischen Nationalismus meisterte, zeigt, dass er dennoch über einen außerordentlichen Realitätssinn verfügte. Marokko gab ihm die Gelegenheit, ein Talent zu entwickeln, das ihm später die Bezeichnung „El Corcho", der Korken, eintrug, entsprechend dem Sinnbild, dass Korken immer oben schwimmen, ohne von noch so starken Fluten verschlungen zu werden.

Diese erfolgreichen Schwimmübungen in Marokko bei stärkstem Wellengang waren der Anschauungsunterricht, der ihm für das spätere Lenken des spanischen Staatsschiffes durch kritische außen- und innenpolitische Turbulenzen entscheidende Anregungen gab.

Der Militär, der erbarmungslos zugeschlagen hatte, wurde nach der Unterwerfung des Rif ein Mann des Ausgleichs, der mit Gewalt sparsam umzugehen vermochte. Zur bisher favorisierten Peitsche fügte er nun das Zuckerbrot, d.h., er bestrafte drakonisch diejenigen, die sich gegen ihn stellten, und belohnte solche, die sich auf seine Seite schlugen. Er verschaffte sich als hoher Repräsentant der Kolonialmacht den Respekt eines über den Rivalitäten stehenden Wesens, das nur dann eingriff, wenn es im Interesse aller erforderlich schien.

In Wirklichkeit verfuhr er nach dem uralten römischen Motto des „Teile und herrsche". Wenn es ihm opportun erschien, konnte er Streitigkeiten auch schüren. Denn Stammesfehden waren nicht immer unerwünscht, weil sie die Kräfte der Berber schwächten und die Spanier dann ihr eigenes Gewicht in die Waagschale ihrer Wahl werfen konnten. So wurde die Herrschaft der Spanier mit minimalem Einsatz gesichert.

Franco war stets darauf bedacht, dass sein Verhältnis zu den einzelnen Berberführern persönlich und unbürokratisch war. Übereinkünfte wurden nach eingehendem Palaver mündlich getroffen und per Handschlag oder Umarmung besiegelt. Auch Beschwerden und Anregungen nahm Franco stets persönlich entgegen. So baute er parallel Vertrauensverhältnisse zu Stammensfürsten auf, die untereinander spinnefeind waren. Er allein kannte die Lagerung der verschiedenen Standpunkte und deren Gründe und konnte so stets Ratschläge geben, die in ihren vermuteten Auswirkungen seiner Sicht der Dinge zuträglich waren.

Der politische Anschauungsunterricht und Francos lange Jahre in Marokko endeten 1926, als Primo de Rivera ihn darum bat, Direktor der neuen allgemeinen Militärakademie in Zaragoza zu werden.

Zaragoza – Frisches Blut für eine Mumie

Trotz seiner unstrittigen Erfolge bei der Beendigung des Marokkokrieges und eines in der spanischen Geschichte nie dagewesenen Wirtschaftsbooms musste Primo de Rivera dennoch bald spüren, dass Spanien sogar dann schwer regierbar war, wenn man über diktatorische Vollmachten verfügte.

Bei seinem Versuch, das Land zu modernisieren, stieß er auf den Widerstand zahlreicher Interessengruppen. Und nach einem Putschversuch gegen ihn im Jahre 1927 musste er zu seiner Betrübnis feststellen, dass noch nicht einmal die Armee geschlossen hinter ihm stand.

In den spanischen Streitkräften war es schon immer besonders vornehm gewesen, der Artillerie anzugehören. Diese sich als Elite verstehende Waffengattung hatte aufbegehrt, weil sie sich der Infanterie gegenüber benachteiligt sah. Die Kanoniere beklagten sich, bei dem durch den Marokkokrieg verursachten Beförderungsschub benachteiligt worden zu sein.

Ihr von solch eigennützigen Gedanken motivierter Putschversuch scheiterte. Die Empörung des Diktators war groß genug, gleich die ganze Waffengattung aufzulösen.

Als Hauptgrund für die mangelnde Homogenität innerhalb der Streitkräfte hatte Primo de Rivera das bisherige Ausbildungssystem entlarvt, das die Studiengänge der verschiedenen Waffengattungen streng getrennt auf über ganz Spanien verstreuten Akademien stattfinden ließ, was zur Herausbildung extremer Rivalitäten führte. Dies ein für allemal abzuschaffen war die Lehre, welche Primo aus dem Putschversuch gezogen hatte. Er entschied sich für die Ausbildung aller Waffengattungen auf einer allgemeinen Militärakademie. Mit dieser simplen Maßnahme wollte er den heterogenen Tendenzen innerhalb der Streitkräfte entgegenwirken.

Zum Direktor dieser allgemeinen Ausbildungsstätte ernannte er Francisco Franco, der schon beim Aufbau der Legion sein pädagogisches Talent unter Beweis gestellt hatte.

Standort der Offiziersschule war Zaragoza, wo der General seine nächsten drei Lebensjahre verbringen sollte.

Aus einem Soldaten, der Jahre lang an vorderster Front im Kampf gestanden und sein Leben riskiert hatte, abgebrüht durch blutige Gemetzel und gewöhnt an das spartanische Leben im Feld, wurde ein Militärpädagoge, der mehr mit dem Federhalter als mit der Waffe agierte.

Als er seine Arbeit in Zaragoza aufnahm, ließ er sein Soldatenleben hinter sich. Nie wieder bis zu seinem Lebensende würde er sich im Feld dem Kugelhagel seiner Feinde aussetzen. Bis zum Jahr 1926 war er ein Frontoffizier gewesen, ein furchtloser Truppenführer, der auf enorme Disziplin achtete, ein enthaltsamer und spartanisch lebender Einzelgänger, dessen Aura von Unnahbarkeit ihm zwar wenig Freundschaften, aber viel Respekt eingetragen hatte.

Seit der Beendigung des Rifkrieges, nach der Landung

bei Alhucemas, hatte er durch den Umgang mit den Stammesfürsten jedoch politisch enorm dazu gelernt. Innerhalb der Truppe nach wie vor auf eiserne Disziplin bedacht, lernte er auf der diplomatischen Ebene toleranten Umgang, das Wesen des Kuhhandels und – was sehr wichtig ist – die Kunst im Delegieren von ihm allerdings klar definierten Aufgabestellungen. Auch lernte er, Fehlverhalten anderer Menschen zu tolerieren, solange er ihren guten Willen auf seiner Seite sah. Er erkannte sogar den Karrierewert sozialen Umgangs, und man begann, ihn in Offiziersclubs bei Plausch und Aperitivo zu sehen.

Das alles half ihm, in der „besseren" Gesellschaft von Zaragoza schnell Fuß zu fassen.

Die neue Akademie öffnete im Juni 1928 ihre Tore. In seiner Antrittsrede philosophierte Franco über das von seiner Mutter übernommene Motto: „Wer heroisch zu leiden vermag, wird sich durchsetzen."

Ebenso stellte er seine selbst erdachten zehn Gebote vor, die er als moralische Richtlinien für seine Kadetten vorgesehen hatte. Ganz oben rangierten Werte wie Patriotismus, Loyalität zum König, militärische Disziplin, Opfermut und Tapferkeit. Die Moral trage mehr zum Sieg bei als Truppenstärke und technologischer Standard, wurde er nicht müde zu wiederholen.

Seine Dozenten holte Franco sich hauptsächlich aus den Reihen seiner „Africanistas". Elf Lehrkräfte kamen direkt aus der rauen Praxis der Legion. Zum stellvertretenden Direktor ernannte er Oberst Miguel Campins, einen guten, kampferfahrenen Freund, mit dem er die Landung bei Alhucemas durchgestanden hatte. Auch sein Spielkamerad aus Kindertagen in El Ferrol, Camilo Alonso Vega, war mit von der Partie. Vega hatte bisher alle Lebensstationen

Francos nachvollzogen, war auf der Militärakademie in Toledo und in Afrika gewesen. Nach dem Bürgerkrieg sollte dieser ausgesprochene Hardliner über lange Jahre Francos Innenminister sein, ein Job, bei dessen Ausübung er alles andere als zimperlich war.

Wen wunderte es, dass die brutale Weltsicht dieser Männer, deren geistige Ausrichtung von einem Jahre währenden schmutzigen Krieg geprägt war, voll im Lehrprogramm durchschlug. Teil ihrer Überzeugung war die Idee von der Armee als höchstem Schiedsrichter des politischen Geschehens in der Nation. Im Juli 1936 war dieser Lehrkörper folgerichtig fast ausnahmslos in den Putsch gegen die Republik verwickelt. Franco traute der von ihm berufenen Dozentengruppe zu, die Ziele der neu gegründeten Militärakademie von Zaragoza zu erfüllen, indem sie eine komplette Generation zukünftiger Offiziere „dem rechten Geist" unterwiesen.

Er selbst widmete sich dem sozialen Leben in Zaragoza. Der eigentlich introvertierte General wurde zu einem gefragten Gast in Kreisen der Bourgeoisie, und das Ehepaar lernte Bankiers, Industrielle, Deputierte und hohe Würdenträger der Kirche und ihre Standpunkte kennen. Franco begann auch, eine Leidenschaft für das Kino zu entdecken. Wie seinem Erzfeind Stalin hatten es dem General besonders Wildwestfilme angetan. Außerdem widmete er sich, wie er es selbst formulierte, „seinen Studien".

Bei seiner überwiegend autodidaktischen Geistesformation spielte vor allen Dingen die Zeitschrift „Bulletin de l'Entente contre la troisième Internationale" eine große Rolle. Diese Zeitschrift, herausgegeben von dem Schweizer Rechtsradikalen Theodore Aubert und dem weißrussischen Emigranten Georges Lodygensky, hatte sich den Kampf gegen den Bolschewismus zum Ziel gesetzt und befürwortete Militarismus und Faschismus als die geeigneten Instrumente zum Bau eines antibolschewistischen Bollwerks.

Franco bezog das Bulletin bis 1936, eine Lektüre, die maßgeblich zu seinem geradezu krankhaften Antikommunismus beitrug: Überall sah er die bösen Bolschewiken am Werk, was so weit ging, dass er alle nicht konservativen Parteien als von ihnen unterwandert sah.

Als Akademiedirektor lernte Franco auch kurz Deutschland kennen, als er im Frühjahr 1929 zur Militärakademie in Dresden eingeladen wurde. Ihn als Disziplinfanatiker begeisterten die Zucht und Ordnung in den Reihen der deutschen Reichswehr. Es war der Beginn einer Beziehung, die entscheidend zu Francos Sieg im Bürgerkrieg beitragen sollte.

Obwohl er sich in Zaragoza weitgehend aus dem Lehrbetrieb heraushielt und die konkrete pädagogische Arbeit delegierte – ein Erfolgskonzept, dass auch später für seinen Herrschaftstil kennzeichnend sein sollte –, konnte er dennoch nicht ganz auf sein Steckenpferd, das Maßregeln, verzichten.

So stellte er seinen Kadetten in den Straßen von Zaragoza diebisch gern eine Falle, wenn er z.B. so tat, als blicke er in ein Schaufenster, während sich ein grußpflichtiger Kadett unbemerkt vorbeischleichen wollte. Dann pflegte Franco ihn mit seiner weichen, hohen und gefürchteten Stimme zu stoppen und abzustrafen.

Eine andere Obsession bestand darin, Kadetten auf der Straße nach ihrem Kondom zu fragen. In Erinnerung an die erotischen Vorlieben seiner Ex-Kommilitonen und Legionäre hatte er den Befehl herausgegeben, jeder seiner Studenten müsse in seiner Freizeit ein Schutzgummi bei sich tragen. Er konnte sich noch sehr gut daran erinnern, welch verheerenden Effekt Geschlechtskrankheiten auf die Kampfkraft der Truppen gehabt hatten. Die Durchsetzung einer effektiven Prophylaxe war für ihn gleichbedeutend mit patriotischer Pflicht. Noch im Jahre 1936 brüstete er sich auf den Kanarischen Inseln vor seinem Englischlehrer, wie er Gonorrhoe und Syphilis auf seiner Militärakademie den Garaus gemacht habe. Was sein Beichtvater über diese Prophylaxe dachte, ist nicht bekannt.

Im Zuge seiner „philosophischen" Studien verfestigte sich bei Franco die Meinung, jegliches Parteientum innerhalb der nationalen Politik abzulehnen. Es bedeute nichts anderes als Zersplitterung, die der Größe Spaniens abträglich sei und eine Bündelung seiner Kräfte erschwere. Parteienhader sei dem Wesen eines Landes, das als organische Einheit betrachtet werden müsse, nicht angemessen. Jedes Organ in einem Organismus habe an seinem Platz die ihm bestimmte Funktion im Haushalt des Ganzen zu erfüllen. Wenn das nicht so sei, könne der Gesamtorganismus nicht funktionieren, sei dieser nicht gesund. Jeder Spanier habe für das Wohl des Ganzen an seinem Platz seine Arbeit zu verrichten.

Zur gleichen Zeit lernte Franco in Zaragoza einen jungen Anwalt kennen, der sich um Zita, die jüngere Schwester seiner Frau, bemühte. Es war Serrano Suñer, der Francos Ansichten um die Beschaffenheit Spaniens teilte und dessen Trauzeuge José Antonio Primo de Rivera ( ) sein sollte – der Gründer der Falange Española, Spaniens faschistischer Partei. Beim Meinungsaustausch erfuhr Franco, dass er mit seinen Grundanschauungen nicht allein da stand. Serrano Suñer sollte später ein glühender Hitlerverehrer und jahrelang Spaniens Außenminister sein.

Während die Anschauungen des Generals und sein Freundeskreis ideologisch feste Konturen erkennen ließen, hatte die politische Situation des Landes eine dramatische Veränderung erfahren. Im Zuge des schwarzen Freitags an der Wallstreet brach das spanische Wirtschaftswunder wie ein Kartenhaus zusammen. Hunderttausende von Arbeitern wurden von einem Tag zum anderen entlassen. Obwohl ihn eigentlich keine Schuld am wirtschaftlichen Zusammenbruch traf, schob man sie Primo de Rivera zu, der – entnervt auch durch seine Diabetes und seinen Quartalssuff – am 22. Februar 1930 das Handtuch warf und einen Zug in Richtung Frankreich bestieg. In Paris wollte er – unbeschwert von der Regierungsverantwortung – sein Leben noch einmal in vollen Zügen genießen. Dabei schien der gesundheitlich schwer Angeschlagene sich übernommen zu haben. Einige Wochen nach seinem Rücktritt wurde er tot in seinem Hotelzimmer in Paris aufgefunden.

In Spanien hatte der König die Regierungsgewalt dem ehemaligen Hochkommissar von Marokko, General Damaso Berenguer, übertragen. Hatte schon Primo de Rivera sich gern zwischen sämtliche Stühle gesetzt, so tat Berenguer nun alles, um seinen Vorgänger noch zu übertreffen. Als er nach einem knappen Jahr zurücktrat, geriet auch der Thron wieder in politische Turbulenzen.

Franco beobachtete das Ganze quasi als Zuschauer, bis auch er in den Sog der Ereignisse hineingerissen wurde – und zwar ausgerechnet durch das Verhalten seines jüngeren Bruders Ramón (6).

Dem Luftwaffenoffizier, der im Jahr 1926 durch die erste Überquerung des Südatlantiks mit dem Flugzeug eine internationale Berühmtheit geworden war, wurde unterstellt, sich eines schlimmen Vergehens schuldig gemacht zu haben – der Rebellion gegen den König.

Im Oktober 1930 hatte sich der Chef der Staatssicherheit und ehemalige Afrikakämpfer General Emilio Mola ( ) mit Franco in Verbindung gesetzt, um ihm „eine bedauerliche Mitteilung" zu machen. Offensichtlich sei sein Bruder Ramón in ein antimonarchistisches Komplott verwickelt. Wenn der sich nicht bald von dem revolutionären Zirkel löse, müsse Mola ihn verhaften lassen und der Justiz ausliefern. Das wolle er gern vermeiden, da er Ramón als Francos Bruder und Fliegerhelden sehr schätze. Vielleicht könne Franco seinen Bruder von seinem gefährlichen Weg abbringen.

Franco reiste sofort im Nachtexpress von Zaragoza nach Madrid und hatte schon am nächsten Tag Gelegenheit, mit Ramón bei einem gemeinsamen Abendessen über die Angelegenheit zu reden. Er beschwor seinen Bruder, von seinem tragischen Irrweg abzulassen.

Für Ramón war es nicht die erste Moralpredigt, die er von dem salbungsvollen älteren Bruder erhielt, und er ließ sich nicht von seinen Plänen abbringen. Mola, darüber informiert, ließ Ramón noch in der selben Nacht verhaften. Franco besuchte ihn am nächsten Tag in seiner Zelle und sagte ihm, dass er unter dem Verdacht der Konspiration, des Waffenschmuggels und der Bombenherstellung stehe. Mola wolle ihm aber noch eine Chance geben. Ramón erwies sich weiterhin als verstockt, konnte aber einige Tage später unter mysteriösen Umständen aus dem Gefängnis entweichen.

Das Komplott, um das es ging, erwies sich als keine geringere Unternehmung als der später unter diesem Namen bekannt gewordene „Plan von San Sebastián". In dem mondänen Badekurort an der Biskaya hatten sich am 10. August 1930 zahlreiche hohe Militärs und viele hochkarätige Politiker der späteren Republik getroffen, um den Sturz der Monarchie zu planen. Zu diesem Zweck gründeten sie ein zentrales revolutionäres Komitee, an dem auch Ramón Franco und kein Geringerer als General Gonzalo Queipo de Llano teilnahmen, der später im Bürgerkrieg noch eine berüchtigte Sonderrolle spielen sollte.

Laut Plan sollte am 15. Dezember 1930 ein landesweit koordinierter Putsch stattfinden und danach die Republik ausgerufen werden. Einer misstrauischen Telefonistin aus dem Pyrenäenstädtchen Jaca war es zu verdanken, dass der Militärkommandant von Aragón Wind von seltsamen Aktivitäten in der dortigen Garnison bekam. Seine Nachfragen veranlassten die dort mit dem Putsch beauftragten Hauptleute Fermín Galán, Angel García Hernández und Salvador Sediles dazu, schon am 12. Dezember, also drei Tage verfrüht, loszuschlagen.

Bei äußerst schlechtem Wetter holten die drei Offiziere die etwa 600 Infantristen der Garnison Jaca aus den Betten und befahlen ihnen, immer der Landstraße nach in Richtung Zaragoza zu marschieren, in der Hoffnung, dass sich ihnen unterwegs die Garnisonen der Provinzhauptstadt Huesca und später Zaragoza anschließen würden. Sie glaubten offensichtlich, die Nachricht von dem Geschehen werde die anderen Putschisten landesweit dazu bewegen, nun ihrerseits loszuschlagen.

Am nächsten Tag jedoch schon wurde die hungrige, frierende und durchnässte Kolonne kurz vor Huesca nach kurzem Scharmützel überwältigt. Hauptmann Sediles konnte zunächst in die Berge entkommen. Seine Mitstreiter Fermín Galán und García Hernández jedoch wurden verhaftet und noch am gleichen Tag standrechtlich erschossen.

Diese Nachrichten, die am 14. Dezember in ganz Spanien fettgedruckt in den Zeitungen erschienen, veranlassten die anderen Putschisten dazu, sich bedeckt zu halten. So blieben die Ereignisse von Jaca eine isoliert scheinende Episode, deren Operettenhaftigkeit durch die Tatsache aufgegipfelt wurde, dass die beiden zum Tode verurteilten Offiziere ihre Erschießungspelotons selber kommandieren durften.

Nur Ramón Franco hatte diese Neuigkeiten offensichtlich verschlafen. Wie sonst wäre es zu erklären gewesen, dass er am 15. Dezember zur verabredeten Zeit mit einem Flugzeug aufstieg, um den Palacio de Oriente in Madrid zu bombardieren? Da ihm zu viele Zivilisten durch die Parkanlagen liefen, ließ er die Bomben im Schacht und beschränkte sich auf den Abwurf einiger tausend Flugblätter, auf denen die Republik ausgerufen wurde. Als er bemerkte, dass man ihn bei seiner Landung verhaften wollte, startete er durch und entflog Richtung Westen nach Portugal.

Seinen schockierten und tief getroffenen Bruder erreichte die Nachricht in der Militärakademie. Noch zwei Tage zuvor hatte er sich mitsamt seinen Kadetten den herannahenden Soldaten aus Jaca entgegen stellen müssen. Sobald er vom Aufenthalt seines Bruders in Portugal hörte, schickte er diesem einen Brief und 2 000 Pesetas, in der damaligen Zeit eine bedeutsame Summe. Derselbe Mann, den das besudelte Hosenbein eines Offiziers dazu veranlasst hatte, einen Legionär zu füsilieren, schrieb:

„Mein geliebter und unglückseliger Bruder: Mögest Du

Dich dazu aufraffen, aus Deinem lasterhaften Milieu auszubrechen, in dem Du die letzten zwei Jahre verbracht hast, in dem der Hass und die Leidenschaft derjenigen, die Dich umgeben haben, Dich in Deine Schimären verstrickt haben. Möge das Dir auferlegte Exil Deinen Geist beruhigen und Dich über alle Passionen und Egoismen hinausheben. Mögest Du Dein Leben fern von diesen sterilen Streitereien, die Spanien mit Unglück füllen, ablassen und auf Deinem Weg Frieden und Wohlergehen finden. Dies sind die Wünsche Deines Bruders, der Dich umarmt."

Nicht lange nach der Flucht seines Rebellenbruders Ramón besann sich der General auf seine übliche Strenge. Den mittlerweile aufgegriffenen Mitputschisten Salvador Sediles verurteilte er als Militärrichter wegen Hochverrats zum Tod durch Erschießen. Das Urteil an Sediles wurde nur deshalb nicht vollstreckt, weil es sich nach den Munizipalwahlen vom 12. April 1931 klar zeigte, dass das spanische Volk keinen König mehr haben wollte. So kamen beide – Sediles und Ramón Franco – mit dem Leben davon, der eine durch Volkes Stimme, der andere durch brüderliches Verständnis und finanzielle Solidarität.

Republik – Ein General schmollt

Alfonso XIII. ging ins Exil. Die Republik wurde ausgerufen. Franco, der in Zaragoza den monarchistischen Kandidaten gewählt hatte, stand auf der Verliererseite. Die nächsten fünfeinhalb Jahre Republik sollten für den Erfolgsgewöhnten kein Zuckerschlecken sein.

Als der erste Kriegsminister der neuen Republik, Manuel Azaña ( ), sein Amt antrat, war es eine seiner ersten Ankündigungen, die Allgemeine Militärakademie in Zaragoza schließen zu lassen. Damit beendete er das kurze Dasein eines Instituts, das für Azaña eine reaktionäre Kaderschmiede des Militarismus, für Franco aber eine wichtige vaterländische Aufgabe gewesen war, der er sich mit aller Energie hingegeben hatte. Als er im Jahr 1931 aus seinem Amt schied, fand er bittere Worte, hatte aber die Genugtuung, dass zumindest eine Kadettengeneration die volle Ausbildung mit seiner Handschrift hatte absolvieren können.

Mit 80 Prozent seines Gehalts „zur weiteren Verfügung“ stehend, zog er sich die nächsten fünf Monate auf eine Finca seiner Frau in Asturien zurück und hatte viel Zeit, die sich in der Republik anbahnenden Veränderungen aus der Perspektive eines Beobachters zu betrachten.

Natürlich sah er die Geschehnisse durch den Filter seiner speziellen Weltsicht, zu deren Verfeinerung er in Zaragoza so viel Gelegenheit gehabt hatte. Weiterhin erhielt er die Subskriptionen der „Entente contre la troisième Internacionale", um stets auf dem Laufenden zu sein.

Es waren seinen Informationen gemäß die Verschwörer des internationalen Freimaurertums, die – besonders Spanien im Visier – zu einer Offensive angetreten waren. Nun, maßgeblich an der Regierungsgewalt beteiligt, zeigten sie ihr wahres Gesicht und begannen ohne große Umschweife, an den drei Säulen zu sägen, welche die Nation zusammenhielten: Kirche, Armee und der Respekt vor dem Besitz.

Der Kirche, diesem bisher alles durchdringenden heiligsten Gut der Nation, welches die Regionen in einem Geist miteinander verklammert hatte, ging es dabei zuerst an den Kragen. Die Republik wollte den Katholizismus seines Monopols über die spanische Seele vollends berauben, indem sie alle Religionen gleich stellte und auch den katholischen Glauben zu einer reinen Privatsache machte.

Die kirchliche Trauung konnte fortan durch die standesamtliche Hochzeit ersetzt und das so verheiratete Paar unter bestimmten Bedingungen geschieden werden. Zudem wurde der konfessionelle Charakter der öffentlichen Schulen mit einem Federstrich beseitigt und Religionsunterricht zu einer freiwilligen Angelegenheit. Überall im Lande begannen Kirchen und Konvente zu brennen, und die neue Regierung schien diesem Sakrileg gleichgültig gegenüberzustehen.

Auf jeden Fall erschien es Franco, was diesen antikirchlichen Vandalismus anging, als seien alle Kettenhunde der Hölle losgelassen.

Was war aus dem Spanien geworden, das noch zu Zeiten Napoleons wie ein Mann hinter der Kirche gestanden hatte und unter spiritueller Führung der Priester die Franzosen aus dem Vaterland vertrieben hatte? Was sollte aus einem Spanien werden, dessen Leib und Seele systematisch und von Staats wegen zerstört wurden?

Zähne knirschend musste Franco mit ansehen, wie der zweite Grundpfeiler der Nation, die Armee, vollends zu einem Schatten dessen gemacht wurde, was sie einmal war. Als wenn 100 Jahre Liberalismus nicht schon genug Schaden angerichtet hätten, versuchte das neue Regime unter ihrem atheistischen Kriegsminister Azaña, dieser Verkörperung spanischen Heldentums den Rest zu geben.

Er wollte die Armee, vor allen Dingen das Offizierscorps, verkleinern. Heraus haben wollte er besonders die „Afrikaner", also jene, die im Kolonialkrieg mit gekämpft, deshalb als einzige Kampferfahrung und besonders in linken Kreisen den Ruf von brutalen Militaristen hatten.

Dieses nicht leichte Unterfangen begann Azaña, indem er viele „Africanistas", darunter auch Franco, „zur weiteren Verfügung" außer Dienst stellte. Wenn der so Betroffene innerhalb der nächsten sechs Monate nicht wieder aktiviert wurde, ging er automatisch in die Reserve, was dem entgültigen beruflichen Aus gleichkam.

Besondere Erregung verursachten Überlegungen des Kriegsministers, Beförderungen durch Kriegsverdienste wieder rückgängig zu machen, eine Regelung, die für die Betroffenen – und das waren immer Afrika-Offiziere – einer Degradierung gleichkam.

All das beobachtete Franco auf seinem asturischen Abstellgleis mit wachsender Verdrießlichkeit, wobei ihn die Nachricht, Generäle seien von den Degradierungen angeblich nicht betroffen, wenig beruhigen konnte. Würde auch er womöglich nach sechs Monaten „in Reserve" geschickt? Das war die wichtigste Frage, die sich ihm von Monat zu Monat stärker aufdrängte und seinen Groll gegen Republik und Manuel Azaña wachsen ließ. Ein Ingrimm, den der als „nachtragend" bekannte Franco auch dann nicht ablegte, als ihn schließlich nach fünf Monaten die erleichternde Nachricht erreichte, er sei zum Militärkommandanten von „La Coruña" ernannt worden.

Sein Generalskollege und Afrikafreund José Sanjurjo ( ) verkraftete den Übergang zur Republik besser. Er hatte entscheidend zur Abdankung des Königs beigetragen, indem er diesem nach der Niederlage bei den Munizipalwahlen signalisierte, er könne nicht dafür garantieren, dass die Guardia Civil weiter auf der Seite seiner Majestät stünde, sollte König Alfonso sich zum Bleiben entscheiden. Das war Steigbügelhilfe für die Republik.

Die neue Regierung belohnte diese Haltung des Generals, indem sie ihn – obwohl „Afrikaner" – Chef der gefürchteten Guardia Civil ( ) bleiben ließ, gegen deren Willen in Spanien nichts lief.

Dass Sanjurjo es nicht lange bleiben sollte, hatte nicht direkt mit ihm zu tun, sondern mit Ereignissen in einer der klassischen Elendszonen Andalusiens, wo Zivilgardisten in gewohnter Manier den Streik hungriger Tagelöhner brutal auflösten. Ungewöhnlich war die Reaktionsweise der Streikenden. Durch die neue Agrarpolitik der Regierung in ihrem Selbstbewusstsein gestärkt – eine umfassende Landreform bahnte sich an –, waren sie nach der brutalen Attacke der Uniformierten über die Polizeistation von Castil Blanco hergefallen und hatten vier Zivilgardisten mit Messerstichen und Knüppelschlägen ins Jenseits befördert und in ekstatischem Hass zerstückelt. Im Milieu des verelendeten Agrarproletariats war ein nicht nur „klammheimliches" Lächeln die Folge.

Die mit samuraihaftem Korpsgeist ausgestattete und landesweit operierende Polizeitruppe sollte schon bald Gelegenheit haben, ihren Rachegefühlen Ausdruck zu geben, und zwar im Norden Spaniens, wo sie in Anedo den Streik in einer Schuhfabrik unter Einsatz ihrer Schusswaffen brach und dabei unter anderem vier Frauen und ein Kind tötete.

Diese Morde hatten im ganzen Land eine dermaßen große Welle der Empörung zur Folge, dass der Regierung als schnelle Beschwichtigungsmaßnahme einfiel, den obersten Chef zum Sündenbock zu machen. Sanjurjo musste seinen Posten räumen und wurde zu den Carabineros abgeschoben, einer Art Grenzschutz, deren Hauptaufgabe die Jagd nach Schmugglern war.

Der als extrem eitel geltende General, der sich seit dem Afrikafeldzug gern als „Löwe des Rif" bezeichnen ließ, empfand seine Versetzung als ungeheure persönliche Schmach, die er, koste es was es wolle, abwaschen musste. Für ihn gab es da nur eins: weg mit der Republik, die sich ihm gegenüber so schändlich verhalten hatte.

Es fiel ihm nicht schwer, andere unzufriedene Generäle zu finden, wie die „Afrikaner" José Enrique Varela und Manuel Goded. Francos Unzufriedenheit mit der Republik war spätestens seit der Schließung der Militärakademie in Zaragoza bekannt. Deshalb wohl versuchte Sanjurjo, auch ihn für seinen Umsturzplan zu gewinnen.

Als Franco sich gerade anlässlich der Übernahme eines neuen Reitpferdes in der Hauptstadt befand, lud ihn der „Löwe vom Rif" in eines der Restaurants in der Cuesta de los Perdices ein, um ihn dort beim Verspeisen von Wachteln und meeresfrischen Krustentieren zur Teilnahme am Putsch einzuladen.

Zu seinem großen Erstaunen lehnte Franco brüsk ab. Er, Sanjurjo, sei es gewesen, der das Entstehen der Republik begünstigt habe. Jetzt, wo sie durch sein Dazutun nun einmal da sei, gelte es dafür zu sorgen, dass die gemäßigten und ordnenden Kräfte die Oberhand behielten und das Land nicht dem Chaos ausgeliefert werde. Das Volk habe die Republik gewollt und habe nun die Gelegenheit, Erfahrungen mit den Folgen der eigenen Entscheidung zu machen. Dem General rate er, die persönlichen Gefühle den Interessen des Vaterlandes unterzuordnen.

Während Franco nach La Coruña zurückfuhr, organisierte Sanjurjo trotz der Standpauke des Jüngeren unverdrossen seinen Putsch.

Den hatte er für den 10. August 1932 angesetzt und sollte scheitern, weil einer seiner Mitverschwörer – einem Ondit zufolge Sanjurjo selber – über den Durst getrunken und dann in einem der Luxusbordelle der Hauptstadt Station gemacht hatte. Eine der dort arbeitenden Damen weihte dieser Jemand großsprecherisch in die Putschpläne ein. Die detaillierte Fragerei der Dame irritierte ihn nicht weiter. Diese jedoch informierte einen anderen ihrer Stammkunden – einen hochgestellten republikanischen Politiker – über das Bettgeflüster.

Noch in der gleichen Nacht erreichten die brisanten Neuigkeiten Kriegsminister Azaña, der nun in aller Ruhe Gegenmaßnahmen treffen konnte. Die führten dazu, dass der Staatsstreich kläglich scheiterte und der „Löwe des Rif" bei Nacht und Nebel zur portugiesischen Grenze flüchtete. Dort wurde er von seinen eigenen Carabineros verhaftet. Sein herrisches Schnauzen konnte nicht verhindern, dass er in eine der verlausten Zellen gesperrt wurde, bis man ihn in die Hauptstadt transportieren ließ. Sanjurjo wollte sich vor dem Militärgericht eigentlich von Franco verteidigen lassen, was dieser jedoch mit den Worten ablehnte, auf Rebellion stehe Tod durch Erschießen, es sei denn, man gewinne.

Azaña, der sich während des 10. August vergewissert hatte, dass in „La Coruña" alles ruhig blieb, belohnte Franco für seine Zurückhaltung mit dem Posten des Militärkommandanten auf den Balearen. Aus persönlichen Gründen nahm Franco das neue Amt nur ungern an, denn nun konnte er nicht mehr an jedem Wochenende seine verehrte Mutter in El Ferrol besuchen.

Während der „Löwe vom Rif" im Gefängnis schmorte, inspizierte und restaurierte Franco auf den Balearen die Anlagen zur Verteidigung der Häfen und fand nebenbei genug Muße, sich seiner Lieblingslektüre, dem ultrarechten Bulletin aus Genf, zu widmen und sich dabei immer neue, detailliertere Kenntnisse über die bolschewistischen Verschwörungs- und Infiltrationstechniken anzulesen. Um so mehr muss es ihn verwundert haben, dass nach gut zwei Jahren ihrer Existenz die Republik nicht nach links, sondern nach rechts abzudriften begann.

Auf Grund allzu hastig durchgepeitschter Gesetzesmaßnahmen bei der Befreiung des Staates und des öffentlichen Lebens von kirchlichem Einfluss hatten sich die gemäßigten Katholiken dazu veranlasst gefühlt, die Koalition mit der republikanischen Linken aufzukündigen. Als sich eine neue Regierung unter dem Politiker Martínez Barrio als zu labil erwies, wurden für den November 1933 Neuwahlen ausgeschrieben.

Die Wahlergebnisse offenbarten einen erdrutschartigen Wahlsieg der rechten Parteien, allen voran die faschistoide CEDA von José María Gil Robles ( ), die als größte Fraktion in die Cortes einziehen konnte. Die republikanische Linke unter Manuel Azaña hatte über die Hälfte ihrer Sitze verloren. Zusammen mit der radikalen Partei von Alejandro Lerroux ( ) verfügte die Rechte jetzt über eine bequeme parlamentarische Mehrheit.

Unter der Bezeichnung „Bienio Negro“ – schwarzes Doppeljahr – erlebte die Republik einen spektakulären Rechtsruck.

Angeführt von Alejandro Lerroux, wurden von der neuen Regierung die in den Jahren zuvor eingeleiteten Reformen sämtlich abgewürgt, vor allem die Landreform. Das trug zwar zur Beruhigung der konservativen Kräfte bei, heizte aber gleichzeitig eine revolutionäre Stimmung der Linken mächtig an, weil diese zu der Überzeugung gelangten, das Land sei auf institutionellem Wege nicht reformierbar. Hauptgrund für diese Stimmung war die koalitionstragende CEDA, deren Führer José María Gil Robles – ein gläubiger Hitler- und Mussolini-Verehrer – keinen Hehl aus seiner Verachtung für parlamentarische Rituale machte. Er ließ sich von seinen Anhängern mit „Jefe“ anreden und kopierte gern die theatralische Rhetorik des italienischen Duce. Deshalb vermuteten viele, die CEDA ( ) sei das trojanische Pferd der faschistischen Epidemie in Spanien. Besonders innerhalb der organisierten Linken befürchtete man, Gil Robles wolle auf parlamentarischem Wege an die Macht gelangen, um dann seine dürftige Demokratenmaske abzulegen.

Unter den spanischen Sozialisten gab es viele, die entschlossen waren, den Weg ins faschistische Unheil mit allen Mitteln zu verhindern. Sie begannen, Waffendepots anzulegen, um einer direkten oder indirekten Machtergreifung mit einer schnellen Bewaffnung des Proletariats begegnen zu können.

Sich dieser Gefahr durchaus bewusst, ließ Staatspräsident Niceto Alcalá Zamora es nicht zu, dass die CEDA, obwohl größte Partei, aktiv Regierungsverantwortung übernahm. Gil Robles war klug genug, sich zunächst darauf einzulassen und sich auf die Rolle einer grauen Eminenz zu beschränken, die aus dem Dunkel heraus an den Fäden zog.

Auf Franco jedoch hatten diese Ereignisse keine nachteilige Wirkung, hatte er doch mit seiner weisen Zurückhaltung in Sachen „Sanjurjada" Republiktreue zelebriert. Er galt zwar als rechtslastig, aber verfassungstreu. Die aktuelle Regierung ließ ihn hoffen, es könne mit seiner Karriere weiter aufwärts gehen.

Asturien – Wetterleuchten einer Tragödie

Franco trifft den neuen Kriegsminister Diego Hidalgo zum ersten Mal anlässlich von Manövern auf Mallorca. Obwohl Hidalgo, wie Franco später zu seinem Erschrecken erfährt, Freimaurer ist, gibt es zwischen den beiden Männern so etwas wie Sympathie auf den ersten Blick. Hidalgo lässt sich von Franco militärische Anlagen zeigen, inspiziert Truppen und ist von der Arbeitsführung des Kommandenten dermaßen beeindruckt, dass er ihn für September 1934 zu Manövern in das nordspanische León einlädt. Franco kommt, und die Beziehungen zwischen dem Kriegsminister und ihm vertiefen sich.

Als Franco sich danach Anfang Oktober 1934 vor seiner geplanten Rückkehr auf die Balearen kurz in Madrid aufhält, spitzt sich die politische Lage in Spanien plötzlich dramatisch zu. So kommt es, dass sich der General zum rechten Zeitpunkt am rechten Ort befindet.

Präsident Niceto Alcalá Zamora hatte dem Druck der größten Parlamentsfraktion nicht mehr standhalten können und der CEDA drei Ministerposten zugestehen müssen. Die Sozialisten machten sofort mobil und gingen in allen größeren Städten Spaniens auf die Straße.

In Asturien und Katalonien nahmen die Tumulte revolutionäre Dimensionen an. Während der katalanische Ministerpräsident Lluis Companys ( ) sich an die Spitze der Rebellierenden stellte und die Unabhängigkeit Kataloniens erklärte, gingen in Asturien die Stahl- und Bergarbeiter auf die Straße und wurden von der sozialistischen Partei und der Gewerkschaft mit heimlich gehorteten Waffen ausgestattet.

Kataloniens Eigenständigkeit war nicht von langer Dauer. Armee und Guardia Civil stellten binnen weniger Tage die Ordnung wieder her. Der Sozialistenführer Largo Caballero ( ), Lluis Companys und mehrere hundert Arbeiterführer wurden verhaftet.

In Asturien hingegen gewannen die immer schon als besonders militant geltenden Arbeiter die Oberhand und riefen die sozialistische Republik aus. Sozialistische, anarchistische und kommunistische Arbeiter vergaßen ihre übliche Zwietracht und schlossen sich in der Unión de Hermanos Proletarios (Union der proletarischen Brüder) zur gemeinsamen Aktion zusammen.

Die ersten Kämpfe tobten in der Bergarbeiterstadt Mieres, die damals 42 000 Einwohner hatte. 9 000 organisierte Mitglieder der sozialistischen und anarchistischen Gewerkschaft hatten sich in 140 Kampfgruppen aufgeteilt. Da sie über zu wenig Gewehre verfügten, entwaffneten sie zuerst die Ortspolizisten und räumten den Waffenladen der Stadt leer. Als 60 Sturmgardisten von außerhalb eintrafen, empfing sie ein Kugelhagel. Die überraschten Polizisten flohen ins Rathaus und verbarrikadierten sich dort. Doch die Arbeiter nahmen das Gebäude im Sturmangriff. Sie töteten und verwundeten 40 Beamte, verwüsteten die Büros, verbrannten alle Dokumente, darunter die Steuer- und Schuldenregister. Ein paritätisch besetztes revolutionäres

Komitee aus Sozialisten, Anarchisten und Kommunisten übernahm die Macht in der Bergarbeiterstadt.

Dann griffen die siegreichen Arbeiter von Mieres die Polizeistationen der Umgebung an. Wenn sich ein Posten nicht ergab, wurde er mit Dynamit in die Luft gesprengt. Binnen 36 Stunden eroberten die Arbeiterbrigaden alle Poizeistationen im Nalon-Tal, das zur Hauptstadt Oviedo führte. Gouverneur Fernando Blanco Santa María schickte verzweifelte Hilfruftelegramme nach Madrid und zur Nachbarprovinz León.

In der Kanonenfabrik Trubia hatten 1 400 Arbeiter inzwischen das Wachkontingent der Armee überwältigt und die bewaffnete Betriebsleitung mit einer gut platzierten Granate aus einem fabrikneuen Geschütz zur Kapitulation gezwungen. Sie brachten für den Sturm auf die Hauptstadt 27 nagelneue Kanonen mit. Oviedo fiel. Nur in wenigen Gebäuden konnten sich Soldaten und Gardisten halten.

Einige Tage lang schien sich in Asturien der alte Proletariertraum von einer Welt ohne Ausbeutung und Fremdbestimmung zu verwirklichen. Arbeiterräte, die in Oviedo und Gijón die Macht übernahmen, schafften das Geld ab, ihren Vorstellungen nach die Wurzel allen Übels.

Alle Arbeiter zwischen 18 und 40 Jahren erhielten nun die Aufforderung, sich freiwillig zur „Roten Armee" zu melden. Binnen zehn Tagen marschierten 30 000 Bewaffnete für die Revolution. Der spanische Präsident Niceto Alcalá Zamora hatte zwar mit Unruhen rechnen müssen, als er die CEDA-Minister ernannte, dennoch trafen die Nachrichten von der asturischen Revolution ihn wie ein Keulenschlag.

Kriegsminister Diego Hidalgo war heilfroh, als er hörte, sein neuer Freund Franco befinde sich noch in Madrid. Er beorderte den General sofort in sein Ministerium und begann, ihm die Lage zu erläutern. Franco sagte ihm mit knappen Worten, das sei kein Aufstand mehr, das sei Krieg.

Diego Hidalgo bat Franco eindringlich zu bleiben und ihm als persönlicher Berater zur Seite zu stehen. Franco willigte ein, und so kam es, dass der General, ohne eine offizielle Funktion zu haben, sämtliche nun folgende Aktionen plante und koordinierte. Vom Telefon im Kriegsministerium aus leitete er alle wichtigen kriegerischen Maßnahmen gegen die nordspanische Provinz.

Für Franco handelte es sich bei den kriegerischen Ereignissen in der Heimat seiner Frau Carmen Polo um eine sehr ernste Herausforderung, der nur mit den besten zur Verfügung stehenden Mittel begegnet werden konnte. Obwohl die Lage äußerst kritisch war, mischte sich seine Sorge mit einer Art Genugtuung.

Handelte es sich doch um die Bestätigung seiner Verschwörungstheorie, zu deren Bildung das regelmäßige Studium des Bulletins aus Genf beigetragen hatte. Ohne Zweifel hatte hier das internationale Freimaurertum im Verbund mit den Bolschewisten zugeschlagen. Dessen war er sich ganz sicher. Offensichtlich waren die Vaterlandsfeinde der Meinung gewesen, die Zeit sei reif gewesen für das letzte Gefecht. Für Franco hatten die Oktoberereignisse den Rang eines Kampfes auf Leben und Tod gegen die Mächte der Finsternis.

Als erste Maßnahme befahl er, eine Kolonne von Soldaten unter dem Befehl des Generals Eduardo López Ochoa von Galicien nach Asturien in Marsch setzen zu lassen. Sodann beschloss er den massiven Einsatz der Truppen, die er bestens kannte und die er für die besten Spaniens hielt: die in Afrika stationierte Fremdenlegion und die marokkanischen Regulares.

Den Befehl über die „Afrikaner“ übertrug er dem als brutalen Rabauken bekannten Oberstleutnant Juan Yagüe ( ), der schon in Marokko große Erfahrung im Niederschlagen von Aufständen und Guerillas gesammelt hatte. Während Yagüe durch die Luft voraneilte – er benutzte dabei den gerade von Juan de la Cierva erfundenen Hubschrauber (Autogiro), schifften sich über 10 000 Legionäre und maurische Regulares in Ceuta ein.

Besonders für die Mauren war die Ankunft in der asturischen Hafenstadt Gijón ein historischer Moment, den aber die meisten von ihnen wohl kaum zu würdigen wussten: Ihre Vorfahren hatten vor vielen Jahrhunderten die gesamte Iberische Halbinsel überrannt. Nur Asturien hatten sie damals nicht nehmen können. Nun betraten die Moros in spanischen Diensten asturischen Boden und konnten dort wie Eroberer in einem fremden Land wüten. Denn ihr Chef Yagüe hatte ihnen die Carta Blanca eingeräumt, das aus den Kolonialkämpfen stammende Gewohnheitsrecht zu plündern, zu morden und zu vergewaltigen.

Gegen die skrupellosen Profis aus Afrika gab es für die ebenso begeisterten wie militärischer Disziplin unkundigen Arbeiter keine Chance. Binnen weniger Tage besetzten die Söldner Gijón, Oviedo und andere größere Orte, trieben die Anführer zusammen, plünderten die Häuser, verbrannten die Bücher aus den gewerkschaftlichen Volkshäusern und nahmen auch sonst mit, was sie kriegen konnten.

In Oviedo räumten die Regulares die Juwelierläden von Alvarez und Richard aus, die sicher nichts mit den Aufständischen im Sinn gehabt hatten. Die Beute verramschten sie auf improvisierten Basaren.

Für Franco war mit der militärischen Niederschlagung der asturischen Revolution die Sache längst noch nicht beendet. Was nun folgte, waren so genannte Maßnahmen zur endgültigen Befriedung, für die er auf zwei ihm wohl bekannte Experten aus afrikanischen Zeiten zurückgriff: General Antonio Aranda und den Major der Guardia Civil, Lisardo Doval.

Aranda, der in Marokko wegen seiner außerordentlichen Verschlagenheit im Umgang mit Feinden bekannt geworden war, wurde Asturiens neuer Militärkommandant. Lisardo Doval war für die Schmutzarbeit zuständig, für das Einschüchtern, Verhören, Foltern und Verschwindenlassen.

Da es den Aufständischen gelungen war, vor ihrer Festnahme tausende von Waffen zu verstecken, erließ Aranda die Order „Keine Arbeit, bis auch das letzte Gewehr herausgegeben ist". Auf seinen Befehl hin schloss eine asturische Fabrik nach der anderen. Komplette Belegschaften wurden entlassen.

Lisardo Doval dachte sich mittlerweile Methoden aus, mit denen er die Rädelsführer herauszufiltern gedachte. Er erfand den Arbeitsausweis, den man nur erhielt, wenn man ihn persönlich bei der Guardia Civil abholte. Keiner, der nicht verhungern wollte, konnte also dem Schicksal persönlicher Konfrontation ausweichen, was oft Verhör und Folter zur Folge hatte.

Befragungen pflegte der Major der Guardia Civil einzuleiten, indem er zunächst einmal auf den Boden rotzte und den Schleim auflecken ließ. Er scheute sich auch nicht, die Frauen Verdächtiger zu quälen, und was das bedeuten konnte, beschreibt deutlich der von ihm gern benutzte Lieblingssatz: „Der revolutionäre Samen muss aus dem Schoß der Mütter herausgekratzt werden." Nicht umsonst ist er als „Bestie in Uniform" in die Erinnerung eingegangen.

Asturien verwandelte sich in ein riesiges Konzentrations- und Folterlager. Viele Verhaftete verschwanden spurlos oder wurden als hastig verscharrte Leichen gefunden, wie der Friseur von Campomanes, der abgeholt wurde, als er gerade einen Kunden rasierte. Fünf Tage später, als seine Mutter ein Essenspaket für den Sohn im Gefängnis abgeben wollte, erhielt sie die Auskunft, sie könne das Paket wieder mitnehmen, ihr Sohn sei nicht hier. Später wurde die halbverkohlte Leiche in einem hastig aufgeschütteten Grab auf einer Wiese gefunden. „Asturien wurde wie ein aufständisches marokkonisches Zeltdorf verheert“, klagte die Kommunistin Dolores Ibarruri, selbst Frau eines asturischen Bergarbeiters, die wenige Jahre später als „La Pasionaria ( )“ weltweit berühmt und berüchtigt werden sollte. Über 4 000 Tote, das war das Ergebnis des Kampfes und des Terrors von 1934 in Asturien.

Im übrigen Spanien regte sich keine Hand für die vergewaltigte Provinz. Die revolutionäre Linke lag am Boden, ihre Funktionäre saßen in den Kerkern. Die rechte Presse verbreitete Gräuelmärchen über angebliche Untaten der Arbeiter während des Aufstandes. Die Aufständischen hätten sich, hetzte das Monarchistenblatt „ABC“, wie Bestien benommen, Kindern von Zivilgardisten die Augen ausgestochen, Nonnen vergewaltigt, Priester tot geschlagen und nackt mit einem Zettel an den Bäumen aufgehängt: „Schweinefleisch zu verkaufen, drei Peseten das Kilo“.

Eine von der Regierung nach Oviedo entsandte Untersuchungskommission fand bald heraus, dass alle diese angeblichen Verbrechen der Phantasie rechter Demagogen entsprungen waren. Der Repression aber gebot das keinen Einhalt.

Erst ab dem Frühjahr 1935 öffneten die meisten Fabriken wieder ihre Tore, erhielten die Arbeiter, die nicht eingesperrt waren, wieder Lohn. Major Lisardo Duval blieb über ein Jahr, bis November 1935. Dann war sein Werk vollendet, die asturische Arbeiterbewegung vorerst zerschlagen. In Madrid eingetroffen, zollte ihm die Regierung höchstes Lob für die im Norden geleistete „Arbeit". Er wurde zum Obersten befördert und bekam außerdem noch eine Sonderprämie von 40 000 Peseten – heute ein kleines Vermögen – für seine „Verdienste um die öffentliche Ordnung". Der oberste Verantwortliche für die Befriedung Asturiens, General Franco, erhielt das Großkreuz des Militärverdienstordens.

Nachdem die asturische Oktoberrevolution zerschlagen war, gab es keinen glücklicheren Menschen als Diego Hidalgo. Franco selbst fühlte sich wie der Chirurg der Nation, der mit seinen afrikanischen „Operationsinstrumenten" den Tumor mit den wildwuchernden Zellen des Antichristen aus dem Organismus der Madre Patria herausgeschnitten hatte. Seinen „Spezialisten" die weitere Arbeit überlassend, kehrte er mit nur wenigen Wochen Verspätung nach Mallorca zurück, um seine Arbeiten an den Küstenbollwerken wieder aufzunehmen und in der Kathedrale von Palma zusammen mit seiner Frau regelmäßig an der Messe teilzunehmen.

Die CEDA hatte ihre Position behaupten können und verstärkte ihr Gewicht im Kabinett nur wenige Monate später mit zwei weiteren Ministerposten, unter ihnen nun der Parteichef selbst. Gil Robles löste Diego Hidalgo als Kriegsminister ab und sollte schon bald ebenfalls die Hilfe von Franco in Anspruch nehmen. Er machte ihn zum Generalstabschef der spanischen Armee und beförderte ihn zum Divisionsgeneral.

Nach der brutalen Niederschlagung des Aufstandes in Asturien und Katalonien war Friedhofsruhe in Spanien eingekehrt. Angesichts der Tatsache, dass die Republik nun sogar einen Gil Robles zu schlucken schien und einer weiteren Karriere Francos nichts im Wege stand, schien der kleine Galicier aus El Ferrol sich mit dem republikanischen System – so wenig es ihm gefiel – abgefunden zu haben. Denn eigentlich interessierten Franco weder Politik noch hauptberufliche Politiker. Dieses seltsame Spiel und seine Akteure waren ihm – milde betrachtet – stets als eine Art höchst überflüssiger Kinderkram erschienen.

Er war vor allen Dingen Militär und Patriot. Als solcher sah er sein heiß geliebtes Land in den Kategorien eines Kasernenhofes, einem Milieu, dem nichts abträglicher war als Disziplinlosigkeit. Dass er dazu beigetragen hatte, mächtige Störenfriede auszuschalten, erfüllte ihn mit gewissem Stolz und führte dazu, dass er sich nun wieder beruhigt seinem geliebten Militärberuf zuwenden konnte.

Was er jetzt zu tun begann, sah er als Fortsetzung der Aufgabe, der er sich schon auf der Allgemeinen Militärakademie in Zaragoza gewidmet hatte. Nur fand sein Schaffen jetzt auf einem höheren Niveau mit größerer Breiten- und Tiefenwirkung statt. Als Generalstabschef hatte er landesweiten Einfluss. Sein Projekt einer materiellen und seelischen Erneuerung der Armee konnte er nun direkt und zügig in Angriff nehmen.

Was er unter seelischer Erneuerung verstand, hatte er bereits im Jahr 1929 in Form seiner zehn Gebote für die Kadettenausbildung formuliert. Zudem lag ihm an einer größeren Kampfkraft seiner Truppen. Um die zu erreichen, lehnte er sich an die Konzepte des Franzosen Maginot an, die allerdings spätestens bei dem Einmarsch der Deutschen in Frankreich im 2. Weltkrieg zeigten, dass sie nicht unbedingt hielten, was sie versprachen.

In diese Zeit der konzentrierten professionellen Arbeit, in der Franco auch sein manchmal vernachlässigtes Familienleben pflegen und sich an den Zerstreuungsmöglichkeiten der Hauptstadt erfreuen konnte – es blieb bei seiner Leidenschaft fürs Kino –, fiel wieder eines jener unerquicklichen Ereignisse, die er für arttypische Beigaben der Republik hielt.

Eigentlich hatte der Skandal, den die spanische Presse ans Licht der Öffentlichkeit zerrte, wenig mit Politik zu tun. In jener hochsensiblen Zeit des Umbruchs aber hatte er so starke Erschütterungen zur Folge, dass er einen – wie man später wusste – fatalen politischen Erdrutsch auslöste.

Alles fing damit an, dass zwei Österreicher, die Wiener Strauss und Perl, in Spanien einreisten, um dort eine Erfindung unter die Leute zu bringen. Die von ihnen konstruierte Maschine, genannt „Straperlo“, war eine Art elektronisches Roulette, das angeblich die Gewinnchancen durch den Einsatz von Intelligenz erheblich erhöhte. Dem Gerät, probehalber im Spielkasino von San Sebastián eingesetzt, wurde die Lizenz zunächst verweigert. Dass es den beiden Wienern dann doch gelang, das begehrte Papier zu erhalten, lag nicht zuletzt an ihrer Begabung, gute Beziehungen herzustellen. Dazu war San Sebastián die geeignete Stätte.

In dem mondänen Badeort am Kantabrischen Meer hatten sie den Adoptivsohn von Ministerpräsident Alejandro Lerroux kennengelernt und ihn mit Hilfe lukrativer pekuniärer Versprechungen für ihre „Erfindung“ begeistern können. Der Adoptivsohn erzählte seinem Vater davon, der ganz Ohr war, denn an einem guten Bakschisch hatte er noch nie etwas auszusetzen gehabt.

Die Lizenz wurde selbstverständlich erteilt, und das Straperlo hielt Einzug in die Spielkasinos Spaniens. Die Neuigkeit zog die Spieler an wie das Licht die Motten. Sehr bald jedoch stellte sich heraus, dass das so genannte Intelligenzroulette reiner Nepp war und nur den Betreibern riesige Summen einspielte.

Der Skandal, der nun das Land erschütterte, hatte eine so nachhaltige Wirkung, dass das Wort Straperlo als Estraperlo in den spanischen Wortschatz einging und nach dem spanischen Bürgerkrieg zu einem Synonym für Schwarzhandel wurde.

Alejandro Lerroux blieb nichts anderes übrig, als so schnell wie möglich von der politischen Bühne zu verschwinden, womit er eine Regierungskrise auslöste. CEDA-Chef Gil Robles sah seine große Stunde gekommen und forderte den Posten des Regierungschefs. Den aber wollte ihm Staatspräsident Niceto Alcalá Zamora immer noch nicht zugestehen, weil er eine landesweite Wiederholung des asturischen Oktobers befürchtete. Statt dessen setzte er den kranken Portela Valladares als provisorischen Regierungschef ein und ließ Neuwahlen ausschreiben.

Wäre es dem Staatspräsidenten möglich gewesen, in die Zukunft zu schauen, hätte er wohl anders entschieden.

Franco, angewidert von den „perversen Spielchen" demokratischer Politik, zog sich noch mehr ins Schneckenhaus seiner Arbeit zurück. Während einige Generalskollegen bereits Putschfantasien austauschten, fuhr er fort, seine Vorliebe für Wildwestfilme zu entwickeln, die sich einmal so sehr steigern sollte, dass er sich nach dem Bürgerkrieg im Pardo-Palast sogar ein Privatkino einrichten ließ, wo man für ihn immer das Allerneueste aus Hollywood bereit hielt.

An den Neuwahlen, für den 16.2.1936 festgelegt, nahmen drei Parteiblöcke teil: das rechte Bündnis mit der CEDA, das Bündnis der Mitte unter Federführung der Radikalen des Ex-Ministerpräsidenten Lerroux und die aus linken Republikanern, Sozialisten und Kommunisten bestehende Volksfront.

An diesem Karnevalssonntag, dem 16. Februar 1936, gingen die Spanier zu den Wahlurnen. Den reibungslosen Verlauf des Wahlgangs garantierten 34 000 Zivilgardisten und 17 000 Guardias de Asalto ( ). Es sollte die letzte freie Wahl für die nächsten vierzig Jahre sein. Das Ergebnis war eindeutig und bedeutete eine totale Umstülpung der bisherigen Machtverhältnisse. Die in der Volksfront vereinigte Linke erhielt 263 Sitze, wovon die Kommunisten ganze fünf Abgeordnete stellten, eine davon war Dolores Ibarruri. Die Rechte war mit nur 133 und das Zentrum mit 77 Abgeordneten im neu gewählten Parlament vertreten.

Staatspräsident Alcalá Zamora bat den Führer der Volksfront, Manuel Azaña, um eine Unterredung und bot ihm den Posten des neuen Ministerpräsidenten an. Neuer Kriegsminister wurde der republikanisch gesinnte General Carlos Masquelet. Der handelte sofort: Er entließ Franco als Generalstabschef und schob ihn als Militärkommandanten auf die Kanarischen Inseln ab.

Teneriffa – Ruhe vor dem Sturm

Wieder einmal hatte die Republik Francos Karriere und die Kontinuität seiner Arbeit unterbrochen. Zu seiner Entlassung hatte Franco allerdings selbst beigetragen, indem er direkt nach den Wahlen von dem noch amtierenden Ministerpräsidenten Portela verlangt hatte, zur Sicherung der öffentlichen Ordnung das Kriegsrecht zu verhängen. Unter seinen Mitstreitern war es ein offenes Geheimnis, dass Franco im Falle eines Sieges der Volksfront zum Putsch gegen die Republik bereit sei.

Außerdem wurde gemunkelt, er habe konspirative Gespräche mit dem Militärkommandanten von Madrid, General Joaquín Fanjul, gehabt und von einer Erhebung nur deshalb abgeraten, weil man sich der Unterstützung des Chefs der Guardia Civil, General Sebastián Pozas, nicht sicher sein könne.

Nach dem Sieg der Volksfront hatte es in der Armee gefährlich zu gären begonnen. Die „Unión Militar Española" ( ), eine im Jahre 1933 gegründete Vereinigung erzkonservativer Offiziere, wurde zu einer Brutstätte konspirativer Fantasien. Schon für April war ein Putsch vorgesehen, der aber im letzten Moment abgesagt wurde, weil einer der Verschwörer, General Rodríguez del Barris, schwer an Krebs erkrankt war. Franco selbst war gegen ein zu schnelles Losschlagen gewesen und hatte seine Zurückhaltung mit dem missglückten Putschversuch seines Kameraden Sanjurjo im Jahre 1932 begründet.

Auf den Straßen spanischer Städte war nach der Wahl der Teufel los. Die Falangepartei von José Antonio Primo de Rivera, frustriert über die Tatsache, noch nicht einmal einen Parlamentssitz für ihren Chef ergattert zu haben, begann, professionelle Killer oder ehemalige Legionäre auf linke Politiker zu hetzen. Immer öfter rasten schwere Limousinen durch die Straßen der Städte und beschossen Restaurants und Cafés, die als Sozialistentreffs bekannt waren, mit Maschinenpistolen.

Überall im Lande flammten Unruhen auf, wurden die rechten Gruppierungen gewalttätig. Auch die ärmsten der Armen begannen mit Aktionen: Eine Hungersnot im Südwesten löste eine Welle gewaltsamer Landnahmen aus. Dabei kam es in Yeste, einem Bergdorf an der Quelle des Guadalquivir, zu einem Kampf zwischen Landarbeitern und Gendarmen, der 23 Tote und über 100 Verwundete forderte. Nach dem Bombenanschlag eines Falangisten auf das Haus des Sozialistenführers Largo Caballero ließ die Regierung José Antonio Primo de Rivera unter dem Vorwand „illegalen Waffenbesitzes" verhaften. Premier Azaña beschwor den Falangistenführer, das Land zu verlassen. „Ich kann nicht", beschied ihn José Antonio, „meine Mutter ist krank."

„Aber ihre Mutter ist doch schon seit vielen Jahren tot", wunderte sich der Regierungschef. „Meine Mutter ist Spanien", antwortete José Antonio, „ich kann sie nicht verlassen."

In Extremadura besetzten 60 000 Landarbeiter an einem

Tag 8 000 Fincas und begannen, den beschlagnahmten Boden sofort umzupflügen. Um ihre Landnahmen zu verteidigen, schlossen sich die Tagelöhner zu Milizen zusammen.

Bei der Parade zum vierten Jahrestag der Republik, am 16. April 1936, flog eine Bombe auf die Präsidenten-Tribüne, die allerdings nicht explodierte. Ein Guardia de Asalto erschoss einen Zivilgardisten, weil er glaubte, der richte seinen Revolver gegen den Premier. Beim Begräbnis des Beamten stürzten Falangisten und Jungsozialisten aufeinander los. Die Guardia de Asalto eröffnete das Feuer, zwölf Menschen wurden erschossen, darunter ein Vetter des Falange-Chefs.

Bevor Franco die Eisenbahn nach Cádiz bestieg, um sich von dort aus nach Teneriffa einzuschiffen, traf er sich im Hause des Madrider Börsenmaklers José Delgado Hernández de Tejada mit einigen Afrika-Freunden, den Generälen Emilio Mola, José Enrique Varela, Angel Galarza und Luis Orgaz. Es handelte sich dabei nicht um eine Abschiedsparty, sondern um ein so genanntes Arbeitsessen, bei dem Franco seine definitive Zusage zu einem Putsch gab, der von General Mola vorbereitet werden sollte. Der Coup müsse, so Mola, sehr gewalttätig sein, und niemand dürfe vor exemplarischen Strafen zurückschrecken, um allen Widerstand sofort zu ersticken.

Nachdem Franco abgereist war und sich auf den Kanaren für den Tag X bereithielt, begann Mola damit, in allen acht Militärbezirken Spaniens Kameraden zu gewinnen, die auf seinen Befehl losschlagen würden. Sie kamen meist aus dem zweiten Glied – Hauptleute, Majore, Oberste –, da die Regierung die Kommandoposten sehr schnell mit ihr ergebenen Generälen besetzt hatte.

Am Abend des 12. Juli 1936 erschossen vier faschistische Pistoleros den jungen, gerade von seiner Hochzeitsfeier kommenden Leutnant José Castillo von der republikanisch gesinnten Guardia de Asalto. Sein bester Freund, Hauptmann Fernando Condes, wollte ihn rächen. Er ließ sich zum Haus eines bekannten Faschisten fahren, doch der war nicht anwesend. Also fuhr er zur Villa des CEDA-Führers Gil Robles, der jedoch in Biarritz urlaubte. Schließlich rasten Condes und drei Kameraden von der Guardia de Asalto zur Stadtwohnung des monarchistischen Abgeordneten Calvo Sotelo.

Um drei Uhr morgens holten die Polizisten ihn aus dem Bett, unter dem Vorwand, ihn zum Hauptquartier zu bringen. Calvo Sotelo zog sich an und kam mit. Er versprach seiner Familie, so bald wie möglich anzurufen.

Die Leiche des Politikers wurde in den frühen Morgenstunden einem Totengräber übergeben, der so an Gewaltopfer gewöhnt war, dass er sich nicht darum kümmerte, wer der Tote war.

Am 14. Juli trugen die jeweiligen Anhänger beide Mordopfer auf dem gleichen Friedhof in Madrid zu Grabe. Über dem Sarg des Leutnants und in Anwesenheit der verzweifelt schluchzenden jungen Frau ballten sich Fäuste.

Am offenen Grab von Calvo Sotelo, dessen Leiche in Prachtgewänder gehüllt war, schwor ein Parteifreund blutige Rache. Bewaffnete Falangisten und Guardias de Asalto reagierten ihren gegenseitigen Hass vor dem Friedhof durch einen Schusswechsel ab. Vier weitere Opfer wurden zu Grabe getragen.

So unmilitärisch wie auf den Kanarischen Inseln hatte man General Franco selten erlebt. Vielleicht war es das subtropische Klima, das den 44-Jährigen dazu bewog, seinen Dienst lockerer zu nehmen als bisher. Vielleicht wollte er Kräfte für seine zukünftigen großen Aufgaben sammeln. Es den meisten seiner Kameraden gleich tuend, tauchte er nur wenige Stunden täglich in seinem Büro auf, denn er hatte etwas entdeckt, was ihn sein Leben lang faszinieren sollte: das Golfen. Zudem engagierte er einen Privatlehrer für Englisch, vielleicht angeregt durch seine zahlreichen britischen Golfclub-Kollegen.

Sollten Agenten der amtierenden freigewählten Volksfrontregierung in Madrid den als rechtslastig bekannten Franco auf den Kanaren heimlich observieren, hätten sie nur Harmloses zu berichten: Er spiele Golf, scherze mit Engländern, genieße das Klima. Der Abstand vom spanischen Festland scheine ihn gelassener gemacht zu haben.

Doch auch ohne Francos Hilfe liefen die Putschvorbereitungen auf Hochtouren. Koordinator General Emilio Mola hatte sein feines konspiratives Netz bald so weit gesponnen, dass er den Termin zum Losschlagen schon auf den 18. Juli 1936 festsetzen konnte. In Marokko sollte die Machtübernahme unter der Verantwortlichkeit von Juan Yagüe und dem Chef der Regulares von Tetuán, Oberst Saenz de Burruaga, inszeniert werden. Franco war für die Übernahme der Macht über die Afrikatruppen vorgesehen.

Gar nicht so einfach erschien es aber, den General von den Kanarischen Inseln nach Nordafrika zu bringen. Mit dieser Aufgabe betraute Mola den Herausgeber der Monarchistenzeitung ABC, den Marqués Torquato Luca de Tena. Da eine Schiff passage zu lang und riskant erschien, dachte dieser an einen Transport per Flugzeug. Einen solchen Flug zu inszenieren, ohne Verdacht zu erregen, erforderte schon ein Quäntchen kreativer Fantasie. Was dann wirklich geschah, hätte gut in einen Spionageroman gepasst.

Luca de Tena setzte sich mit seinem Auslandskorrespondenten in London, Luis Bolín, in Verbindung und forderte diesen auf, ein Flugzeug zu besorgen, das für einen Langstreckenflug geeignet sei. Das Manöver solle Anfang Juli stattfinden und als touristisches Unternehmen getarnt werden. Die Vorbereitungen seien streng geheim.

Bolín konsultierte daraufhin den Erfinder des Hubschraubers, Juan de la Cierva, der für diesen Zweck eine zweimotorige De-Havilland-Maschine empfahl. Als Pilot für das Unternehmen gewann Bolín den Engländer William Henry Bepp. Er sagte ihm zunächst, es handele sich um den heimlichen Ausflug einer kleinen Gruppe etwas exzentrischer Touristen nach Gran Canaria.

Als „Touristen" gewann Bolín den pensionierten Fliegerhauptmann Hugh Pollard, dessen Tochter Diana und deren Freundin Dorothy. Er sagte Pollard, auf dem Rückflug gelte es, einen Berberfürsten nach Marokko zu bringen. Der spleenige alte Engländer freute sich auf ein vortreffliches Abenteuer.

Am 11. Juli startete die Maschine auf dem Londoner Flughafen Croydon und flog über Lissabon und Casablanca nach Gran Ganaria. Bevor Bolín in Casablanca ausstieg, hatte er dem Piloten William Bepp reinen Wein darüber eingeschenkt, wer der Passagier sein würde, den er in Las Palmas an Bord nehmen würde.

Am 14. Juli landete die Maschine auf der Insel, wo Bepp einige Mühe hatte, den Flughafenbehörden zu erklären, warum er ohne entsprechende Papiere gelandet sei. Auch seinen zusätzlichen Passagier für den Rückflug konnte er zunächst nicht ausfindig machen.

Doch nach viertägigem Warten meldete sich am 18. Juli um zwei Uhr nachmittags der geheimnisvolle Fluggast selbst beim Piloten. Es war ein kleingewachsener Spanier in Zivil, der da auf Bepp zukam und, ihm die Hände schüttelnd, sagte: „Ich bin General Franco."

Franco hatte sich den Pass des mit ihm befreundeten Diplomaten José Antonio Sangroniz ausgeliehen, und ein Zufall hatte ihm geholfen, einen Tag zuvor unbehelligt und sogar mit dem offiziellen Wissen des Kriegsministeriums von Teneriffa nach Gran Canaria übersetzen zu können. Offiziell galt seine Überfahrt der Teilnahme an der Beerdigung seines Generalskollegen Almano Balmes, der sich bei Schießübungen in Las Palmas unter mysteriösen Umständen tödlich verletzt hatte.

Als die De-Havilland-Maschine mit dem Namen „Dragon Rapide" in Richtung Marokko startete, war auf den Kanarischen Inseln bereits einiges geschehen, das sich der Kenntnis der britischen Fluggäste entzogen haben dürfte.

Nach der Beerdigung hatte Franco nämlich erfahren müssen, dass seine marokkanischen Freunde nicht wie geplant am 18., sondern schon am 17. Juli losgeschlagen hatten. Der Zivilgouverneur der Kanarischen Inseln wusste bereits davon, und Franco musste schnell handeln.

Er installierte sich in der Militärkommandantur von Las Palmas. Kurz danach erklärte er per Radio den Kriegszustand, ließ sämtliche Zivilbeamte absetzen und begründete die Verhängung des Kriegsrechts mit Anarchie, Untätigkeit der Regierung, Verletzung der Verfassung, der Infiltration sowjetischer Agenten und der Gefährdung der nationalen Einheit. Er kündigte eine Epoche friedlichen Zusammenlebens, sozialen Friedens und der Arbeit in Wohlstand an. Er beendete seine Rundfunkansprache mit dem Kampfruf der französischen Revolution, nur in umgekehrter Reihenfolge: „Brüderlichkeit, Freiheit, Gleichheit".

Während des Fluges nach Afrika verkleidete Franco sich zur Freude seiner englischen Mitpassagiere als Berber und gelangte als solcher unbehelligt in das von Bolín vorbestellte Hotel in Casablanca. Während des Weiterflugs nach Tetuán in den Morgenstunden des nächsten Tages schlüpfte er nach dem Überfliegen der spanischen Protektoratsgrenze in die Uniform eines spanischen Divisionsgenerals. Den Piloten wies er an, vor der Landung den Flughafen von Tetuán zunächst einmal in geringer Höhe zu überfliegen. Franco wollte sich vergewissern, ob der Putsch auch wirklich gelungen sei und nicht die falschen Leute auf ihn warteten.

Als der Pilot die Rollbahn in niedriger Höhe anflog, erkannte Franco schon von weitem das blonde Haar des Obersten Saenz de Burruaga. „Es el Rubio" – es ist der Blonde – murmelte er erleichtert und ließ Bepp nach einer Ehrenrunde zur Landung ansetzen.

Gerade gelandet, trat ihm der blonde Oberst entgegen, salutierte und sagte in markigem Ton: „In Marokko nichts Neues."

Franco ließ sich sofort zum Hochkommissariat fahren und verhängte das Kriegsrecht über die spanische Kolonie. Er setzte die Verfassung außer Kraft, verbot Versammlungen und Streiks und verhängte eine absolute Zensur. Vor allem drohte er, genau jene Delikte mit Erschießung zu ahnden, derer er und seine Spießgesellen sich gerade schuldig gemacht hatten: Rebellion, Meuterei und Widerstand gegen die Staatsgewalt. Der Meuterer, der seinen Eid gebrochen und gegen die demokratisch gewählte Regierung geputscht hatte, drehte den Spieß einfach um und bedrohte nun all diejenigen mit Exekution, die Verfassung und geltendes Recht verteidigten.

Das geschah mit solcher Unverfrorenheit, dass bis heute das Geschichtsbild vieler – in Spanien und anderswo – davon geprägt ist. Nicht wenige glauben noch heute, dass sich damals die Kommunisten gegen die Regierung erhoben hätten und Franco das Vaterland durch seinen heroischen Einsatz gerettet habe.

Wie Chefkoordinator Mola es empfohlen hatte, war das Durchgreifen der Putschisten erbarmungslos gewesen. Der Oberbefehlshaber von Melilla, General Manuel Romerales, wurde noch vor Francos Ankunft im Hof seiner Kaserne erschossen. So übernahm Franco binnen 24 Stunden die Macht in Marokko. Auf dem spanischen Festland hingegen waren die Dinge nicht so glatt gelaufen...

Tetuán – Ein deutscher Herdverkäufer als spanischer Held

Erfolg hatten die Putschisten auf der Iberischen Halbinsel nur in Galicien, Altkastilien, Navarra und dem westlichen Aragón gehabt. Madrid, Barcelona und die Industrieregionen am Kantabrischen Meer widersetzten sich erfolgreich den Rebellengenerälen. Auch der gesamte Süden des Landes war zunächst regierungstreu geblieben, und nur dem Alleingang des Generals Gonzalo Queipo de Llano war es zu verdanken, dass Sevilla und der Westen Andalusiens nach einigen Tagen der Kämpfe in die Hand der Aufständischen gerieten. Wäre Queipo de Llanos Handstreich in den Kasernen von Sevilla misslungen, hätte es auf dem Festland keinen Brückenkopf für das geplante Anlanden der Afrikatruppen Francos gegeben.

Als der Koordinator des Putsches, der von Pamplona aus agierende General Emilio Mola, vernehmen musste, dass der größte Teil der spanischen Kriegsflotte republiktreu geblieben war, packte ihn solche Verzweiflung, dass er sich erschießen wollte. Nur das beschwörende Zureden seiner Getreuen und eine begeisterte Massendemonstration traditionalistischer Milizen auf der Plaza Mayor von Pamplona konnten den Lebensmüden von seinem Entschluss abbringen.

In der Tat war es überraschend für die Putschisten, dass die Kriegsflotte republiktreu geblieben war. Das hatte Mola am allerwenigsten erwartet, waren doch alle höheren Chargen der Seeoffiziere unter ihrem Admiral Javier Salas fest auf Seiten der Putschisten gewesen. Salas hatte der Flotte bereits vor Ausbruch des Aufstandes den Befehl gegeben, in Richtung Marokko zu dampfen, um dort für einen schnellen Transport der Afrikatruppen zum spanischen Festland zu sorgen. Die Unteroffiziere und Mannschaften jedoch verweigerten ihren Offizieren den Gehorsam, nachdem die Nachricht vom Putsch in Marokko per Funk empfangen worden war. Nach kurzem, blutigem Kampf hatten die Besatzungen die Schiffe übernommen. Sie bildeten Matrosenräte und dampften weiter. Nicht ihre Fahrtrichtung, sondern ihre Aufgabenstellung hatte sich gewandelt. Statt den Transport der Afrikatruppen zu flankieren, sollte dieser nun verhindert werden.

Als böses Omen wurde es auf Seiten der Putschisten zudem betrachtet, dass der zum Führer der Junta designierte und im portugiesischen Exil weilende General Sanjurjo bei seinem Versuch, zum Rebellenhauptquartier nach Spanien zu fliegen, tödlich verunglückte.

Am 20. Juli sollte der monarchistische Pilot Antonio Ansaldo den General in einer kleinen, einmotorigen Maschine in die Heimat zurückfliegen. Auf dem Flugplatz in Burgos hatten sich bereits die Oberputschisten außer dem noch verhinderten Franco versammelt, um den Chef gebührend zu empfangen.

Als Ansaldo den General in seiner Lissaboner Villa abholen wollte, feierte dieser gerade seine Abschiedsparty. Der Pilot stellte sich zackig dem „Oberhaupt Spaniens“ zur Verfügung, und seine Fans ließen ihn hoch leben. „Viva

Sanjurjo, viva España", skandierten sie begeistert, während die Musikkapelle den „Königlichen Marsch" schmetterte.

Nachdem das Auto den Feldflughafen von La Marinha erreicht hatte, musste Pilot Ansaldo zu seinem Entsetzen feststellen, dass die Begleiter zwei riesige und sehr schwere Überseekoffer in Richtung Maschine wuchteten.

Ansaldo berichtete später: „Ich schlug vorsichtig vor, mit leichterem Gepäck zu fliegen, da wir eine lange und gefährliche Reise vor uns hätten und die Maschine mit einer großen Ladung Benzin ohnehin schon stark belastet sei. Es wurde mir gesagt: Dies sind die Paradeuniformen des Generals. Er kann am Vorabend des siegreichen Einzuges in Madrid nicht ohne Uniformen in Burgos ankommen. Ich wagte es nicht, diese Angelegenheit mit dem General selbst zu diskutieren, und beschloss, mich auf mein Glück zu verlassen."

Das jedoch ließ den Piloten im Stich. Da er seine übergewichtige Maschine nicht schnell genug vom Boden abheben konnte, streifte sie einige Baumwipfel und prallte schließlich gegen die steinerne Begrenzung eines Feldes. Die Maschine fing Feuer. Sanjurjo konnte sich nicht wie der Pilot aus dem brennenden Wrack befreien. Aus den qualmenden Trümmern konnte nur noch sein verkohlter Leichnam geborgen werden. Seine Eitelkeit war dem General zum tödlichen Verhängnis geworden.

Schien dem depressiven Emilio Mola der Tod des Generals ein böses Omen – er selber wurde Monate später ebenfalls Opfer eines Flugzeugabsturzes – so schien Franco das tragische Dahinscheiden des „Löwen vom Rif" nicht sonderlich zu berühren. Spätestens seitdem Sanjurjos Verhalten als Chef der Guardia Civil dazu beigetragen hatte, dass der König ins Exil gehen musste, und seit seinem als

„Sanjurjada“ bezeichneten stümperhaften Putschversuch gegen die Republik im August des Jahres 1932 hielt Franco nicht mehr allzu viel von den Fähigkeiten seines wesentlich älteren Waffenkameraden aus Afrika.

Außerdem hatte sich mit dem Tod Sanjurjos Francos Position unter den aufständischen Generälen enorm verstärkt. Schließlich war er als unangefochtener Chef der 47 000 Mann starken Kolonialtruppe, die zudem als Elite der spanischen Armee galt, der Einzige, der dem kurz vor dem Scheitern stehenden Putsch vielleicht noch eine siegreiche Wendung geben konnte.

Die republiktreue Flotte jedoch kreuzte in der Meerenge zwischen Marokko und Spanien und verhinderte auf unabsehbare Zeit, dass die „Afrikaner“ auf der Halbinsel eingreifen konnten.

Deshalb auch die recht optimistischen Verlautbarungen der republikanischen Regierung. Sogar der sonst eher zu Pessimismus neigende Sozialistenführer Indalecio Prieto sagte über den Rundfunk: „Ich verstehe gar nicht, was die Rebellen noch wollen. Sie müssen verrückt sein. Wir haben politisch gesehen die wichtigsten Städte und die Industriezentren in der Hand, verfügen über alles Gold und Silber der Nationalbank, über unerschöpfliche Menschenreserven und die Flotte. Habt ihr gehört? Wir haben die Flotte! Von wem erwarten die Aufständischen Rettung?“

Franco war sich bewusst, dass er quasi in der Mausefalle saß, glaubte aber auch fest daran, dass er eine Lösung finden würde. Ihm war klar, dass er seine Truppen nicht über die Meerenge zaubern konnte. Ohne sein schnelles Eingreifen in die Geschehnisse auf der Halbinsel aber würde der Aufstand innerhalb kürzester Zeit zusammenbrechen. Die zwölf Millionen Peseten, die in den Tresoren der Nationalbank von Tetuán lagerten, reichten gerade aus, um seine Kolonialarmee für den Zeitraum von zwei Wochen zu versorgen. Es musste etwas geschehen, zur Not ein Wunder.

In dieser scheinbaren Ausweglosigkeit fragte Franco den trickreichen ABC-Korrespondenten Luis Bolín, der sich gerade anschickte, mit der „Dragon Rapide" nach London zurückzufliegen, ob er in England, Deutschland oder Italien intervenieren könne. Nur das schnelle Entsenden von Transportflugzeugen und Bombern nach Marokko könne das Scheitern des Putsches noch verhindern.

Auf der Suche nach weiteren Auswegen aus dem Dilemma fiel dem Obersten Saenz de Burruaga ein, dass er in Tetuán einen Deutschen kenne, der Herde an die Küchen der spanischen Kasernen verkaufe und zudem Mitglied der NSDAP sei. Vielleicht könne „Juan", wie der Deutsche von den Spaniern genannt wurde, dabei helfen, Kontakte zu den Nationalsozialisten in Deutschland herzustellen.

Obwohl „Juan" alias Johannes Eberhard Franz Bernhardt seit seinem Bankrott im Jahr 1929 aus Deutschland verschwunden war und in Berlin keinen einflussreichen Menschen kannte, ging er auf Francos Bitte ein, zusammen mit dem Ortsgruppenleiter der NSDAP in Tetuán, Adolf Langenheim, nach Deutschland zu fliegen und Hitler einen Brief zu überbringen, in dem Franco um zehn große Transportflugzeuge, sechs Heinkel-Jagdflugzeuge, Flugabwehrgeschütze und Fliegerbomben bat.

Wie es der Zufall wollte, hatten die Putschisten auf den Kanaren gerade eine Lufthansa-Maschine der Lateinamerika-Linie gekapert und nach Tetuán überführt. Das Flugzeug wurde dem Küchengeräteverkäufer Bernhardt und dem NSDAP-Ortsgruppenleiter Langenberg vom Außenposten Tetuán sofort zur Verfügung gestellt. Sie landeten damit in Berlin und wandten sich sofort an die Auslandsorganisation der NSDAP im Berliner Tiergarten.

Gauleiter Ernst Wilhelm Bohle nahm das exotische Anliegen erstaunlicherweise so ernst, dass er auf der Stelle mit dem Stellvertreter des Führers, Rudolf Hess, telefonierte. Die Delegation aus dem fernen Marokko schien dessen romantisch veranlagtes Gemüt zu stimulieren. Hess befahl, die beiden Auslandsdeutschen per Dienstflugzeug zu seinem thüringischen Landsitz Reinholdsgrün zu bringen.

Hess ließ sich von dem exotischen Bittgesuch dermaßen beeindrucken, dass er es wagte, seinen in Bayreuth weilenden Führer sogar aus einer Aufführung der Wagner-Oper „Walküre" holen zu lassen. Hitler wiederum veranlasste, die beiden Deutschen sofort in sein Bayreuther Domizil Haus Wahnfried zu fliegen, wo er sie noch am Abend des gleichen Tages empfing.

Der Führer ließ sich über den letzten Stand der Dinge in Spanien und Marokko informieren und war etwas schokkiert, als er auf seine Frage nach der Bezahlung erfuhr, Franco verfüge nur über den Gegenwert von etwa vier Millionen Reichsmark. Damit könne man doch keinen Krieg führen, spöttelte er, ließ aber den ebenfalls in Bayreuth weilenden Hermann Göring zu sich rufen, der angesichts der Möglichkeit, eine komplette Truppe per Luftbrücke von Afrika nach Europa zu bringen, seine Begeisterung kaum zügeln konnte.

Schnell teilte Hitler Görings Enthusiasmus. Noch in der gleichen Nacht gab der Führer sein Ja-Wort und nannte die geplante Luftbrücke „Unternehmen Feuerzauber". Da die internationale Erregung wegen der Besetzung des entmilitarisierten Rheinlands durch die Wehrmacht noch nicht abgeklungen war, befahl er strenge Geheimhaltung.

Bernhardt war nach eigenen Worten „ganz benommen" von Hitlers Zusage, insbesondere als er erfuhr, dass nicht nur die erbetenen zehn, sondern zwanzig Transportflugzeuge vom Typ Junkers 52 zur Verfügung gestellt wurden.

Schon in den Morgenstunden des 27. Juli konnte Bernhardt ein „Todo va bien" – Alles läuft gut – nach Tetuán telegrafieren. Einen Tag später schon stand er Franco persönlich gegenüber, der mit Tränen in den Augen sagte: „Danke, das werde ich nie vergessen."

Auch Luis Bolín bewegte sich inzwischen auf Erfolgskurs. Nach einer Zwischenlandung in Biarritz hatte er die „Dragon Rapide" verlassen und war mit der Eisenbahn nach Rom gefahren. Dort konnte er Mussolinis Schwiegersohn Graf Ciano seine Bitte vortragen, dem es dann gelang, den Duce dafür zu erwärmen. Die Idee von einem faschistisch beherrschten Mittelmeer hatte Mussolini schon lange fasziniert, und jetzt sah er die Chance, diesem Ziel mit recht geringem Aufwand näher zu kommen. Mussolini wollte allerdings Bargeld sehen, bevor er zwölf Savoia-Bomber losschickte. Nachdem der mallorquinische Großschmuggler und Reeder, der Milliardär und Franco-Anhänger Juan March, die Zahlungsgarantie übernommen hatte, konnten die Savoias losfliegen.

Starker Gegenwind verkürzte allerdings die Reichweite der Maschinen so erheblich, dass eine wegen Spritmangels über dem Mittelmeer abstürzte und zwei weitere auf französischem Kolonialterritorium notlanden mussten. Die internationale Presse zögerte nicht, Mussolini wegen Unterstützung der spanischen Rebellen gegen die demokratisch gewählte Regierung anzuprangern.

Schon am 2. August waren die meisten der Ju 52 in Tetuán eingetroffen. Die nun einsetzende Luftbrücke stellte ein Novum in der Militärgeschichte dar. Bis Anfang September wurden 14 000 Legionäre und Regulares, teilweise auf die Tragflächen gebunden, nach Sevilla geflogen. Am 6. August kam ein Dampfer in Cádiz an, nachdem er am 31. Juli mit zehn Heinkel-Jägern, einer Flakbatterie und Bomben aus dem Hamburger Hafen ausgelaufen war.

Die Heinkel und die zu Bombern umfunktionierten Junkers begannen, die Kriegsflotte der Republik zu bombardieren und zwangen das Geschwader, die Meerenge in Richtung Cartagena zu verlassen. Der Rest von Francos Afrika-Truppen konnte nun mit normalen Fähren übergesetzt werden.

Bevor Franco Marokko am 6. August 1936 verließ, um sein provisorisches Hauptquartier in Sevilla aufzuschlagen, ermutigte er befreundete marokkanische Stammesführer dazu, weitere Berber als Söldner zu rekrutieren. Bis zum Ende des Bürgerkriegs sollten es weit über 100 000 werden.

Bis zum 6. August waren fast 10 000 Legionäre und marokkanische Regulares einschließlich 300 Tonnen Kriegsmaterial nach Sevilla eingeflogen worden. Sie wurden in Kampfgruppen von jeweils einer Bandera Legion (600 Mann) und einem Tabor Regulares (250 Mann) gegliedert und unter das Kommando von Oberst Juan Yagüe gestellt. Dieser begann den Vorstoß nach Extremadura und dann Richtung Norden entlang der portugiesischen Grenze mit dem Ziel, sich mit der in Altkastilien stehenden Nordarmee der Aufständischen zu vereinigen und so ein zusammenhängendes, von den Pyrenäen bis zur Südspitze Spaniens reichendes Territorium zu schaffen.

Der Feldzug durch Extremadura vollzog sich in solch atemberaubendem Tempo, dass Yagüe schon eine Woche nach dessen Beginn das dreihundert Kilometer entfernt gelegene Mérida im Nordwesten einnehmen konnte.

Am 14. August eroberten seine Truppen nach erbittertem Widerstand Badajóz, die Hauptstadt Extremaduras. Das entsetzliche Massaker, das sie unter den Einwohnern der Stadt verübten, zeigte der Welt erstmals die Grausamkeit des beginnenden Bruderkriegs in Spanien und versetzte die Bürger der Republik in blankes Entsetzen – und in eine Wut, die neue Grausamkeiten gebar.

Yagües Truppe brauchte nicht zu marschieren, sondern wurde auf hunderten requirierter Lastwagen transportiert, von denen viele ein leichtes Geschütz zogen. Vor dem Angriff wurden die jeweils erreichten Ortschaften sturmreif geschossen und von zehn zur Truppe gehörigen italienischen Savoia-Flugzeugen bombardiert.

Schon Anfang September erreichte Yagüe Talavera de la Reina und näherte sich, durch das Tajo-Tal vorstoßend, der Hauptstadt. Vor dem Angriff auf Madrid aber schwenkte die Armee nach Westen ab, um den belagerten Alcázar von Toledo zu befreien. Toledo fiel am 29. September, zum gleichen Zeitpunkt, als in Salamanca die aufständischen Generäle zusammengetroffen waren, um einen der Ihrigen zum Oberkommandierenden zu ernennen.

Die Wahl fiel auf Franco, der nicht nur zum Generalissimus, sondern gleichzeitig zum Staatschef der eroberten Territorien gekürt wurde.

In Salamanca gekürt – vor Madrid geschlagen

Nachdem Toledo erobert und Franco am 1. Oktober 1936 zum obersten Kriegsherrn ernannt worden war, beschloss der Generalstab der Rebellenarmee, nochmals zu versuchen, was General Mola im Juli misslungen war: Der Angriff auf die Hauptstadt Madrid wurde vorbereitet. Dieses Mal sollte er von Süden her vorgetragen werden. Angesichts der bisherigen Erfolge der Afrika-Truppen war der Optimismus groß, dass diesen die schnelle Eroberung Madrids gelingen und die republikanische Regierung zur baldigen Kaptiulation gezwungen würde.

Der Legion und den marokkanischen Regulares wurde zunächst eine Ruhepause gegönnt und dann, in langsamerem Tempo als bisher, der Angriff auf Madrid begonnen.

Die Profisoldaten Francos hatten allen Grund zur Siegessicherheit, denn es wiederholte sich das gleiche Schauspiel wie während des triumphalen Vorgehens von Sevilla bis Toledo. Die schlecht ausgebildeten republikanischen Milizen suchten ihr Heil in der Flucht, meist bevor eine Berührung mit dem Feind überhaupt stattgefunden hatte. Dabei profitierten die „Afrikaner“ von dem Ruf der Blutrünstigkeit, der ihnen spätestens seit dem Massaker von Badajóz voraneilte.

Am 18. Oktober, genau drei Monate nach Beginn des Putsches, hatten sie bereits Illescas erreicht, eine Ortschaft, die weniger als 40 Kilometer von der Hauptstadt entfernt lag.

Weder der Ansturm tausender bäuerlicher Flüchtlinge, die mit Karren, Vieh und Hausrat die Parks von Madrid zu füllen begannen, noch die Nachricht, Staatspräsident Manuel Azaña habe sich nach Barcelona zurückgezogen, konnte die Hauptstädter aus ihrer Lethargie aufrütteln. Resignation und Pessimismus lagerten über der Stadt wie eine lähmende Dunstglocke.

Während Franco die Madrileños per Rundfunk aufforderte, Ruhe zu bewahren, die „Befreiung" in ihren Häusern zu erwarten und gleichzeitig allen „Störenfrieden" den Tod androhte, erwarteten ausländische Beobachter den Fall Madrids binnen Tagen. Der deutsche Geschäftsträger Völckers berichtete nach Berlin: „Die Stimmung in Madrid ist tief gedrückt, die Bevölkerung ist verzweifelt. Arbeiter sagen bereits, die Regierung habe sie betrogen."

Die Baseler Nachrichten informierten: „Die Millionenstadt ist ein einziges Chaos, ein Wirrwarr von ängstlichen Menschen, und es herrscht ein komplettes Manko an Disziplin, Führung und Zusammenarbeit."

Der britische Journalist Geoffrey Cox schrieb über die Lage an der Front: „Den zurückweichenden republikanischen Milizionären mangelt es nicht an Mut. Aber da draußen spüren sie instinktiv, dass sie hoffnungslos im Nachteil gegenüber den Angreifern waren. Viele von ihnen sind unwissende Bauern, die einem Auto voll Neugierde nachstarrten, als wäre es ein Weltwunder. Es war kein Wunder, dass die Rebellen jeden Tag weiter auf Madrid vorrückten."

Am 25. Oktober erreichten die ersten Moros das nur 14 Kilometer vor Madrid gelegene Torrejón de la Calzada. Als Premierminister Largo Caballero im dortigen Rathaus anrief, meldete sich am anderen Ende der Leitung Francos Truppenkommandeur General Varela.

Jetzt war der Kanonendonner von der Front in Madrid zu hören, der Krieg hämmerte endgültig an die Haustür. Ganz plötzlich wachten die Hauptstädter auf. Das größte Verdienst daran hatte die kommunistische Abgeordnete und asturische Bergarbeiterfrau Dolores Ibarruri. Sie begann, täglich mehrmals über Radio und auf Versammlungen leidenschaftliche Appelle an den Widerstandswillen des Volkes zu richten. „La Pasionaria", wie sie bald bewundernd genannt wurde, rüttelte mit Parolen wie „Lieber stehend sterben, als auf den Knien leben" die Madrileños aus ihrer Resignation auf. Ihr Schlachtruf „No pasarán" – Sie werden nicht durchkommen –, pausenlos in die Köpfe der Menschen gehämmert, zeigte fast magische Wirkung.

Die Milizionäre, endlich einheitlich organisiert und befehligt, fuhren in doppelstöckigen Leyland-Bussen der Madrider Verkehrsbetriebe an die Front, wurden jedoch von Legionären und Moros unter Mithilfe pausenloser Luftangriffe immer wieder zurückgeworfen. Auch Madrid selbst ließ Franco nun bombardieren. Tagtäglich luden die Ju 52, geflogen von so genannten deutschen Freiwilligen der von Göring gegründeten „Legion Condor ( )", ihre tödliche Bombenlast ab. Franco ließ seine Landsleute also nicht nur von Berbern und Landsknechten aus aller Herren Länder bekriegen, auch die deutschen und italienischen Bomberpiloten waren ihm recht, das eigene Volk in den Tod zu schicken. Madrid wurde die erste Großstadt der Welt, die solch massive Bombenangriffe erlebte.

Am 4. November fiel Getafe, der erste Vorort der Hauptstadt. General Varela verkündete ausländischen Korrespondenten: „Sie können der Welt mitteilen, dass Madrid noch in dieser Woche fallen wird." Am 6. November besetzte Varela den Vorort Carabanchel und den strategisch wichtigen Hügel Cerro de los Angeles.

Radio Burgos berichtete bereits über die letzten Stunden von Madrid. Franco gab am 7. November bekannt, am nächsten Tag werde er im Zentrum der Stadt an einer Messe teilnehmen. Auch die republikanische Regierung hatte Madrid offensichtlich verloren gegeben und beschloss, sich über die letzte noch offene Straße nach Valencia abzusetzen. So flüchtete die Regierung der Republik in der Stunde höchster Gefahr.

Der Kriegsminister hinterließ seinem Stadtkommandanten General José Miajas lediglich ein Kuvert mit dem Vermerk: Am 7.11. um sechs Uhr morgens zu öffnen. Die im Umschlag enthaltene Mitteilung lautete dann: „Um die Verteidigung der Hauptstadt der Republik erfüllen zu können, hat die Regierung beschlossen, Madrid zu verlassen, und trägt Euer Hochwohlgeboren auf, die Hauptstadt um jeden Preis zu verteidigen."

In dieser schier ausweglosen Lage, als die Moros und die Legionäre bereits über die Casa de Campo in das Universitätsviertel eindrangen, ereignete sich das bis heute kaum erklärbare „Wunder von Madrid".

„Madrid ohne Regierung" wurde zum Slogan, der den Adrenalinspiegel der Menschen in ungeahnte Höhen trieb. Die Regierung, diese „Cobardes sin Cojones" – hodenlose Feiglinge – sind desertiert. Nun wird das Volk zeigen, wozu es aus eigenen Stücken in der Lage ist.

Der Verteidigungsjunta, den Anarchisten, den Kommunisten, der aufwühlenden Stimme der Pasionaria und den Aktionen des kauzigen Glatzkopfes General Miaja gelingt es in jenen düsteren Novembertagen, in einer aussichtslosen Situation unter den Einwohnern Madrids eine kollektive revolutionäre Begeisterung zu entfachen.

Am 8. November belegt die Artillerie des Generals Varela die Universitätsstadt mit schwerem Granatfeuer, das in der ganzen Stadt zu hören ist. Dolores Ibarruri ruft die Frauen auf, den Feind mit kochendem Öl zu empfangen, das sie von Dächern, Balkonen, aus den Fenstern gießen sollen.

Binnen weniger Tage werden zehn neue Kampfbrigaden aus dem Boden gestampft, notdürftig bewaffnet und gegen den Feind geschickt. Die ersten sowjetischen Panzer rollen in die Stadt, und russische Jagdflugzeuge erscheinen über dem Himmel von Madrid. Der Jubel der Menschen ist geradezu euphorisch.

Die Millionenstadt wirft dem Feind alles entgegen, was sie aufbieten kann, sogar Frauen und Kinder bauen Barrikaden, und Madrid wäre dennoch wohl gefallen, wenn nicht in letzter Minute weitere unerwartete Hilfe gekommen wäre.

„An diesem 8. November, da das Schicksal der Stadt auf des Messers Schneide stand, beginnt“, so schilderte es Dolores Ibarruri, „in der Stadt, die trächtig ist von Drohungen, von Gefahren, von blutigen Überraschungen, ein taktmäßiges, rhythmisches und erschreckendes Geräusch von festen Marschtritten hörbar zu werden. Es schwillt an, es kommt näher. Schon vernimmt man deutlich das dumpfe Dröhnen von Nagelstiefeln auf dem Straßenpflaster.“

Die Männer, die in langen, tadellos geordneten Kolonnen die Gran Vía entlang in Richtung Front marschierten, sangen in verschiedenen Sprachen die gleiche Melodie – die Internationale. Sie trugen Corduniformen, Wickelgamaschen, Stahlhelme und waren mit nagelneuen Karabinern bewaffnet. Viele Zuschauer dachten zunächst, der mächtige Stalin habe seine Rote Armee geschickt. Doch es waren keine Sowjets. Die 3 000 Mann waren Freiwillige der „Internationalen Brigaden" ( ), einer Truppe, die von der Komintern ( ) in Paris organisiert worden war, um der spanischen Republik beizustehen.

Arbeiter, Intellektuelle, Handwerker, rassisch und politisch Verfolgte aus vielen Teilen der Welt waren nach Spanien gekommen, um dort ihre Ideale von Recht und Freiheit mit ihrem Blut zu verteidigen, unter ihnen viele Deutsche, die den Häschern oder Konzentrationslagern der Nationalsozialisten gerade noch entkommen waren.

Diese Freiwilligen stürzten sich mit einer Todesverachtung in den Kampf, die den Elan der Moros und Legionäre brach und die republikanischen Milizionäre mit riss.

Nach den ersten schweren Kämpfen um das Universitätsviertel von Madrid, am Río Manzanares sowie in dem großen Parkgelände Casa del Campo, wo sich die Front zu stabilisieren begann, war ein Drittel dieser ersten Internationalen Brigadisten (20) bereits gefallen.

Zehn Autominuten vom Stadtzentrum entfernt kam so Francos Angriff zum Stillstand, und das bis zum Ende des Krieges. Seine Armee war total erschöpft. Fast zwei Drittel der Moros, die er für seinen Blitzkrieg in Marokko rekrutiert hatte, waren tot. Am 23. November gab der Generalissimus den Befehl, den direkten Angriff auf Madrid zu stoppen. Die Truppen beider Seiten gruben sich ein.

Da Franco Zeit seines Lebens Niederlagen nicht eingestehen konnte, befahl er weitere, verstärkte, Luftangriffe auf Madrid. Er erklärte portugiesischen Journalisten, dass er die Stadt eher zerstören als in den Händen der Marxisten lassen werde. Die Offiziere der deutschen Legion Condor waren begeistert, Erfahrungen sammeln zu können über die Reaktionen einer Zivilbevölkerung auf planmäßige Brandbombenangriffe – Stadtviertel für Stadtviertel. Das alles konnte Franco zwar nicht schneller siegen lassen, aber seine Rachsucht befriedigen.

Die Jornalistin Ilse Barea berichtete aus der Hauptstadt: „Madrid brennt. Auf den Straßen ist es hell, auf den Straßen ist es warm, doch es ist nicht Tag, es ist nicht Sommer, es ist eine Nacht im November. Ich durchstreife die Stadt, ein gewaltiger Feuerschein von allen Seiten erhellt meinen Weg, wohin ich mich auch wende. Madrid brennt. Deutsche Flieger haben es angezündet. Öffentliche Gebäude, Hotels, Lazarette, Institute brennen. Es brennen unentwegt Wohnhäuser. Die Bombenangriffe wiederholen sich alle drei, vier Stunden. Und nach jedem Angriff noch mehr lodernde Trümmer, noch mehr blutüberströmte Menschen. Auf den Straßen weinen, schluchzen, wimmern halbirre Menschen."

„Christus hat gesagt, vergebt ihnen, denn sie wissen nicht, was sie tun", kommentierte der Paris-Soir, um fortzufahren: „Nach dem Mord an den Unschuldigen von Madrid müssen wir sagen: Vergebt ihnen nicht, denn sie wissen, was sie tun."

Der Generalissimus befand sich insgesamt in einer Situation, die sein Oberst Yagüe einem amerikanischen Journalisten so schilderte: „Wir hatten nichts mehr, wir waren erledigt, wenn die Roten angegriffen hätten, wäre dies das Ende für die nationale Sache gewesen."

Franco wandte sich erneut an Hitler und Mussolini und

bat um weitere militärische Hilfe. Diese beschlossen, ihn weiter zu unterstützen und stärkten das Rebellenregime zunächst moralisch, indem sie es völkerrechtlich anerkannten, obwohl beide Länder offiziell dem am 9. September 1936 in London gegründeten „Nichtangriffspakt" ( ) angehörten.

Franco war zwar Oberkommandierender der Armee und zudem Staatschef auf dem von den Rebellen eroberten Territorium, die Niederlage vor Madrid hatte jedoch nicht gerade zur Festigung seiner Position beigetragen. Er, der Befehlsgewohnte, der gegen jegliche Kritik allergisch war, musste zunächst Andeutungen hinnehmen, dass ihn am Ausbluten seiner Truppen vor Madrid möglicherweise die Hauptschuld treffe. Statt mit der Befreiung des Alcaázar von Toledo wertvolle Zeit zu verschwenden, hätte er direkt nach Madrid marschieren und die Stadt im Sturm nehmen sollen, bevor die Madrileños ihren Widerstand hätten organisieren können und die Internationalen Brigaden eingetroffen wären.

Konnte die Kritik seiner Mitstreiter noch als fruchtlose Fachsimpelei abgetan werden, zumal sie seine oberste Befehlsgewalt nicht wirklich in Frage stellten, so konnte das weit weniger von den Eigenbröteleien und Rivalitäten unter den wichtigsten politischen Machtgruppierungen im Rebellenlager behauptet werden.

Für den Disziplinfanatiker Franco waren die Zänkereien in seinem eigenen Lager nicht nur eine hässliche Geräuschkulisse, sondern ein gefährlicher Verstoß gegen die geheiligten Prinzipien von Zucht und Ordnung, der die eigenen Kräfte minderte und dem Gegner in die Hände arbeitete.

Die Streitereien, die ihm so übel aufstießen, betrafen

zwei mächtige Gruppierungen, auf deren Mitarbeit er nicht verzichten konnte: die von José Antonio Primo de Rivera gegründete Falange-Partei und die navarresischen Carlisten unter ihrem Führer Fal Conde. Die Milizen beider Parteien machten etwa die Hälfte seiner kämpfenden Truppen aus, über die er nur mit Zustimmung der Parteiführer frei verfügen konnte. Die aber war nach dem Misserfolg vor Madrid nicht mehr fraglos gesichert. Außerdem begannen sowohl Falange als auch Carlisten ( ) in ihren Hochburgen damit, ihre eigenen Vorstellungen von der Welt auch ohne Zustimmung des sehr auf Gehorsam bedachten Generalissimus zu verwirklichen.

Für den autoritären Franco ein Zustand, der nicht hingenommen werden konnte. Er beschloss, seinen Ordnungs- und Machtvorstellungen Geltung zu verschaffen.

Da Franco wusste, dass einem frontalen Vorgehen gegen die Rivalen das Risiko des Scheiterns anhaftete, beschloss er, etwas zu tun, worin er Meister war. Durch sein scheinbares Laisser-faire ermutigte Franco seine Rivalen geradezu, ihren eigenen Vorlieben lautstark und handfest Ausdruck zu verleihen. Er wartete bedeckt auf ein allzu forsches Vorpreschen, um dann die Falle zuschnappen zu lassen.

Der erste, der ihm diesen Gefallen tat, war der arrogante und selbstherrliche Chef der Carlisten, Fal Conde. Seit der Bestallung Francos zum Oberkommandierenden hatte er immer lauter gemault, dass die vor Madrid gefallenen Anführer seiner Requete-Milizen zunehmend durch Offiziere ersetzt wurden, die dem Geschmack Francos entsprachen. Dieser hatte mit Hilfe deutscher Instrukteure 22 Offiziersschulen improvisiert, wo spanische Abiturienten in Schnellkursen ausgebildet wurden, um den durch die starken Verluste entstandenen Mangel an Truppenführern auszugleichen.

Fal Conde jedoch wollte seine Kämpfer, die sich auch Christkönigskrieger nannten, nicht in die Hände fremder Kader geben. Um ein ideologisch sauberes Führungscorps für seine eigenen Männer zu gewährleisten, beging er die Unvorsichtigkeit, im Dezember 1936 in Burgos seine eigene „Königliche Militärakademie" zu gründen.

Der scheinbar so untätige Franco reagierte schnell und hart. Was der Carlistenführer veranstaltet habe, grenze an einen Putsch, erklärte er, und forderte Fal Conde auf, binnen 48 Stunden Spanien zu verlassen. Sonst werde er als Verräter standrechtlich erschossen. Der vorher so großsprecherische Carlistenführer fügte sich und entschwand ins Exil nach Lissabon. Nachfolger wurde der eher handzahme José Luis Zamanillo aus dem baskischen Vitoria.

Damit jedoch war Franco seine innenpolitischen Sorgen mitnichten los. Nun galt es, mit den Unbotmäßigkeiten der mittlerweile auf eine Million Mitglieder angewachsenen Falange-Partei fertig zu werden.

Obwohl ihr Führer José Antonio Primo de Rivera im Gefängnis von Alicante einsaß, begann seine Partei einen sehr starken Einfluss auf die Gestaltung des politischen Lebens im Rebellenterritorium zu nehmen. Zwar deckten sich Francos Vorstellungen von der historischen Größe Spaniens und seiner Auserwähltheit mit denen des charismatischen José Antonio. Dem Teil des Reformprogramms jedoch, das radikale soziale Reformen anstrebte, stand der konservative General mit äußerstem Misstrauen gegenüber. Wiederum beschloss Franco abzuwarten, wie die Dinge sich entwickeln würden, um im richtigen Moment loszuschlagen.

Sein größter politischer Rivale war José Antonio selbst, ein begabter, charmanter Rhetoriker, besonders hofiert auch von den Nazi-Verbündeten, die alles Mögliche taten, um den Führer der Partei aus dem Gefängnis in Alicante frei zu bekommen.

Nachdem Franco halbherzig versucht hatte, den Falange-Chef gegen prominente republikanische Gefangene auszutauschen, organisierten die Deutschen zwei gewaltsame Befreiungen. Nach deren Scheitern versuchte es der deutsche Konsul in Alicante, Joachim von Knoblauch, mit Bestechung. Im Hafen lag schon das deutsche Torpedoboot „Iltis" bereit, das José Antonio auf das vor der Küste kreuzende Schlachtschiff „Graf Spee" bringen sollte. Ein Spanier in deutscher Matrosenuniform hatte acht Millionen Peseten für den Gefängnisdirektor parat. Auch daraus wurde nichts, da der Plan vorzeitig verraten wurde.

Diese Befreiungsversuche schadeten dem Falange-Führer mehr, als sie ihm nützten. Im November wurde er eilig vor Gericht gestellt und zum Tode verurteilt. Da eine Begnadigung von Seiten der republikanischen Regierung befürchtet wurde, beeilte sich die örtliche Provinzialregierung, vollendete Tatsachen zu schaffen. Der junge Rechtsanwalt und Parteichef wurde im Hof der Festung von Alicante erschossen.

Damit hatten die Verantwortlichen wesentlich dazu beigetragen, dass Francos Weg zur absoluten Herrschaft geebnet war. Der Caudillo, der nach außen tiefe Trauer demonstrierte, konnte sich insgeheim die Hände reiben.

Wie er vorausgesehen hatte, konnte der Nachfolger José Antonios, Manuel Hedilla, ein Mechaniker aus Santander, die Falange nicht zusammen halten. Die vorher schon existierenden Parteiflügel der Camisas Viejas (Althemden) und der Camisas Nuevas (Neuhemden) brachen auseinander und fielen in unerquicklichem Streit über einander her.

Franco hielt sich, wie stets bei solchen Entwicklungen, scheinbar heraus. Hedilla selbst war Repräsentant der Althemden, des linken Flügels der Partei, der die sozialreformerischen Ideen José Antonios repräsentierte. Seit dem Putsch der Generäle hatte besonders diese Gruppierung großen Zulauf zu verzeichnen, besonders von ehemaligen Republikanern, die sich als Blauhemden vor Verfolgung retten wollten. Diese Tendenz war so offensichtlich, dass General Gonzalo Queipo de Llano das blaue Hemd der Falange als „Rettungsring für Rote" verspottete. Dem sich scheinbar heraushaltenden Franco war der „Prolet" Hedilla zunehmend unsympathisch, besonders seitdem er anlässlich seiner Weihnachtsrede vom 24. Dezember 1936 sagte: „Verhindert mit aller Energie, dass sich jemand von persönlichen Hassgefühlen leiten lässt, dass jemand bestraft oder erniedrigt wird, nur weil er vor Hunger oder Verzweiflung die Linke gewählt hat. Wir wissen, dass es in vielen Dörfern Reaktionäre gab, die schlimmer waren als die Roten."

So etwas sagte man nicht im Reich des Caudillo, der im übrigen schon längst einen eigenen Plan hatte, aber noch abwartete, damit sich Hedilla im Kampf mit dem anderen Parteiflügel schwächte, den „Camisas Nuevas" (Neuhemden), deren Anführer Sancho Dávila, ein Vetter José Antonios, war. Dieser Señorito war ein Salonfaschist, dem ebenso wie Franco reaktionäre Gesellschaftsmuster vorschwebten. Dávila sah für seinen Parteiflügel mehr Gemeinsamkeiten mit den traditionalistischen Carlisten und suchte deshalb Fal Conde in seinem portugiesischen Exil auf, um einen Zusammenschluss zu erwägen.

Manuel Hedilla war außer sich, als er von der Konspiration hinter seinem Rücken erfuhr, und machte sich nun seinerseits nach Vitoria auf, um den Interimsführer der Carlisten über die Mauscheleien zwischen Fal Conde und Sancho Dávila zu unterrichten.

Beide kamen überein, dass eine Vereinigung zwischen Falange und Carlisten aus ideologischen und religiösen Gründen völlig undenkbar sei.

Als Sancho Dávila nach seiner Rückkehr aus Portugal in Salamanca erfuhr, Hedilla befinde sich in Vitoria, nutzte er dessen Abwesenheit zu einem parteiinternen Putsch. Er ließ bewaffnete Gesinnungsgenossen das Hauptquartier der Falange stürmen und erklärte Hedilla für abgesetzt.

Hedilla erfuhr schon auf dem Bahnhof von Vitoria telefonisch von den Ereignissen und organisierte im Gegenzug eine Gruppe von Pistoleros, mit denen er gleich nach seiner Ankunft in Salamanca zu dem Hotel fuhr, in dem sich Sancho Dávila und seine Spießgesellen einquartiert hatten. Nach kurzem Feuergefecht, bei dem zwei der Leibwächter Dávilas umkamen, wurde dieser von Hedilla verhaftet und in eines der versteckten Parteigefängnisse verbracht.

Franco reichte es nun. Des Spiels überdrüssig und auf Anraten des deutschen Botschafters Wilhelm Faupel hatte er entschieden, sich selber zum Parteichef zu machen, und zwar zu dem der Carlisten und der Falange gleichzeitig.

Ausführen ließ er den Überraschungscoup von seinem Schwager, dem Rechtsanwalt Serrano Suñer, der kurz zuvor aus Madrid hatte flüchten können und nach Salamanca gekommen war.

Um Hedilla nichts Böses ahnen zu lassen, hatte Franco

ihm noch am 18. April zur Wiederwahl als Falange-Führer gratuliert, obwohl der Coup bereits für den nächsten Tag geplant war.

Wie vom Donner gerührt war deshalb Hedilla, als er am 19. April Francos Stimme im Radio vernahm und dieser die Vereinigung der Falange mit den auf ihren Traditionalismus stolzen Carlisten zur „Falange Española Tradicionalista“ bekannt gab.

Hedilla weigerte sich, der Fusion zuzustimmen und wurde darauf hin verhaftet und wegen Mordes zum Tode verurteilt. Plötzlich hatte man sich der Schießerei im Hotel von Salamanca drei Monate zuvor erinnert und Hedilla den Tod der beiden Leibwächter persönlich in die Schuhe geschoben. Nur ungern ließ sich Franco vom deutschen Botschafter und seinem Schwager dazu überreden, die Todesstrafe in vier Jahre Einzelhaft auf den Kanarischen Inseln umzuwandeln.

Franco war nun endgültig unangefochtener militärischer und politischer Führer der Rebellenzone. Dem deutschen Botschafter gegenüber brüstete er sich, er habe als neuer Parteiführer über 60 000 Glückwunschtelegramme erhalten. In einer für ihn so typischen schwülstigen Mitteilung verkündete er: „Als Schöpfer der historischen Epoche, in der Spanien seine geschichtliche Bestimmung erreichte und zugleich die Ziele der Bewegung verwirklicht, übt der Caudillo die völlig unumschränkte Gewalt in vollstem Umfang aus. Der Caudillo ist verantwortlich nur vor Gott und der Geschichte.“

Francos Spanien war damit vollends ein totalitärer Staat mit einer Einheitspartei, die er kurz „Movimiento“ (Bewegung) nannte. Was das genau war und welche Ziele damit verfolgt wurden, ist nie klar definiert worden. Der Leser des Programms kann sich auch heute noch durch diesen schwülstigen, schwammigen und widersprüchlichen Buchstabenbrei fressen und ist danach genauso schlau wie zuvor.

Falangisten und Carlisten marschierten fortan in der gleichen Uniform. Die Carlisten mussten das Blauhemd der Faschisten anziehen, die Faschisten die roten Baskenmützen der Carlisten tragen.

Die neue Einheitspartei wurde von Schwager Serrano Suñer nach Nazi-Vorbild gestaltet. Er etablierte eine Machtpyramide aus Provinzführern, Bezirksführern, Unterbezirksführern, Ortsleitern bis hinunter zu Blockwarten, die als Letzte in der Kette für die rechte Gesinnung in ihren Wohnblöcken verantwortlich waren. Auf diese Art konstituierte sich ein effektives Kontroll- und Spitzelnetz. Liberale, Intellektuelle und Freimaurer gerieten zunehmend in die Fänge dieser neuen Inquisition. Viele wurden füsiliert oder zu Zwangsarbeit verurteilt. Das Vermögen der Verurteilten wurde eingezogen und diente der Finanzierung des Krieges. Dabei wurde der Ruin von zehntausenden von Familien in Kauf genommen.

Während Francos Helfershelfer durch Terror und Spitzeltum ihr Herrschaftsgebiet auf Vordermann brachten, dachte der oberste Kriegsherr darüber nach, wie er trotz des Debakels vor Madrid doch einen schnellen Sieg herbeiführen könne. Nach wie vor wollte er bald der Hauptstadt habhaft werden, veränderte aber, durch allzu große Verluste seiner besten Truppen klug geworden, seine Strategie. An Stelle eines frontalen Angriffs beschloss er, Madrid vom republikanischen Hinterland im Osten abzuschneiden und durch Aushungern zur Kapitulation zu zwingen.

Nachdem er seinen Söldnern eine mehrwöchige Erholungspause gegönnt und weitere 30 000 Moros aus Marokko rekrutiert hatte, überschritten seine Verbände den Río Jarama mit dem Ziel, die Madrid mit Valencia verbindende Nationalstraße abzuschneiden.

Wie schon bei der Verteidigung Madrids hatte der erneute Einsatz der „Internationalen Brigaden“ entscheidenden Anteil am Scheitern der Franco-Aktion. Die Arganda-Brücke Richtung Valencia konnte von den Republikanern gehalten werden, der Weg zur Versorgung der Hauptstadt und zum provisorischen Sitz der gewählten spanischen Regierung blieb frei.

Franco stand nach dieser erneuten verlustreichen Niederlage im Kreuzfeuer der Kritik seiner eigenen Leute – allerdings nicht offen geäußert, sondern hinter seinem Rücken heftig gemauschelt. Deutlicher wurde sie von den italienischen Verbündeten verkündet, die gerade mit der Einnahme von Málaga einen großen Erfolg zu verzeichnen hatten, den Mussolini prahlerisch ausschlachtete. Zum ersten Mal in der Militärgeschichte waren während dieses Feldzuges Panzer als eigenständige Waffengattung eingesetzt worden. Tanks hatten den Blitzangriff auf Málaga vorgetragen. Seine Panzer sollten es nach Mussolinis Auffassung auch sein, die siegreich ins rote Madrid einfuhren.

Der Duce veranlasste den Transport hunderter von Kettenfahrzeugen, Lastern und Flugzeugen und zehntausender frischer „Freiwilliger“ nach Spanien.

Der wiederum als Blitzattacke geplante Angriff zur Eroberung der Hauptstadt sollte an der Straße Zaragoza – Madrid entlang über die Stadt Guadalajara erfolgen. Im kurz vor der Hauptstadt gelegenen Alcalá de Henares sollte eine Vereinigung mit vom Río Jarama vorstoßenden Franco-Truppen stattfinden.

Die Dauer des kleinen Blitzkrieges war auf wenige Tage

veranschlagt und sollte von starken motorisierten Kräften und Panzern als Stoßkeil vorgetragen werden. Ständige Luftangriffe würden den Widerstand des Feindes schwächen und seinen Nachschub erschweren.

Nachdem zunächst alles wie am Schnürchen lief, wurde das unberechenbare Märzklima der kastilischen Hochebene zum schärfsten Gegner für die Angreifer. Es begann Bindfäden zu regnen. Es hagelte und schneite. Der „Blitz“ blieb in tiefem Morast stecken, und die italienischen Soldaten in den dünnen Khakiuniformen der italienischen Afrika-Armee froren erbärmlich.

Die republikanischen Truppen gingen bei Guadalajara zum Gegenangriff über, wobei den Italienern Mussolinis besonders eine Formation zu schaffen machte, die sich nach dem italienischen Revolutionär des 19. Jahrhunderts „Bataillon Garibaldi“ nannte und eine eigenständige Einheit der „Internationalen Brigaden“ war. Italiener kämpften gegen Italiener, und italienisch waren die Kampf- und Schmährufe.

Der stolze Angriff der Mussolini-Truppen blieb buchstäblich im Schlamm stecken und endete in panischer Flucht und Massendesertion.

Der deutsche Botschafter in Salamanca vermerkte mit Verwunderung, dass die Nachricht von der italienischen Niederlage alles andere als Bestürzung auslöste. Er konnte sich vielmehr des Eindrucks nicht erwehren, dass eher klammheimliche Freude vorherrschend war. Sogar Witze kursierten. So wurde herzlich gelacht über den imaginären italienischen Panzer, der drei Rückwärtsgänge und einen Vorwärtsgang habe. Über den Vorwärtsgang verfüge er nur für den Fall, dass der Feind von hinten komme.

Auch Franco selbst schien wenig betroffen zu sein. Die

großsprecherischen Italiener hatten einen Dämpfer erhalten, und er würde sich fortan besser ihrer ständigen Einmischungen und Besserwissereien erwehren können.

Die Schlacht vor Guadalajara hatte Franco zudem die Augen dafür geöffnet, dass der Krieg mit Hauruck nicht mehr zu gewinnen war. Er richtete sich auf einen noch lange dauernden Kampf ein und begann seine Gesamtstrategie zu überdenken.

Es war ihm schmerzlich bewusst, dass sein Rebellenspanien bisher nur aus den zurückgebliebensten agrarischen Zonen bestand. Das hatte zwar den Vorteil einer ausreichenden Nahrungsmittelversorgung, steigerte aber andererseits seine Abhängigkeit vom Ausland durch den Mangel von Industrieprodukten aller Art.

Das würde sich schlagartig ändern, wenn es ihm gelänge, die zwar loyal gebliebenen, aber vom republikanischen Kernterritorium getrennten Nord-Provinzen am Kantabrischen Meer bezwingen zu können. Asturien, Santander und die republikanischen Teile des Baskenlandes mit Bilbao gehörten mit ihren Kohlengruben, Stahlwerken und weiterer Schwerindustrie zu den am meisten entwickelten und produktivsten Regionen Spaniens.

Hitler war bereit, Francos Pläne für die Eroberung des Nordens voll zu unterstützen. Denn nicht nur Franco, auch er liebäugelte dabei mit den dort lagernden Bodenschätzen, wichtige Rohstoffquelle für die Versorgung seiner im Aufbau begriffenen Wehrmacht. Die „Legion Condor", inzwischen mit über 5 000 „Beratern" und mehreren hundert Flugzeugen in Spanien präsent, würde Francos Vormarsch aus der Luft unterstützen.

Der beste Helfershelfer Francos bei der Einnahme der Nordprovinzen war jedoch deren Uneinigkeit. Sie waren nicht in der Lage, ein gemeinsames Verteidigungskonzept zu Stande zu bringen. Besonders die Basken waren darauf bedacht, eigenständig zu operieren. Sie wollten sich als gute Katholiken und ausgestattet mit ihrem sprichwörtlichen Kirchturmdenken nicht auf die roten und gotteslästerlich fluchenden asturischen Proleten einlassen.

So konnte Franco zuerst in das Baskenland, dann in die Provinz Santander und im September 1937 in Asturien einmarschieren.

Die Eroberung der drei reichen Provinzen am Kantabrischen Meer trug enorm zur Konsolidierung des Rebellenregimes bei. Die nun integrierten Industriegebiete verbesserten nicht nur die kriegswichtige Versorgung, sondern erhöhten auch die internationale Kreditwürdigkeit Franco-Spaniens. So beschloss der amerikanische Konzern Texas-Oil, Franco als zukünftigen Sieger auszumachen und so viel Rohöl zu liefern, wie er haben wollte – auf Pump.

Ein Ereignis während des Feldzuges im Norden sollte sich für Franco jedoch nicht unbedingt als Prestige fördernd auswirken. Es handelte sich um die Bombenangriffe auf die baskischen Kleinstädte Durango und Gernika, die im Frühjahr 1937 stattfanden. Die beiden idyllischen Landstädtchen, die keinerlei militärische Bedeutung hatten, wurden bei massierten Angriffen aus der Luft dem Erdboden gleich gemacht. Nach diesen verbrecherischen Luftangriffen der „Legion Condor“ glichen beide Städte, die voller Kriegsflüchtlinge gewesen waren, einer Szene aus Dantes Inferno. Niemand nahm es Francos Propagandisten ab, Rote und Anarchisten, gar die Basken selbst, seien es gewesen, die Gernika und die heilige Eiche der Basken zerstört und die Stadt angezündet hätten. Als die Beweise von einem Luftangriff sich als unwiderlegbar erwiesen, behaupteten die für die Kriegsführung Verantwortlichen, nichts von dem Angriff gewusst zu haben.

In Deutschland hielten sich die Legenden von den „Heldentaten" der „Legion Condor" über Jahrzehnte. Erst Bundespräsident Roman Herzog hat sich 1997 – nach 60 Jahren – bei den Bewohnern von Gernika für die Verbrechen entschuldigt.

Sollte Franco wirklich nichts gewusst haben? Seine Abneigung gegen die Basken als notorische Separatisten spricht dagegen. Dafür spricht die Auswahl des Ziels des Bombenterrors. Die heilige Eiche von Gernika war für die Basken das Symbol nationaler Eigenständigkeit. Unter diesem Baum hatten neugewählte spanische Monarchen seit grauen Vorzeiten den heiligen Schwur abgelegt, die Sonderrechte der Basken – die Fueros – zu respektieren.

Trotz der harschen Kritik aus dem Ausland konnte das Ereignis weder Francos Kredit bei der Texas-Oil gefährden noch ihn zumindest nachdenklich stimmen. Vielmehr ging er gelassener und siegesbewusster aus dem Krieg um die Nordprovinzen hervor, der den stets antreibenden Deutschen signalisierte, dass er keine Eile habe zu siegen.

Inzwischen hatte er genügend Zeit gehabt, sich der Verwirklichung der neuen Moral in seinem bereits eroberten Territorium zuzuwenden. Bei der Verbreitung der neuen Moral setzte er nicht nur das Netzwerk seiner neuen Einheitspartei, sondern auch die katholische Kirche ein, der er wieder in den Seelen-Sattel zurückgeholfen hatte.

Es war das dumpfe, bigotte, autoritäre, reaktionäre, heroische, stolze, mythische und erbarmungslose Spanien des 16. Jahrhunderts, das dort im Zeitraffertempo wiederkehrte. Franco, Klerus und die Falange gingen dabei eine für alle Beteiligten nützliche Symbiose ein.

Von den Kanzeln wurde wieder christliche Sittlichkeit gepredigt und aller „Schamlosigkeit“ unerbittlich der Kampf angesagt. Allerorts mahnten Plakate: „Frau, du bist vaterländisch, wenn du gesunde Sitten hast und dich christlich kleidest.“ Auch in den Schulen herrschten wieder inquisitorische Vorstellungen. Religionsunterricht war wieder Pflicht, Koedukation verboten. Auf den Straßen begegneten Passanten den Männern in schwarzen Soutanen und braunen Mönchskutten wieder mit der gebotenen Ehrfurcht. Beim Betreten und Verlassen der Klasse mussten Lehrer wie Schüler sich vor dem Bild der Jungfrau bekreuzigen und sie küssen. In den Unterrichtsräumen hingen Kruzifixe, Heiligen- und Madonnenbilder, Letztere mit dem Text: „Heil Dir, die Du ohne Sünde empfangen hast.“

Pfarrer, die den Albtraum leerer Kirchen während der Republik noch gut in Erinnerung hatten, stießen unmissverständliche Drohungen aus, um für ein volles Gotteshaus zu sorgen. Das konnte zum Beispiel so klingen: „Sonntag kommen alle, aber auch alle zur Messe. Entschuldigungen nehme ich nicht entgegen. Wer nicht kommt, wird die Konsequenzen tragen müssen!“ Natürlich kamen alle. Wenn nötig auf Krücken. Denn Nicht-Erscheinen konnte eine Denunzierung wegen Gottlosigkeit zur Folge haben, und Gottlosigkeit war nicht nur verdächtig, sondern strafbar. Der Oberhirte von Rota, einem in der Nähe von Cádiz gelegenen Küstenstädtchen, donnerte seinen verängstigten Schäfchen gern Worte zu wie: „Alle werden wir bloßstellen, ohne Ausnahme. Jeder wird bekommen, was er verdient. Keiner wird der gerechten Strafe entgehen, versteht mich richtig, keiner! Bis zum Grund muss alle Fäulnis ausgerottet werden, die Russland in unser Volk gepflanzt hat.“

Obwohl das ausbeuterische Produktionssystem, das Unternehmern und Landverpächtern riesige Profite sicherte, in keiner Weise angetastet wurde, gab sich der im Entstehen begriffene Franco-Staat gerne sozial – im Sinne von Samaritertum.

Falangistinnen gründeten den „Auxilio Social" (Sozialhilfe) im Stil des Winterhilfswerks in Nazi-Deutschland. Edle Damen der Gesellschaft verteilten demutsvoll gesammelte Altkleider. In so genannten Brüderlichkeitsküchen bekamen Hungrige einen Schlag Eintopf. Kriegshinterbliebene, so lange ihre Eltern keine bösen Roten gewesen waren, kamen in speziellen Heimen oder „patriotischen Familien" unter. Die aktive Teilnahme am „Auxilio Social" bekam für spanische Frauen Pflichtcharakter. So lange sie zwischen 17 und 35 Jahre alt waren, mussten sie sich für ein Jahr Dienst verpflichten. Das hatte natürlich den durchaus positiven, wenn auch nicht unbedingt beabsichtigten Effekt, dass die Señoritas aus dem engen Gesichtskreis von Kindern, Küche und Kirche heraus kamen und zwangsläufig nicht nur mit dem süßen Jesulein, sondern auch mit den herben Realitäten des Lebens konfrontiert wurden.

Auch in der Ökonomie herrschten bald wieder die von Gott gesetzten, ewig gültigen Normen, so wie sie von Franco gesehen wurden: Arbeiter schufteten wieder gern und demutsvoll und empfingen ihren Lohn als durchaus nicht selbstverständlichen Gnadenakt. Streiks oder sonstige Demonstrationen irgendeines Unwillens waren des Teufels, Unbotmäßigkeiten, die nur mit Desertion vergleichbar waren und strengstens bestraft wurden. Ungezählt sind die Fälle von sogar schwer Kranken, die von der Guardia Civil aus dem Bett geholt wurden, weil sie nicht am Arbeitsplatz erschienen waren. Besonders häufig geschah das im Bergarbeitermilieu des „roten" Asturiens. Arbeitsverweigerung in einer kriegswichtigen Industrie konnte mit Sabotage gleichgesetzt werden.

Die „Jornaleros" und „Braceros", also die ländlichen Tagelöhner, verbeugten sich wieder demütig vor ihren Herren, und uniformierte Kellner eilten auf Zischlaut – Pst, pst – oder Händeklatschen herbei, um den Etappenhelden bei der Zelebrierung neuer Siege den Dämmerschoppen zu servieren.

Die Versorgung der Bevölkerung mit Nahrungsmitteln funktionierte in der frankistischen Zone zunächst gut. Zwar erhob der Staat zur Kriegsfinanzierung eine zehnprozentige Steuer auf Tabak, Restaurantverzehr und Theater- oder Kinoveranstaltungen. Ansonsten aber waren die Läden voll mit Lebensmitteln und alkoholischen Getränken. Während des gesamten Bürgerkriegs gab es im Gegensatz zum republikanischen Territorium keinerlei Rationierung.

Dies war weder ökonomischer Genialität noch Importen aus dem Ausland zu verdanken, sondern allein der Tatsache, dass den Franquisten die klassischen Agrarprovinzen des Landes zugefallen waren und, anders als in der Republik, nicht hunderttausende von besitzlosen Flüchtlingen ernährt werden mussten. Die Menschen flohen in Massen vor dem Franco-Terror in die Republik, nur wenige gingen den umgekehrten Weg.

So behielt auch die Peseta, in der Republik von galoppierender Inflation heimgesucht, unter Franco ihren Wert. Schon im Winter 1936/37 wurden auf Vermittlung des ehemaligen Herdhändlers Bernhardt in einer deutschen Druckerei neue Noten gedruckt, um die „guten" von den „schlechten" Peseten unterscheiden zu können. Was die Republik an den Goldreserven der Banco de España besaß, versuchte die Rebellenregierung durch mit Drohungen verbundene Spendenaufrufe zu beschaffen, die viele reiche Señoritas ihre Geschmeide kosteten. Wer Juwelen noch öffentlich trug, galt als unpatriotisch. General Queipo de Llano hatte es sogar auf die Eheringe seiner Landsleute abgesehen und meinte, solche aus Messing täten es auch.

Ansonsten unterschied sich der Alltag im Franco-Staat wenig von dem anderer autoritärer Gesellschaften. Missliebige Bücher wurden öffentlich verbrannt, „russischer Salat" wurde in „Nationalsalat" umgetauft, und die Zeitungen waren voll von Lobhudeleien auf den Caudillo. Auch traditionelle Handelsbeziehungen wurden aufrecht erhalten. Der Export von Sherry-Wein nach England erreichte nie gekannte Rekordhöhen.

Der republikanische Teil Spaniens stand, was seine Versorgung anbetraf, nicht so gut da. Dort lebte nach dem Verlust der Nordprovinzen weit mehr als die Hälfte der Bevölkerung auf wenig mehr als einem Drittel des spanischen Territoriums. Die Böden waren viel weniger ertragreich als diejenigen der Rebellenzone. Insbesondere in Aragón und Katalonien hatten sich landwirtschaftliche Kollektive gegründet, die nur für die Selbstversorgung produzierten, keine Überschüsse machten und so die Versorgungslage der Städte unbewusst verschlechterten. Mit ein Grund für Mangelwirtschaft, Rationierung und eine galoppierende Inflation. Die Peseta sank während des Bürgerkriegs auf etwa zwei Prozent des Wertes, den sie vor dem Ausbruch der Feindseligkeiten gehabt hatte.

Die proletarische Revolution, welche starke Gruppierungen der Sozialisten und Anarchisten noch während des Krieges im Hier und Jetzt verwirklichen wollten, verkam oft zu einem die Kräfte paralysierenden Chaos. Denn was Revolution war, darunter verstanden die Sozialisten, Anarchisten, Kommunisten oder Trotzkisten etwas anderes.

Je länger der Bürgerkrieg dauerte, um so erbitterter wurden die innerrepublikanischen Auseinandersetzungen. Für die eine Seite – hauptsächlich Anarchisten – galt: ohne Revolution kein Sieg, für andere Gruppierungen – vor allem die Kommunisten –: ohne Sieg keine Revolution. Nur von Mexiko und der stalinistischen UdSSR mit Waffen und Material leidlich unterstützt, raubten diese ideologischen Auseinandersetzungen nicht nur Energien für den Kampf gegen Franco, sondern arbeiteten dem Feind gar zwangsläufig zu.

Franco hingegen konnte seine von Glanz und Glorie Spaniens getragenen Vorstellungen mit Druck, Angst und Repressalien in dem von ihm befehligten Territorium schnell in die Tat umsetzen. Es herrschte Ruhe – Friedhofsruhe. Entscheidend für seinen späteren Sieg waren ganz sicher auch die kompakte Waffenhilfe Deutschlands und Italiens und die vielfältige versteckte Hilfe westlicher Demokratien.

Nach den Kriegen im Norden und einer Gegenoffensive der Republik, die beiden Seiten hohe Verluste einbrachte, gelang es den Franquisten, beim Hafen von Vinarós im März 1938 ans Mittelmeer vorzustoßen und die Republik zweizuteilen. Die Ebro-Offensive der Republikaner, mit dem Ziel, die territoriale Trennung rückgängig zu machen, wurde zu einer fünfmonatigen Materialschlacht, welche die Ressourcen der Republik vollkommen erschöpfte. Im Februar 1939 fiel Katalonien. Die Rebellenarmee marschierte in Barcelona ein, und hunderttausende von republikanischen Kämpfern und verängstigten Zivilisten flohen ins benachbarte Frankreich, von den dortigen Polizei- und Armeeverbänden an der Grenze wie räudige Hunde behandelt. Unter ihnen war der größte Teil derjenigen, die im geistigen und künstlerischen Leben Spaniens Rang und Namen gehabt hatten und sich, abgesehen von zu erwartenden Verfolgungen, nicht vorstellen konnten, in der sich nun endgültig ausbreitenden geistigen Stickluft arbeiten und leben zu müssen.

Der Restrepublik mit ihren Städten Madrid, Valencia und Alicante waren nur wenige Wochen des Überlebens vergönnt. Auch der Putschversuch des Madrider Obersten Segismundo Casado gegen die noch amtierende Regierung von Juan Negrín in Valencia konnte Franco zu keinen Zugeständnissen bewegen. Sein Sieg war total, der Begriff Milde gegenüber den Besiegten ein Fremdwort für ihn.

Der Krieg endete an einem strahlenden Frühlingsmorgen am 1. April 1939 auf der Hafenmole von Alicante, dem letzten unbesetzten Fleckchen der Republik. Hier drängten sich mehr als 8 000 Menschen, die vergeblich hofften, dass Schiffe sympathisierender Länder sie abholen würden. Eduardo de Guzmán, noch wenige Tage zuvor Chefredakteur der Madrider Zeitung „Castilla Libre", beobachtete den Selbstmord zweier hoher republikanischer Offiziere und hörte dann einen neben ihm stehenden Mitarbeiter sagen: „Bald werden wir die Toten beneiden." Kurz danach wurde die Mole von Franquisten brutal geräumt. Die Anzahl der Toten konnte nie exakt ermittelt werden.

Im Triumph zog Franco in Madrid ein. Zwei Jahre und neun Monate nach den Geschehnissen in Tetuán nahm er die Siegesparade ab – auf einem Podest, das mit einem zehn Meter hohen V (für Victoria) geschmückt war. Seine marokkanischen Söldner bildeten das Ehrenspalier…

2. Teil

Jahre der Rache

Am 1. April 1939 um 23 Uhr unterbrach Radio Nacional de España sein Programm, und die Zuhörer vernahmen die Stimme des Nachrichtensprechers Fernando Fernández de Córdoba anlässlich der Durchgabe einer Sondermeldung. Fernández sagte mit seltsam belegter Stimme: „Nach der Entwaffnung der Armee der Roten haben die nationalen Truppen ihre letzten militärischen Ziele erreicht. Der Krieg ist beendet. Burgos, 1. April 1939. Jahr des Sieges. Generalissimus Franco."

Franco konnte sich nun als absoluter Herrscher Spaniens betrachten und dankte seinem Gott, als dessen Werkzeug er sich betrachtete, mit einem Tedeum in der Sankt-Barbara-Kirche zu Madrid. Seinen Säbel vor dem Altar niederlegend, deklamierte der Kniende: „Herr, nimm gnädig die Mühe dieses Volkes an, das stets Dein war, das mit mir und in Deinem Namen den Feind der Wahrheit dieses Jahrhunderts überwunden hat."

Während dessen waren aus den Zeitungskiosken Madrids die letzten republikanischen Blätter entfernt worden, unter anderem die Zeitschrift „Blanco y Negro"" mit einem nun wie Hohn klingenden Aufruf des Literaturnobelpreisträgers Rabindranath Tagore: „Eilt herbei zur Unterstützung der Demokratie, zur Aufrechterhaltung der Gesundheit von Zivilisation und Kultur. In Spanien ist die Weltzivilisation bedroht. Es ist nötig, diese Furie des internationalen Faschismus zu stoppen."

Während die Worte des illustren Inders tausendfach in den Papierwolf gerieten oder in Flammen aufgingen, wurden sie ersetzt durch eine Proklamation Papst Pius des XII., folgenden Wortlauts: „Wir erheben unser Herz zum Herrn und danken eurer Exzellenz für den ersehnten Sieg des katholischen Spanien."

Die Beweihräucherung des Caudillo – Führers – wie sich Franco seit dem Tag des Sieges nennen ließ, nahm in den folgenden Wochen groteske Formen an. Der Dichter Leonardo Pérez schrieb: „Du Held, der flog wie Perseus und Luzifer besiegt hat wie der Erzengel." Der Schriftsteller Arraras dichtete: „Franco, Kreuzritter des Westens, erwählt zum Prinzen der Heere in dieser erleuchteten Stunde, damit Spanien die Bestimmung der lateinischen Rasse erfüllen kann, auf dass es das Spanien sei, das den Antichristen in Moskau zerschmettert." In anderen Ergüssen wurde Franco zum „Sohn Jupiters" erhoben, dem „Genie Spaniens", das auf den „mächtigen Schwingen des imperialen Adlers" geflogen kommt.

Auch PR-Strategen reagierten auf Francos Sieg, und es gab kaum eine Werbekampagne, in der nicht auf ihn Bezug genommen wurde. So veröffentlichte eine große Firma von Unterwäsche und Hüfthaltern in fett gedruckten Lettern: „Araceli S.A. begrüßt begeistert das nationalistische Heer." Unter einer Serie abgebildeter Firmenprodukte stand, wiederum fett gedruckt, „Hoch lebe Spanien." Es gab nur wenige Schaufenster, in denen nicht ein Porträt Francos aufgestellt war, Ausdruck einer Begeisterung, die den Zensoren allerdings manchmal Kopfzerbrechen bereitete, so im Falle eines Metzgers, der das Konterfei des Caudillo zwischen Schweinepfoten und Kottelets platziert hatte. Bei einem Eisenwarenhändler wussten sie nicht, ob es sich um sublime Boshaftigkeit oder echte Begeisterung handelte, als sie Francos Bild in dessen Schaufenster zwischen Hammer und Sichel aufgestellt sahen. Auf jeden Fall fühlte sich der Chef der Falange von Madrid bemüßigt, am 8. Juli 1939 zu erklären: „Es ist alles andere als elegant, die Persönlichkeiten der nationalen Bewegung zu Werbezwecken zu benutzen."

Franco hingegen schien es zu genießen, zentrale Figur der Begeisterung zu sein, und beschloss, sich selbst mit der höchsten spanischen Auszeichnung, dem San-Fernando-Orden, zu dekorieren. Den 1. Oktober machte er als „Día del Caudillo" zu seinem Nationalfeiertag. Für den 19. Mai 1939 organisierte er die größte Siegesparade, die jemals auf spanischem Boden stattgefunden hatte. Unter seinem fünf Stunden lang zum faschistischen Gruß erhobenen Arm defilierten 120 000 Mann seiner Truppen – Marokkaner, Legionäre, Requetes und 37 Schwadronen Kavallerie – über Madrids Prachtallee, die Castellana. Hunderte von Flugzeugen donnerten im Tiefflug über die Marschierenden. 200 Batterien Artillerie und 3 000 Militärfahrzeuge begleiteten das Truppenaufgebot des Triumphators. In den Bars hatte man sich zum Tag des Sieges Besonderes einfallen lassen. Erfinderische Barmixer hatten den Cocktail „Arriba España" kreiert, ein Gemisch aus Wermuth, Bitter, Curaçao und Gin. Franco legitimierte zum Schluss der Siegesparade seine Regierung mit den Worten: „Wir haben dieses Regime nicht auf ein paar scheinheilig erworbenen Stimmen errichtet, sondern es wurde auf den Spitzen unserer Bajonette mit dem Blut unserer Besten gegründet."

Franco war auf dem Gipfel seiner Macht angelangt. Umjubelt und unangefochten, hätte er nun die große Chance gehabt, als von Gott Gesegneter, für den er sich hielt, Gnade walten zu lassen. Aber das war ein Begriff, mit dem er offensichtlich nichts anfangen konnte. Er, der stets dem Legionärsspruch „Viva la muerte" – Es lebe der Tod – gehuldigt hatte und mit dem Legionärsgeneral Millán Astray darin übereinstimmte, das gute Spanien sei allein seine Mutter Erde, sorgte dafür, dass auch nach dem Krieg das Blutvergießen nicht aufhörte.

Für Franco war Gnadenbezeugung kein Zeichen von Großmut, sondern von Schwäche. Ein fauler Kompromiss, der nur dazu führen konnte, den Sieg zu verwässern. Seinen gerade niedergeworfenen Gegnern eine Möglichkeit der Wiedereingliederung in das Vaterland zu geben, hätte er nicht nur für einen groben Fehler, sondern geradezu für eine schwere Versündigung an dem göttlichen Auftrag gehalten, Spanien wieder der alten imperialen Größe entgegen zu führen.

Mehr denn je fühlte er sich als Werkzeug des Herrn, und dass Papst Pius XII. ihm gerade das bestätigt hatte, motivierte ihn erst recht, seine ihm auferlegte Arbeit kompromisslos durchzuführen. Er wollte gute Arbeit leisten. Gott der Herr sollte mit ihm zufrieden sein. Die alte Madre Patria sollte wieder aufblühen, und die Voraussetzung hierfür war das totale Ausmerzen der Krankheit, welche die große und heilige Mutter Spanien befallen hatte.

Seine Diagnose als Arzt der Nation war schon lange klar gewesen. Die Krankheitserreger, das waren die Freimaurer und ihre Kumpanen: die Sozialisten, Kommunisten,

Bolschewisten und Anarchisten. Dieses Krebsgeschwür mit Stumpf und Stiel herauszuschneiden, erforderte die professionelle Kälte des Chirurgen, seinen klaren Blick, seine Nervenkraft und ruhige Hand. Weder Zaudern, Bänglichkeit noch falsche Sentimentalität waren da angebracht. Was Franco, Chirurg der Nation, nun zu tun hatte, war eine blutige, aber im tiefsten Sinne „humane" Arbeit.

Wie diese zu leisten war, dafür gab es große historische Beispiele im eigenen Land: die katholischen Könige, Karl V., Philipp II. und die Heilige Inquisition. Sie hatten als gehorsame Werkzeuge Gottes die Morisken und Juden vertrieben, die Ketzer verbrannt, kurz gesagt das Blut der Madre Patria gereinigt, die dann ihre frische, reine und gewaltige Energie für die Eroberung der halben Welt und deren Christianisierung hatte einsetzen können. Welch gewaltiges Werk, welche Glorie, die dann verspielt wurde durch Leichtsinn, Naivität, falsche Großmut und mangelnde Wachsamkeit – typische Schwächen des spanischen Nationalcharakters, die es Luzifer ermöglicht hatten, sich einzuschleichen und sein liberales Gift zu verspritzen.

Fast war es zu spät gewesen. Aber Gott hatte seine unendliche Gnade walten lassen, um sein auserwähltes Volk durch ihn, Franco, zu retten. Diese Chance durfte nicht vertan werden. Er würde die totale Macht , die der Herr ihm verliehen hatte, mit aller Konsequenz und ohne jegliches Erbarmen einsetzen. Der luziferische Widersacher musste mit Stumpf und Stiel vernichtet werden.

Auf der Grundlage dieser Gedanken blies Franco zur großen Ketzerjagd. Der Bürgerkrieg, das war ein Kreuzzug gegen die Gottesfeinde gewesen, vergleichbar mit der Vertreibung der Araber von der Halbinsel. Er hatte ihnen die Waffen entrissen. Nun galt es, die Versprengten aus ihren Schlupfwinkeln zu holen, in denen sie sich feige verkrochen hatten, um dort auf eine erneute Gelegenheit zu warten, das gehörnte Haupt frech zu erheben. Die mit dem Reinigungsprozess verbundene Härte erklärte Franco so: „Das Leiden dieser Nation an einem Wendepunkt seiner Geschichte ist kein Scherz, sondern eine Strafe, die Gott einer Nation wegen seiner verunreinigten Geschichte auferlegt."

In diesem Sinne vermutet der Historiker José Javier Esparza, dass die außergewöhnlich brutale Repression während der Nachkriegszeit als heilsame Strafe für ein Volk gesehen werden müsse, das von seinem vorbestimmten Weg abgewichen sei. Die blutigen Säuberungen seien nicht von Grausamkeit motiviert gewesen, sondern müssten als eine Art von Exorzismus von Sünden und Dämonen gesehen werden. Wie ein gestrenger, aber letztlich wohlwollender Vater erlege Franco dem desorientierten Sohn Spanien eine harte und verdiente Züchtigung auf. Was ihm an seinen Landsleuten als sündhaft erschien, erklärte Franco in einem seiner Gespräche mit seinem Vetter und Vertrauten Pacón so: Sie seien „anarchisch, disziplinlos, unfähig, die Verdienste und Talente anderer anzuerkennen". Sie neigten zur Faulheit, Verantwortungslosigkeit, täten immer, was ihnen gerade behage, und hielten sich nicht an die herrschenden Gesetze.

Das formalistische Instrument zur Bestrafung der Besiegten lieferte Franco ein Ad-hoc-Gesetz, noch vor Ende der Kampfhandlungen am 9. Februar 1939 verkündet. Diese „Ley de responsabilidades politicas" – Gesetz über die politischen Verantwortlichkeiten – stempelte alle Spanier zu Verbrechern, die in irgendeiner Form der Republik gedient hatten. Angefangen beim republikanischen Staatspräsidenten, den Mitgliedern des Parlaments, den Angehörigen und Wehrpflichtigen der Armee, den Verwaltungsangestellten, jedem kleinen Bürgermeister, deren Schreibern und Chauffeuren, allen Menschen, die sich in irgendeiner Form für die gewählte Republik eingesetzt hatten, bis hin zu allen Diplomaten im Ausland. Ausgenommen von der Strafverfolgung – von der Todesstrafe über lebenslängliche Haft bis hin zu hohen Geldstrafen – waren nur Jugendliche unter 14 Jahren.

Francos Adlatus Luis Carrero Blanco ( ), gleichzeitig Sprachrohr seines Meisters, kleidete seine Sichtweise der Dinge unter dem Pseudonym Gines de Buitrago in eine Fabel, die von den wichtigsten Zeitungen des Landes wie „El Pueblo“, „Arriba“ und „ABC“ abgedruckt wurde. Hauptfigur der Geschichte ist ein Señor Fernández. Dieser Herr Fernández hatte eine recht stürmische Jugend. Mit starker Lebenslust ausgestattet, habe er diese durch reichliche Zecherei noch steigern wollen. Es sei ihm zwar trotz wüster Sauforgien gelungen, eine gewisse Würde zu bewahren. Aber bedauerlicherweise habe seine Leber nicht mehr mitgemacht. Das lebenswichtige Organ habe gestreikt, und Fernández sei sehr krank geworden. Er fiel ins Delirium tremens, war bald nur noch Haut und Knochen. Zudem hatte er sein väterliches Erbe verprasst und war arbeitsunfähig. Alle hatten ihn schon aufgegeben, und man rechnete mit seinem baldigen Ableben. Halb tot wurde er zu einem Arzt gebracht, der ihn mit einer Radikaltherapie rettete. Dem Patienten wurde das Trinken ein für allemal verboten.

Den Lesern der Geschichte war schnell klar, dass der Autor mit dem Patienten nur Spanien gemeint haben konnte. Die krank machende Droge war der Liberalismus, Auslöser der Krankheit die Republik und der kompromisslose Arzt Franco gewesen. Alkoholkonsum – also liberale Demokratie – blieb dem genesenden Patienten ein für allemal verboten.

Für seine Opfer und politischen Gegner war Franco mitnichten ein Arzt der Nation. Für sie war er ein grausames Monster, ein Neurotiker, der seine verqueren Vorstellungen von Gott, Spanien, Moral und Sitte dem ganzen Volk überstülpen wollte.

Es gibt psychologische Deutungen, die im Zusammenhang mit ihm von einem stark ausgeprägten Narzissmus, also einer pathologischen Selbstbezogenheit, sprechen, was seine ausgesprochene Gefühlskälte und Distanziertheit im Umgang mit seinen Mitmenschen erklären würde, auch seine absolute Empfindungslosigkeit und Unbarmherzigkeit angesichts der Qualen und Leiden anders Denkender.

Respektable Mitmenschen waren aus seiner Sichtweise heraus nur diejenigen, die seinem Spanienbild entsprachen. Nur die hatten Anspruch auf sein Gefühl und menschliche Behandlung. Äußerst sentimental allerdings ging er mit sich selbst um. Anlässlich der Vorführung des Films Raza, für den er das Drehbuch erdacht hatte, brach er während der Uraufführung – totaler Selbstrührung verfallen – dreimal in Tränen aus. Feucht wurden seine Augen stets, wenn er von der Madre Patria, der Heiligen Flagge oder von den für Spanien gestorbenen Helden und Märtyrern sprach.

Kalt wie ein Fisch war er, wenn er summarisch Todesurteile unterschrieb. Kalt ließ ihn die Sitte seiner Legionäre, die Köpfe ihrer gemeuchelten Feinde auf Bajonette zu spießen.

Zärtlich und fürsorglich war er im Rahmen seines Großegos, seiner Familie. Da konnte er sogar tolerant sein, wenn es um politische Abweichungen ging, wie bei den republikanischen und anarchistischen Experimenten seines Bruders Ramón, den geschäftlichen Raubzügen seines Bruders Nicolás oder den Schmieraffären seines Schwiegersohns Marqués de Villaverde.

Die Orgien der Grausamkeit, die nach dem Bürgerkrieg auf seinen Befehl stattfanden, mit gestrenger Schulmeisterei zu begründen, ist mehr als dubios und erscheint doch eher als eine Fehldeutung stark nekrophiler Tendenzen des Verursachers, der einer Art Todesverherrlichung frönte, die er sich im Kolonialkrieg in Marokko angeeignet hatte und dort stets hatte ausleben können. Der Wahlspruch der Legion, „Viva la muerte“, weist in diese Richtung.

Um seine Landsleute ein für allemal Mores zu lehren, erließ er als Ad-hoc-Gesetz die „Ley de responsabilidad politica“ (Gesetz für politische Verantwortlichkeit). Es wurde noch vor Ende der Kampfhandlungen des Bürgerkrieges verkündet und lief auf die physische Vernichtung der „Roten“ hinaus. Es machte alle die Spanier zu Kriminellen, die in irgendeiner Form der Republik gedient hatten – vom Staatspräsidenten bis hinunter zum Bürgermeister oder Gemeindeschreiber. Das Gesetz bedeutete für hunderttausende Tod, Haft oder lebenslanges Berufsverbot. Besonders perfide an dem Gesetz war, dass es rückwirkend bis zum Oktober 1934 griff, also auch einen Zeitraum vor dem Bürgerkrieg erfasste. In 17 Einzelpunkten zählte das Gesetz auf, wer sich schuldig gemacht hatte. Das waren Personen, die

- leitende Posten in den Parteien und Organistationen der Volksfrontregierung bekleidet haben,
- die Volksfrontparteien wirtschaftlich unterstützt haben,

– der republikanischen Regierung oder den Cortes angehörten,
– sich nach dem Militärstrafgesetzbuch der „Meuterei oder Aufstachelung zur Meuterei“ schuldig gemacht hatten (alle Angehörigen der republikanischen Armee),
– Freimaurer waren,
– sich aktiv der Nationalen Bewegung wiedersetzt haben,
– sich seit dem 18. Juli 1936 im Ausland aufgehalten und sich nicht binnen zwei Monaten zurückgemeldet haben,
– im Auftrag der roten Behörden Aufträge im Ausland zu erfüllen hatten, das heißt alle Angehörigen der diplomatischen und sonstigen Vertretungen der spanischen Republik.

Ausgenommen von der Strafverfolgung waren laut Paragraph 5 nur Minderjährige unter 14 Jahren.

Um dem Gesetz Geltung zu verschaffen, kämmten Soldaten, Guardia Civil und Milizen der Falange selbst die kleinsten Ortschaften nach Funktionsträgern der ehemaligen Republik durch, die allesamt bis hinunter zum Gemeindebuchhalter verhaftet und oft sofort exekutiert wurden. Viele der Hingerichteten galten zunächst als „desaparecidos“ – vermisst –, das heißt, eines Tages waren sie einfach von der Bildfläche verschwunden und tauchten nie wieder auf. Oft wurden Passanten mit republikanischer Vergangenheit in vorüber rollende Autos gezerrt und zu einem so genannten Paseo gezwungen. Die später in irgendeinem Straßengraben aufgefundenen Leichen wurden teilweise als Verkehrstote registriert. Der italienische Außenminister Graf Ciano schrieb anlässlich einer Spanienrundfahrt im Jahr 1939: „Noch immer werden viele Erschießungen vorgenommen. Allein in Madrid in einem Rhythmus von 200 bis 250 täglich, 150 in Barcelona und 80 in Sevilla.“ In den Gefängnissen von Barcelona wurden unmittelbar nach dem Bürgerkrieg 35 000, in Ocaña 8 500, in Zaragoza 7 000 Häftlinge exekutiert.

Im Jahr 1940 gab es in den großen Gefängnissen des Landes – in normalen Zeiten für 10 000 Häftlinge gedacht – 280 000 Inhaftierte. Von insgesamt 25 Millionen Spaniern landeten nach 1939 zwei Millionen aus politischen Gründen in Konzentrationslagern.

In den ersten Monaten nach dem Ende des Krieges mussten die Häftlinge, bevor sie mit primitiven Werkzeugen ausgeschickt wurden, um Staudämme, Brücken, Kanäle und Straßen zu bauen, erst einmal die Lager für sich selbst errichten. Über ein Dutzend davon entstanden quer über das Land verstreut. Die berüchtigtsten waren Deusto bei Bilbao, Miranda del Ebro, Astorga in Navarra, Moncofar, Burgo de Osma, Corbán in Santander, San Marcos in León, Cabo de Palos in Cartagena, San Lúcar de Mayor in Andalusien.

Bei der Errichtung anderer, etwa des notorischen Folterlagers Nanclares de la Oca, stand ein ausländischer Experte Pate: der Reichsführer SS, Heinrich Himmler. Hitlers oberster Henker reiste mehrmals nach Spanien, ermunterte Franco zu noch mehr Härte gegen den geschlagenen Feind und brachte ihm ein ebenso makabres wie hoch willkommenes Gastgeschenk mit: prominente Republikaner, die nach Frankreich geflüchtet und dort von Deutschen gefangen genommen worden waren. Franco ließ die ihm so großzügig überlassenen „Roten“ ohne weitere Umstände auf der Stelle erschießen: den Präsidenten Kataloniens, Lluis Companys, den letzten Innenminister der Republik, Julian Zugazugoitia, den Handelsminister Juan Peiro und den Sekretär des einstigen sozialistischen Verteidigungsministers Prieto, Cruz Salido.

Wie viele seiner Landsleute der Generalissimus insgesamt nach dem Krieg umbringen ließ, ist bei Historikern so umstritten, dass Zahlen zwischen zehntausend und über dreihunderttausend genannt werden. Ein Beamter des Madrider Justizministeriums nannte dem amerikanischen Journalisten Charles Foltz 1944 die Zahl von 193 000 Todesurteilen, ohne mitteilen zu können, wie viele davon tatsächlich vollstreckt worden waren. Da Franco aber äußerst selten von seinem Begnadigungsrecht Gebrauch machte, können es nicht allzu viele gewesen sein, die, einmal zum Tode verurteilt, dem Pelotón entgingen.

Es brauchte nicht immer ein Todesurteil, um zu sterben. Die Zustände in den Lagern und Gefängnissen waren so, dass etwa im KZ San Marcos in den ersten drei Monaten 800 Häftlinge an Hunger und Seuchen starben. Die Wächter, oft vorher selbst Gefangene der Republik oder Überlebende von Massakern der Republikaner, waren hasserfüllte Herren über Leben und Tod der Häftlinge. Diese mussten zwölf Stunden täglich hart arbeiten, um zerstörte Städte wieder aufzubauen oder Talsperren zu errichten – eine Obsession Francos, der deshalb den Spitznamen „El Pantanero" (Der Staudammbauer) erhielt. Der Einsatz von Zwangsarbeitern wurde moralisch begründet: „Gibt es denn etwas Humanitäreres, Gerechteres und Sozialeres, als dass jene, die eine Zivilisation auslöschen wollten, dazu gezwungen werden, diese wieder aufzubauen?"

Gab es nicht genug Projekte für die Zwangsarbeiter, konnten sich private Unternehmer – wie in Hitler-Deutschland – Sklavenarbeiter gegen eine Gebühr von drei Peseten pro Tag ausleihen und damit einen schönen Profit machen. Der Mindestlohn lag immerhin bei zehn Peseten am Tag.

Die Gefangenen mussten froh sein, so zeitweise der

Hölle des Lagers zu entkommen. Denn dort wurden die Häftlinge nicht nur geprügelt und gefoltert. Beliebte Terrormethode waren auch Scheinexekutionen.

Der Kleinbauer Bartolomé Rubio aus Jalón, einem Dorf im Hinterland der Costa Blanca, der schon bei den Kämpfen um Teruel gefangen genommen worden war, erinnert sich an seine Zeit im Gefangenenlager, KZ und Arbeitsbataillon: „Wir mussten im Winter im Freien schlafen, haben uns den Arsch abgefroren. Im Sommer konnten die Dekken laufen, so wimmelte es von Ungeziefer. Zu essen bekamen wir alten Kabeljau und ein Stück Brot aus mit Rüben verpapptem Mehl. Das salzige Zeug machte uns vor Durst halb wahnsinnig, und es gab zu wenig Trinkwasser. Fast alle hatten Ruhr oder Durchfall. Meine Compañeros sind wie die Fliegen gestorben."

Der spätere Chef der oppositionellen „Comisiones Obreras" (Arbeiterkommissionen), Marcelino Camacho, erinnert sich an seine zehnjährige Gefängnisstrafe: „Die Situation war extrem hart. Wir schoben einen grausamen Hunger. Wir schliefen auf dem Boden und hatten dabei genau 47 Zentimeter Platz. So konnten wir uns nicht drehen, ohne das vorher der ganzen Reihe Liegender mitzuteilen. Das Essen reduzierte sich auf einen Napf mit heißem Wasser mit einigen harten Bohnen. Manchmal war ranziger Fisch dabei, den man den Dorsch der Armen nannte. Es war besser ohne den Fisch, weil er fast immer verdorben war und man noch nicht einmal das Wasser zu sich nehmen konnte. Wegen der vielen Brühe, die wir bekamen, wurde ein Lied komponiert.

Brühe, Brühe, Brühe, Brühlein zum Essen
Brühe, Brühe, Brühe, Brühlein zum Abendessen
Brühe, Brühe, Brühe, nationales Lebensmittel.

Die Gefangenen erhielten, wie der KZ-Überlebende El Pelut aus Tárbena berichtet, jahrelang keine Mitteilungen von draußen. Sie bangten um ihre Angehörigen, wussten nicht, ob sie noch am Leben waren. Für die wiederum war der Vater, Ehemann oder Sohn vermisst.

Aber auch wenn die Zwangsarbeiter mit dem großen T (Trabajo)auf ihrer runden Mütze entlassen wurden, war ihr Leidensweg noch längst nicht zu Ende. Sie brauchten einen Fiador (Bürgen), der dafür einstand, dass der ehemalige Rote sich künftig politisch einwandfrei verhalten würde. Auch sein Bürge ging Risiken ein, denn seine Hilfestellung für Verfemte konnte als heimliche Sympathie für rote Gesinnung gedeutet werden und unerwünschte Folgen haben. Daher war es schwer, einen solchen Bewährungshelfer überhaupt zu finden. Stand keiner zur Verfügung, durfte der Entlassene nicht in sein Heimatdorf zurückkehren und verdingte sich oft für – nunmehr bezahlte – Arbeit am gleichen Projekt, an dem er schon als Häftling gearbeitet hatte.

Auch jene, die einen Fiador gefunden hatten und in ihren Heimatort zurückkamen, mussten sich einmal im Monat bei der Polizei melden. Da das Regime sich dem Imperativ „Nie verzeihen" verschrieben hatte, diente der ehemalige „Politische" den Gendarmen von der Guardia Civil als idealer Sündenbock für Misserfolge bei der Kriminellenverfolgung, bei Langeweile oder schlechter Laune. Er konnte folgenlos geschlagen, gedemütigt, schikaniert werden, war wehrloses Feiwild für Sadisten aller Art.

Die mit einem solchen Stigma behafteten Verfolgten wurden auch vom „unbelasteten" Teil der Bevölkerung gemieden wie Pestkranke, fanden viel schwerer Arbeit und waren leicht ausbeutbar. Wenn sie auch noch invalid waren, blieben ihnen, da sie keine Peseta vom Staat erhielten, nur noch das Betteln oder auf der Straße Lose zu verkaufen. Die potentiellen Glücksbringer in Franco-Spanien waren zum größten Teil Invaliden der republikanischen Armee.

Der „kalte General", wie der britische Historiker Hugh Thomas Franco nannte, regierte fast vier Jahrzehnte lang einen Militärstaat, der „mit Teilen seines Volkes im Kriegszustand lebte", so der spanische Historiker und konservative Franco-Gegner Salvador de Madarriaga. Das Elend der Massen, der millionenfache Schmerz, all das kümmerte ihn nicht, davon wollte er nichts wissen. Seine Ziele waren höher und hehrer, er wollte „Antispanien" ausrotten, all jenes anarchistische, kommunistische, materialistische, ja sogar liberale Satanszeug, das seiner Meinung nach in den Jahren der Republik das Land vergiftet und gegen das er seinen blutigen Kreuzzug geführt hatte. Gnade für die Besiegten war daher das Letzte, woran er je dachte. Franco wurde jenes Staatsoberhaupt der spanischen Geschichte, das die meisten Hinrichtungen verfügte – bis zwei Monate vor seinem eigenen Tod, als er am 27. September 1975 noch fünf politische Gegner an einem Tag zu erschießen befahl und mit diesen Justizmorden nicht nur weltweite Proteste, sondern sogar eine Rüge des Papstes erntete. Die offene Kritik des Heiligen Vaters in Rom blieb den Spaniern allerdings durch Nichtveröffentlichung erspart.

Eine Nation am Bettelstab

Während die Standgerichte Francos rund um die Uhr arbeiteten, um den roten Bazillus vollends auszurotten, tat eine noch höhere Gewalt ihr Übriges, um die spanische Nation zu bestrafen.

Um die Iberische Halbinsel herum zogen die finsteren Wolken des sich ankündigenden Weltkriegs herauf. Francos Verbündete Mussolini und Hitler waren so sehr mit ihren Kriegsvorbereitungen beschäftigt, dass von ihnen keine Hilfe beim Wiederaufbau Spaniens zu erwarten war. Ganz zu schweigen von den Engländern oder Franzosen, die Franco jetzt am liebsten zur Hölle geschickt hätten.

So stand Spanien nach Ausbruch des 2. Weltkrieges allein inmitten seiner Ruinen, und seine Bevölkerung musste – vollgedröhnt von den Heldenphrasen des Regimes – ums nackte Überleben kämpfen. Das Land, welches bis dato fast ausschließlich von seiner Landwirtschaft gelebt hatte, fiel mangels maschineller Hilfen und Kunstdüngerimporte auf den Produktivstand des Mittelalters zurück.

Noch nicht genug der himmlischen Strafen, setzte in den 40er Jahren eine mehrere Jahre währende Dürreperiode ein, wie sie Generationen von Vorfahren in solch einer Härte noch nicht erlebt hatten. Das Getreide Kastiliens und Andalusiens verdorrte, bevor es Früchte tragen konnte. Die Flussbetten trockneten aus, und selbst große Ströme wie der Guadalquivir und der Guadiana schrumpften zu lehmfarbenen Rinnsalen. Die Talsperren trockneten aus. Die Elektrizitätsgewinnung stockte. Viele Industriebetriebe des Landes waren wegen Strommangels paralysiert.

Der Tod begann sich seine Opfer zusehends jenseits politischer Einfärbungen zu suchen. Es gibt keine Statistiken darüber, wie viele Spanier der Dürrekatastrophe in diesem zerstörten Land zum Opfer gefallen sind. Immerhin waren die Schrecknisse dieser Zeit so groß, dass sie als „Años del Hambre" (Jahre des Hungers) im kollektiven Bewusstsein gespeichert sind. Die klimatischen Widrigkeiten, verbunden mit der Rachsucht des Regimes und dem Toben des zweiten Weltkrieges, bewirkten, dass das Land fast zwanzig Jahre brauchte, um sich von seinem Bruderkrieg ansatzweise zu erholen.

In seinem Buch „Faz de España" schildert der britische Schriftsteller Gerald Brenan sein Entsetzen über die Zustände in dem von ihm geliebten Spanien noch zehn Jahre nach dem Bürgerkrieg: „Man kann nicht durch die Straßen gehen, ohne vor der Armut zutiefst zu erschrecken. Man sieht Kinder mit vergreisten Gesichtern, Frauen von 30, die schon aussehen wie alte Hexen."

Aus dem Córdoba des Jahres 1949 berichtet Gerald Brenan:

„Der Lebensstandard der Menschen dieses Landesteiles war immer schon niedrig gewesen, aber das jetzt ist schlimmer, viel schlimmer als jede andere Sache, die ich während meines Lebens erlebt habe. Man sieht Männer und Frauen, deren Gesichter und Körper mit Schmutz bedeckt sind, weil sie zu schwach und verzweifelt sind, um sich zu waschen. Nie zuvor habe ich solches Elend gesehen, sogar die Leprakranken aus Marrakesch und Troudant erschienen mir weniger verdammt und besser ernährt."

Brenan sah viele arm- oder beinamputierte Kriegsversehrte, kranke Mütter, die eben so kranke Kinder trugen, ganze Armeen von zerlumpten Schuhputzern und kriegsblinden Lotterieverkäufern. Brenan berichtete von einem Spaziergang in der Umgebung von Córdoba: „Wir kamen an einer kleinen Felsenhöhle vorbei, deren Eingang von einigen Haushaltsgegenständen blockiert war. Dahinter entdeckten wir eine Frau, die auf alten Säcken lag, jedoch aufstand und herauskam, als sie uns sah. Sie war noch nicht einmal 30 Jahre alt und trug einen zerschlissenen schwarzen Anzug, der so zerlumpt war, dass einige nackte Stellen ihres Körpers sichtbar waren. Sie sei krank gewesen, erklärte sie, nachdem sie ein Kind geboren habe, das gestorben sei, weil sie keine Milch gehabt habe. Ihr Lebensgefährte habe auf einem Besitztum in der Nähe gearbeitet, doch als er die Arbeit verloren habe, sei kein Geld mehr für die Miete vorhanden gewesen, und sie hätten in diese Höhle ziehen müssen. Jetzt könne sie den Ort in Ermanglung dezenter Kleidung nicht verlassen. Sie hatte ohne Zweifel Hunger, aber weder beklagte sie sich noch bat sie um Geld."

Die Mühseligen und Beladenen dieser Jahre, für die sich nicht der geringste Hoffnungsschimmer am Zukunftshorizont abzeichnete, hausten in primitiven Hütten der Vorstadtslums oder in Erdhöhlen, kleideten sich in Lumpen, wühlten Abfälle nach Essensresten durch und bettelten um Almosen, obwohl dies behördlich verboten war.

Auch für diejenigen, die eine Arbeit hatten, war das

Überleben alles andere als gesichert. Jaime Gil Ferrer aus Parcent, einem Dorf im Hinterland der Costa Blanca, erinnert sich: „Ich habe Ende der 40er Jahre als Landarbeiter vier Peseten am Tag verdient, was noch nicht einmal ausgereicht hat, ein Brot zu kaufen."

Da ein normaler Tagesverdienst bei weitem nicht genügte, eine Familie zu ernähren, versuchten die Männer in den Städten, mehrere Jobs gleichzeitig zu ergattern. Doch auch das reichte kaum für das Existenzminimum in einer Zeit, als ein Huhn auf dem Schwarzmarkt 16 Peseten kostete, Öl löffelweise verkauft wurde und wenige Gramm Zucker den Tagesverdienst eines Arbeiters verschlangen. In Provinzstädten, insbesondere in der Nähe von größeren Flüssen, entdeckten die Hungernden ein völlig neues Nahrungsmittel: Gras! Nachts an den Ufern wurde es geschnitten, später gekocht. Einige Glückliche würzten die grünliche Brühe mit ein paar Tropfen Olivenöl – oder einer Hunde- oder Katzenpfote. Bald verschwanden Katzen und Hunde von den Straßen. Der Grasverbrauch wurde so hoch, dass es nach einem Polizeibericht aus dem Jahr 1941 auf dem Marktplatz von Córdoba 347 Grasverkäufer gab. Die Dürre war so groß, dass sogar das Ufergras knapp wurde. Insbesondere in ländlichen Gegenden entdeckte man weitere Nahrungsmittel: die „Tangadina", ein Kraut, das Esel und Maultiere gerne fressen, und den „Cardo", eine Art Distel. Aus geschroteten Eicheln wurde Ersatzkaffee, aus getrockneten Kartoffelscheiben Tabak hergestellt. Die Standesbeamten erhielten den Befehl, den Ernst der Lage zu verschleiern und als Todesursache für die Hungertoten „Verstorben an Lungenentzündung" einzutragen.

Für den normalen Sterblichen stand zu jener Zeit noch

nicht einmal ein christliches Begräbnis in Aussicht. Zwar war eine Beerdigung mit kirchlichem Beistand selbstverständliche Pflicht für die Angehörigen eines Verstorbenen. Doch wer verfügte schon über die 500 Peseten, die diese Zeremonie kostete? Der Preis für die Eintrittskarte in den Himmel entsprach immerhin dem Lohn von circa 40 Arbeitstagen. „Auch Priester müssen leben", war die Rechtfertigung für die klerikale Geldschneiderei. Wer nicht zahlte, wurde in der „Fosa común", dem Massengrab der jeweiligen Gemeinde, verscharrt. Das alte spanische Sprichwort „Don dinero, poderoso Caballero" – Das Geld ist ein mächtiger Herr – bewies im allerchristlichsten Land der Welt wieder einmal seine erschreckende Gültigkeit.

Die Alliierten, nach dem Sieg über Hitler und Mussolini erpicht darauf, auch Franco in die Knie zu zwingen, sahen die durch die Launen des Klimas hervorgerufenen zusätzlichen Schwierigkeiten nicht ungern. Nachdem es ihnen gelungen war, fast alle Länder davon zu überzeugen, ihre diplomatischen Vertretungen in Spanien zu schließen und dem darnieder liegenden Land jegliche Hilfe zu verweigern, glaubten sie, Francos Rücktritt erzwingen zu können, ohne militärische Gewalt anwenden zu müssen.

Wenn eine bestimmte Leidensschwelle überschritten sei, so kalkulierten sie nicht ohne Zynismus, werde das spanische Volk sich erheben und die Generalsclique samt Falange hinwegfegen. Danach würde sich Don Juan de Borbón, der Sohn des Exkönigs Alfons XIII., an die Spitze des Staates stellen und – wie er es bereits signalisiert hatte – das totalitäre faschistische Regime Francos durch eine parlamentarische Monarchie ersetzen. Schnell wäre der ganze Spuk vorbei, und nichts stünde massiven Hilfslieferungen entgegen.

Dabei jedoch überschätzten Amerikaner, Briten und Franzosen die Energien eines moralisch und materiell völlig erschöpften Volkes und unterschätzten gleichzeitig Francos Willen zur Macht.

Der Caudillo war nicht nur in der Lage, hunderttausende vermeintlicher politischer Gegner an die Wand zu stellen. Es schien ihm auch völlig gleichgültig zu sein, wie viele seiner Landsleute verhungerten. Er stellte sicher, dass Armee und Polizei materiell versorgt, loyal und bereit waren, mit der Waffe in der Hand seine Macht zu sichern. Da weder er noch seine Familie unter Proteinmangel litten – der Diktator kämpfte in diesen Jahren des Mangels gegen Übergewicht – konnte der knurrende Magen von Millionen seinen Schlaf nicht stören.

Durch den Ausbruch des kalten Krieges änderte sich Spaniens miserable Lage entscheidend. Anfang 1953 entdeckten die USA plötzlich wieder ihre Liebe zu dem Land – trotz der Herrschaft eines Franco. Man schloss mit dem Caudillo ein Militärabkommen zur Stationierung von US-Armeebasen und öffnete den Kredithahn. Präsident Eisenhower reiste zur Visite nach Madrid. Die westeuropäischen Länder – auch die Bundesrepublik – folgten diesem Beispiel: mit Investitionen und Krediten und offiziellen Besuchen von Politikern und Industriellen. Doch das innerspanische Elend war damit nicht beendet. Der amerikanische Schriftsteller Richard Wright berichtet 1957 über einen Besuch der einst wohlhabenden und lebenslustigen katalanischen Hauptstadt Barcelona in düsteren Zeilen:

„Die Gassen waren von sechs- und siebenstöckigen Gebäuden aus Beton flankiert, von deren eisernen Balkons und Fenstersimsen zerlumpte Kleidungsstücke zum Trocknen hingen. Zwischen den schreienden und herumtollenden Kindern drängten sich bleichgesichtige, schwerfällige Frauen (viele von ihnen mit prallen, runden Leibern, in denen sie ihre Ungeborenen trugen) und schäbige, stumpfäugige Männer – die Arbeiterklasse von Barcelona. Obwohl es noch früher Nachmittag und ein Wochentag war, lag doch eine gewisse unnatürliche Ferienstimmung in der Luft; die Zahl der beschäftigungslosen Männer in arbeitsfähigem Alter, die an Mauern gelehnt standen oder in Gruppen sich unterhielten, war erheblich... Über diesem Wust lustlosen Lebens lagerte der üble Geruch von ungewaschenen Körpern, stinkendem Unrat und verdorbenem Fisch. Niemals fiel ein Sonnenstrahl in diese Schluchten, und sogar mitten im Sommer hatte man das Gefühl ständiger Feuchtigkeit. Diese eintönigen Cañons des Elends waren voller düsterer, stinkender Laken, an deren Außenwänden blutiges Fleisch aufgehängt war. Offene Säcke mit getrockneten Bohnen, schimmelnder Käse, Fässer mit Heringen..., über all diesem schmutzigen Wirrwarr erhob sich aus den Lautsprechern unzähliger Bars eine Flut sentimentaler Musik. Als die rote Sonnenscheibe im Westen zu versinken begann, tauchten die Prostituierten nach und nach aus ihren dunklen, stallähnlichen Zimmern auf, um ihrem alten Gewerbe nachzugehen, wobei sie sich zwischen den auf der Straße spielenden Kindern hindurch drängen mussten."

Der Kampf ums tägliche Brot dauerte noch Jahre. Sich des allgemeinen Mangels bewusst, gaben bürgerliche Zeitschriften Tipps, wie man aus wenig Essbarem viel zubereiten konnte. So veröffentlichte die Zeitung „Y" für ihre Leserinnen einen Tip, wie man mit einem Suppenhuhn eine vierköpfige Familie vier Tage lang ernähren konnte:

- Die erste Mahlzeit bestand aus den gebratenen Ober- und Unterschenkeln und den ausgekochten Füßen.
- Die zweite, „Huhn in Sherry“ genannt, aus der Brust und den ausgekochten Flügeln, verfeinert mit einem als Rum-Aroma bezeichneten Ersatzstoff.
- Die dritte kam in Form von Hühnerpastete aus Leber, Herz, Haut und Hals auf den Tisch.
- Die vierte war ein Hülsenfruchteintopf mit dem Sud des Hühnertorsos samt den bereits ausgekochten Füßen und dem Hühnermagen.

Das Millionenheer der Arbeitslosen, der Krüppel, der rentenlosen republikanischen Witwen mit Kindern hatte das Problem mit dem Suppenhuhn nicht. Die 16 Peseten für eine Schwarzmarkt-„Gallina“ konnten sie sowieso nicht aufbringen. Für sie ging es um Bohnen, Kichererbsen, Gemüse, Öl oder einen Kanten Brot.

Auch andere Bereiche des täglichen Lebens vollzogen sich auf einer Basis, die für an so genannte Selbstverständlichkeiten gewohnte Zeitgenossen unvorstellbar sind. Was heute mit dem Öffnen von Hebeln, Hähnen und Knopfdruck im Handumdrehen erledigt ist, gehörte in Spanien bis hinein in die 50er Jahre zur Stunden zehrenden, deprimierenden Tagesroutine.

Von fließendem Wasser beispielsweise konnte man in den meisten Haushaltungen nur träumen. Es gab große Provinzstädte – zu denen gehörte bis ins Jahr 1948 Toledo –, in denen Wasserleitungen zu den Häusern und in die Wohnungen nicht existierten und jeder Kanister der kostbaren Flüssigkeit oft weit geschleppt werden musste. Glücklich schätzen konnten sich die Einwohner eines Ortes, der über öffentliche Dorfbrunnen verfügte. Da waren die Transportwege meist kürzer.

Ein Problem war häufig auch die Verrichtung der täglichen Notdurft. Lebte man an der Peripherie einer Ortschaft, so griff man zur Hacke, ging aufs Feld und setzte sich hinter den nächsten Busch. Hatte das Haus einen Patio, so verfügte dieser meist über eine Sickergrube mit darüber gezimmertem „Donnerbalken". Schwieriger war das für Familien, die innerhalb der Ortschaft in Etagen wohnten.

Diese spitzten morgens die Ohren, um den Ruf des Dorfpolizisten, „Agua va – Wasser läuft", nicht zu überhören. Dann liefen die Frauen auf die Straße und leerten den Inhalt der Nachttöpfe, während der „Alguacil" (Ortspolizist) das öffentliche Deposito öffnete und das Wasser die Straße herunter laufen ließ, das die in die Gossen geschütteten Fäkalien wegschwemmte.

Der chronische Hunger und die schlechten hygienischen Verhältnisse gebaren weitere Übel in Form von Parasiten und Infektionskrankheiten. Eine dieser Heimsuchungen war der durch die grünen Läuse übertragene Typhus, eine Seuche, gegen welche die Gesundheitsbehörden machtlos waren, so lange den Parasiten nicht der Nährboden entzogen werden konnte.

Das aber war nicht möglich, so lange hunderttausende in Konzentrationslagern und Gefängnissen zusammengepfercht waren und ein Großteil der Bevölkerung zerlumpt durch die Landschaft schlich und den Erwerb von teuren Reinigungsmitteln für drittrangig halten musste.

Im Schülerlexikon stand damals über das Insekt geschrieben: „Die grünen Läuse, die sich gern in der Unterwäsche aufhalten, übertragen schreckliche Krankheiten. Gehen wir den schmutzigen Menschen aus dem Weg, denn diese pflegen die Krankheiten zu übertragen."

Eine weitere Nachkriegsplage war die Tuberkulose, die

vor der Einführung des Penicillins eine Rekordverbreitung erfuhr. Diejenigen, die von dieser Krankheit gezeichnet und von Hustenanfällen geplagt waren, wurden gemieden „wie die Pest".

Der Arzt Ricardo Martínez Alvarez schrieb: „Wenn es in Madrid 8 500 Fälle von offener Tuberkulose gibt und man eine öffentliche Fläche von 25 Quadratkilometern zugrunde legt, dann gibt es pro Quadratkilometer 340 Bakterienverbreiter – Auswurf, der auf dem Asphalt oder der Pflasterung lagert und auf anderen Oberflächen, die keine Filtrierung gestatten."

1948 kam das Ministerium für Erziehung auf die Idee, die Schullehrer untersuchen zu lassen. Dabei kam man zu dem erschreckenden Ergebnis, dass jeder Zehnte von ihnen an offener Tuberkulose litt und die tödliche Krankheit verbreitete.

Das Blatt begann sich erst zu wenden, als der Staat den Verkauf von Penicillin an jedermann frei gab. Doch neben der Tuberkulose grassierte noch die exotischste aller Nachkriegskrankheiten, die Malaria. Allein im Jahr 1943 zählte man in Spanien 400 000 Krankheitsfälle, ein Viertel davon in Extremadura. Das Ungezieferbekämpfungsmittel DDT war zwar schon im Jahr 1874 synthetisiert worden, wurde jedoch erst ab 1944 in Spanien eingesetzt, um die Brutstätten der Anopheles, der Malariamücke, zu dezimieren.

Neben Typhus, Tuberkulose, Malaria und Syphilis wüteten Hirnhautentzündung, Scharlach, Diphterie und alle möglichen Durchfallerkrankungen, deren Opfer zumeist Kinder waren.

Franco-Nostalgikern, die heute eine „doch so gute alte Zeit" heraufbeschwören wollen, sei ins Gedächtnis geschrieben, dass die Kindersterblichkeit in Spanien bis hinein in die 50er Jahre mit einer Quote von um die zwanzig Prozent in den ersten fünf Lebensjahren zu den welthöchsten gehörte (wie heute noch mit 20,7 Prozent im afrikanischen Kongo.)

Es starben so viele Kinder, dass man noch nicht einmal die Totenglocken läuten ließ, sondern es sich von Mund zu Mund herumsprach, „que se ha muerto un muchachillo" – dass ein Kindchen gestorben sei.

Obwohl die Führerin der Frauensektion der Falange, Pilar Primo de Rivera, den Seuchen den Kampf ansagte, war es mitnichten so, dass alle Regimebefürworter die Zustände als skandalös bewerteten. Einer von ihnen, ein Herzog, der anonym zu bleiben wünschte, erklärte dem amerikanischen Schriftsteller Richard Wright zu diesem Thema: „Ich bin dieses Überlebens der nicht Lebensfähigen müde, und es widert mich an. Und darauf allein läuft es ja in unserer Zeit hinaus – auf ein Verhätscheln der Menschen, die nicht lebensfähig sind. Ich habe für diese modernen Ideen nichts übrig. Vielleicht klingt es für den Einzelnen etwas grausam, aber ich denke an das Volk als solches. Zum Teufel mit den sanitären Anlagen, fließendem Wasser und der modernen Medizin. Zum Teufel mit allem, sage ich. Diese verdammten Antibiotika, was haben die uns eingebracht? Nichts weiter als das Überleben von Millionen, die eigentlich nicht leben dürften… Die Seuchen haben sie wie Fliegen dahingerafft. Wir brauchten uns um sie keine Sorgen zu machen. Die Natur traf ihre Auslese. Und alle, die überlebten, waren gut und stark."

Im Vergleich zum Herzog vertrat Pilar Primo de Rivera, aus den gleichen Sphären der spanischen Gesellschaft stammend, einen geradezu humanen Standpunkt, wenn sie öffentlich erklärte: „Jedes Kind stirbt wegen einer Nachlässigkeit. Es kann sich um einen potentiellen Mystiker, Genie, Soldaten, Arbeiter, Entdecker, Dichter handeln. Und auch wenn er ein ganz gewöhnlicher Bürger geworden wäre, er wäre einer mehr gewesen, unseren Boden zu bevölkern, der ein Gewehr hätte nehmen können, um die Einheit des Heimatbodens zu verteidigen oder zu neuen Entdeckungen auszuziehen."

Das Elend von Millionen „Schwachen" war zugleich die Grundlage für „die Starken", Millionen von Peseten zu scheffeln. Es war die Zeit des warmen Regens für Schieber und Schwarzmarkthändler. Sonntags ließen sie sich in der Kirche sehen, wo sie auf reservierten Sitzen mit Namensschildern andächtig der heiligen Messe lauschten.

Ansonsten verschoben sie Reis von Valencia nach Asturien und Fleisch von Asturien nach Valencia, Olivenöl und Mehl aus Andalusien nach Madrid. Viele Straßenkontrollen sollten das verhindern, doch die wirklich großen „Estraperlistas" – Schwarzhändler – hatten die Polizei gekauft. Gegen ein zusätzliches Jahressalär ließen die Ordnungshüter die schwarze Fracht passieren, auch wenn es echte Konterbande – etwa Kaffee aus dem Ausland – war. Immerhin brachten die beliebten Röstbohnen einen Gewinn von bis zu 1 500 Prozent.

So wurden nicht nur manche Getreuen des Franco-Regimes reich oder noch reicher, sondern auch Portugiesen oder Händler aus Gibraltar. Bestraft und nach der ersten „Paliza", wie die obligatorische Tracht Prügel bei Einlieferung in die Guardia-Kaserne hieß, eingesperrt wurden wieder nur die Armen: Frauen, die mit einem Sack Kartoffeln im Zug erwischt wurden, oder Eseltreiber mit einer Ladung Mais, oder elfjährige Jungs, die stellvertretend für ihre gefallenen Väter zum Unterhalt der Familie beitrugen.

Denn die Großen im Geschäft waren ja die Anhänger des Regimes, das ihnen jenes Umfeld lieferte, in dem ihre Geschäfte so gewinnbringend blühen konnten und die Korruption in mannigfaltiger Weise förderten.

Und Korruption grassierte bis hinein in die Familie des Caudillo: Tochter und Schwiegersohn waren in späteren Jahren in schmutzige Finanzaffären verwickelt. Als Doña Carmen, die Witwe des gottgesandten Caudillo, 1988 starb, hinterließ sie ein Erbe von umgerechnet etwa einer Milliarde Mark – nicht gerade die übliche Hinterlassenschaft eines schlecht bezahlten ehemaligen spanischen Berufsoffiziers.

Franco hatte während der fast zwei Jahrzehnte dauernden Nachkriegszeit zumindest zwei Dinge unter Beweis stellen können: seine Fähigkeit, unter noch so widrigen Umständen seine Macht zu erhalten, und die Überlebensfähigkeit des spanischen Volkes in einer Misere, die ohne Ende schien.

Was aber war aus seinem Ideal geworden, dem all sein Machtstreben angeblich diente? War es ihm gelungen, den Spaniern das zurückzugeben, wozu Gott sie ursprünglich berufen hatte? Den Heldengeist?

Der tägliche Überlebenskampf quasi ohne Hoffnung auf eine bessere Zukunft hatte gewiss seine heroischen Aspekte. Ein Hineinversetzen in die alles überlagernde Atmosphäre jener Jahre aber, diesem Gemisch aus verdeckter oder offener Repression, schleichender Angst, kruder Egozentrik, Zynismus, Brutalität, Humorlosigkeit, Schleimer- und Anpassertum lässt jedoch die berechtigte Frage aufkommen, ob das der geeignete Nährboden für den Aufbau einer Heldennation war.

Franco und seiner Clique gelang es, solch peinlichen

Fragestellungen auszuweichen. Im Rückgriff auf altbewährte spanische Techniken konnten sie sich von den Bände sprechenden Realitäten abkapseln und den Schein in Sein verwandeln. In kleinem Rahmen pflegten sie ihr verbales Heldentum zu zelebrieren, das auf Kosten des außerhalb stehenden Volkes materiell großzügig abgesichert war. Wann immer Franco sein Reich bereiste, wurde durch seine gutbezahlten Kulissenschieber eine folkloristische Szene geschaffen, wie sie dem geistigen Bild des Caudillo von seinem imperialen Spanien entsprach. Franco wurde es so ermöglicht zu glauben, alles befinde sich auf dem Weg in ein besseres Morgen. Potemkin wäre ob der Leistungen seiner spanischen Kollegen vor Neid erblasst.

Die professionellen Bühnenbildner und Claqueure wurden für ihre Mühen stets reichlich belohnt, und so kommt es, dass es heute noch Spanier gibt, für welche „die Jahre des Hungers“ nichts weiter sind als eine geschichtliche Lüge, die den Caudillo nach seinem Tode in den Schmutz ziehen soll. Für sie ist es die „gute alte Zeit“, als es keine Verbrechen gab, man die Wohnungstür offen lassen konnte und die eigenen Landsleute bescheiden, diensteifrig und gottesfürchtig waren.

Kinder, Küche, Kirche, Knast

Franco war der Ansicht, die Frau habe bei der Wiedererrichtung des imperialen Spaniens eine Schlüsselrolle. Schließlich war sie es, welche die zukünftigen Heldengenerationen nicht nur zu gebären, sondern durch ihre Beispielgebung auch zu erziehen hatte. Ganz zu schweigen von ihrer Aufgabe, dem Heldengatten ein Ambiente zu bereiten, in dessen pietätvoller und friedlicher Atmosphäre er seine Kräfte für die Gesundung und Erneuerung des Vaterlandes sammeln konnte.

Von dem Wesen der idealen spanischen Frau hatte der Caudillo sehr präzise Vorstellungen, die er sich stets vor Augen führen konnte, wenn er sich an seine Kindheit zurück erinnerte. Schließlich war es seine Mutter gewesen, welche die Lebensart der christlichen Spanierin in idealer Weise verkörpert hatte. Immer mit dem Haushalt beschäftigt, wenn nicht gerade die heilige Messe besuchend, war sie sanftmütig und still. Stets aufmerksamen Auges, war sie fähig, ihren Kindern die Wünsche von den Augen abzulesen. Auch die Tyrannei ihres poltrigen und oft schwadronierenden Gatten ertrug sie in demutsvollem Schweigen, ohne jemals ein einziges Widerwort gegeben zu haben.

Dennoch, welche Stärke lag in ihrer unerschütterlichen Rezeptivität, die so unangreifbar war, dass ihr Mann Nicolás sie immer weniger mit seinen lärmenden Aufdringlichkeiten behelligte und ihn schließlich sogar – für immer – die Flucht ins ferne Madrid ergreifen ließ.

Jene Eigenschaft der schweigenden, auf Gottvertrauen beruhenden Stärke hatte sich als „Archetypus" der idealen Mutter und Frau tief in Francos Gemüt eingegraben. Für ihn handelte es sich dabei um das Urbild des weiblichen Heroismus.

Was Franco diesbezüglich fühlte, hatte der von den Republikanern wegen Konspiration verurteilte und hingerichtete Chef der Falange, José Antonio Primo de Rivera, in Form eines Lehrbuchs klar formulieren lassen. Dabei das Frage- und Antwortspiel des kirchlichen Katechismus imitierend, steht in der 16. Lektion geschrieben:

Haben auch Frauen die Möglichkeit, sich heroisch zu zeigen? Ja, obwohl ihr Heroismus mehr darin liegt, das ordentlich zu tun, was der Alltag von ihnen fordert, als heldenhaft zu sterben. – Warum? Weil Frauen nicht so viele Gelegenheiten haben, ihr Leben aufs Spiel zu setzen. – Ist das der einzige Grund? Nein, sondern auch ihrem Wesen nach neigen sie eher zu ständigem Verzichten als zu heroischen Taten. – Aber gibt es welche, die ihr Leben für ihr Vaterland hingegeben haben? Ja, weil Frauen ihren Alltagspflichten nicht ausweichen, auch wenn sie sie das Leben kosten. – Was bedeutet „ausweichen"? Fliehen und seine Aufgaben im Stich lassen. – Kannst du einige solche Fälle nennen? Zum Beispiel María Paz Uncita, die Schwestern Chabas, Sagrario del Amo, María Luisa Terry und viele andere. – Worin bestanden denn ihre Pflichten, die sie nicht aufgeben wollten? Hilfe für die Gefangenen und

Arbeiten in mehreren Frontlazaretten und Waschhäusern. – Wussten sie, dass sie getötet werden könnten? Ja, denn das war es, was ein in Krieg verwickeltes Spanien von ihnen verlangte. – Wie sind sie gestorben? María Paz Uncita und die Schwestern Chabas wurden von den Roten ermordet, Sagrario del Amo und María Luisa Terry, während sie verwundeten Soldaten an der Front halfen. – Gibt es Fälle von Frauen, die fielen, während sie wie Männer kämpften? Ja, im Unabhängigkeitskrieg gegen Frankreich, aber das ist ungewöhnlich. – Worin liegt also der echte Heroismus der Frauen? Darin, die Freuden dieses Lebens aufzugeben, wenn wir das Gefühl haben, dass uns Pflichten erwarten, die über diesen stehen. – Was verstehen wir unter Freuden dieses Lebens? Alles, was schön ist im Leben, angefangen mit dem Leben selbst. – Und wir vermögen dies alles zu vollbringen? Ja, denn es ist schon früher von Geschöpfen aus Fleisch und Blut, wie wir es sind, vollbracht worden.

Was der Falangeführer, die wieder machtvolle Kirche und Franco selbst als Frauenbild propagierten, war eigentlich nichts Neues, sondern wärmte lediglich Verhaltensmuster auf, die seit Jahrhunderten als Gipfel weiblicher Erfüllungsmöglichkeit von Männern in die Gehirne der Frauen eingeträufelt worden waren. Sie hatten zur dreifachen Versklavung der Frauen geführt: zur Unwissenheit, zur Degradierung als Dienerin und zur materiellen Abhängigkeit. An der Stätte ihrer Daseinsberechtigung – dem Haushalt – verstanden es jedoch immer wieder manche, diese Knebel zu lockern. Und es gab schon Ende des 19. Jahrhunderts Einzelne, die es wagten sich Bildungschancen zu erkämpfen. Eine davon war María Goyri. Sie hatte sich im Jahr 1893 erdreistet, auf der Universität von Madrid studieren zu wollen. Nachdem sie ein glänzendes Abitur abgelegt hatte, suchten die Verantwortlichen vergeblich nach Argumenten, ihre Studienpläne zu torpedieren. Auf Grund der Tatsache, dass in anderen europäischen Hauptstädten studierende Frauen schon längst zum universitären Alltag gehörten, rang man sich nach langen Beratungen dazu durch, María Goyri zu erlauben, sich einschreiben zu lassen, allerdings mit der Einschränkung, dass sie ihr Studium abbrechen müsse, wenn ihre Anwesenheit in den Hörsälen Unruhe unter den Studenten bewirke.

María Goyri beendete nicht nur mit Erfolg ihr Universitätsstudium. Durch Gründung des „Club Lyceum", einer Begegnungsstätte für wissensdurstige Madrider Frauen und Mädchen, stärkte sie das Selbstbewusstsein so mancher Hauptstädterin. Der Club definierte sich als politisch ungebunden und antikonfessionell. Man beschäftigte sich mit Kunst, Literatur, aktuellen gesellschaftspolitischen Themen, mit dem Ziel, das von Männern geprägte Frauenbild langsam zu verändern.

Wie nicht anders zu erwarten, stieß der „Club Lyceum" auf den kompromisslosen Widerstand der Kirche. Die Miglieder wurden öffentlich als „Atheistinnen, schlechte Mütter und miserable Ehefrauen" gebrandmarkt. Die Hüter des wahren Glaubens ereiferten sich, im „Club Lyceum" könne man sowohl den Koran als auch den ketzerischen Katechismus des Ripalda lesen. Allen katholischen Frauen wurde unter Androhung der Exkommunizierung untersagt, ihren Fuß über die Schwelle des Clubs zu setzen. „Iris", eine vielgepriesene religiöse Zeitschrift, schrieb, es handele sich beim „Club Lyceum" um eine „Bedrohung des Glaubens und der Familie", und er sei von Frauen „ohne Frömmigkeit und Tugend" beherrscht, die es sich vorgenommen hätten, die Fundamente des Christentums zu unterhöhlen. Man solle sie wie Verbrecher oder Verrückte behandeln. Mit dem Sieg der Volksfrontregierung im Februar 1936 machten sich insbesondere Gewerkschafterinnen auf, die „Frauenfrage" aktiv anzugehen. Durch ihre Initiativen entstanden vielerorts Alphabetisierungskurse für Arbeiterinnen, spezielle Weiterbildungsstätten, Kulturhäuser und die Forderung nach verantwortungsvoller öffentlicher Anstellung für Frauen – oft gegen den erbitterten Widerstand ihrer „fortschrittlichen" Kollegen oder Ehemänner. 1937 entstand die erste autonome Frauenorganisation, die „Mujeres libres" (freie Frauen), die bald etwa 20 000 aktive Mitglieder hatte. Nach dem Sieg Francos war das alles vorbei: Die Mujeres libres entkamen ins Exil oder verschwanden in den Gefängnissen des Regimes. Schulen und Bildungsstätten wurden aufgelöst.

Für die Sieger des Bürgerkriegs, und dazu gehörte auch die Kirche, war der gesellschaftliche Standort der Frau selbstverständlich wieder der Haushalt und die damit verbundenen Tätigkeiten. Die „Ama de Casa" hatte ihrem Mann untertan zu sein und eine möglichst große Kinderschar aufzuziehen. Um diese „natürliche" Rolle über jeden Zweifel zu stellen, mussten erst einmal einige Dinge zurechtgerückt werden, die während der „gottlosen" Republik durcheinander gekommen waren. Eine der ersten Maßnahmen war es deshalb auch, die bisher errungenen Geländegewinne weiblicher Emanzipation rückgängig zu machen, und dazu gehörte die Umfunktionierung des „Club Lyceum" in einen „Club Medina", welcher der „Sección Feminina" der Falange unter Führung von Pilar Primo de Rivera, Schwester des hingerichteten Märtyrers José Antonio, unterstellt wurde.

Die Grundeinstellung des Clubs mit dem neuen Namen erklärte die Chefin mit folgenden Worten: „Frauen entdekken nie etwas. Ihnen fehlt einfach das kreative Talent, das Gott für die männlichen Intelligenzen reserviert hat. Wir Frauen können nichts weiter tun, als – besser oder schlechter – das zu interpretieren, was die Männer gemacht haben."

Der Presbyter Ricardo Aragón präzisierte: „Der Ehemann hat den überlegenen Geist, er ist der Kopf der Frau. Nichtsdestoweniger ist sie ihm gleich gestellt, und so muss der Ehegatte ihre geringere geistige Reichweite zwar sehen, ohne dabei aber die Pflichten der Freundschaft zu zerbrechen. Er muss sie gleich behandeln, ohne dabei seine aus seiner Überlegenheit resultierenden Rechte in Frage stellen zu lassen. Die Frau ist untertan und sollte den Richtlinien ihres Mannes Folge leisten."

Die Frauenzeitschrift „Y" stellte unzweideutig klar: „Die wahre Berufung der Frau ist die der Familienmutter, und wir sind uns klar darüber, dass alle Frauen danach streben müssen."

Neben diesen Ideologen des Rückschritts waren Rechtsgelehrte tätig, all das aus dem Gesetzbuch zu streichen, was die Frau im Kampf um Gleichstellung bis zum Sieg der Franquisten erreicht hatte, und das war beachtlich gewesen. Man hatte der Frau das Wahlrecht zugestanden, die Möglichkeit, alle Berufe und öffentlichen Ämter auszuüben. Während der Republik konnte sie Parlamentsabgeordnete werden und nach Ausbruch des Bürgerkrieges als Milizionärin an den Kampfhandlungen teilnehmen. Zudem waren nicht nur die Zivilehe, sondern sogar freie Partnerschaften anerkannt. Unverheiratete Mütter hatten die gleichen Erziehungsrechte wie alle anderen Mütter auch.

In Katalonien hatte die Gesundheitsministerin Federica Montseny ( ) per Gesetz für die Möglichkeit einer legalen Schwangerschaftsunterbrechung gesorgt.

Im neuen Franco-Spanien hießen die Zielsetzungen für Frauen und Mütter wieder: Nähen, Textilschnitte, Religion und Moral, Hauswirtschaft, Gymnastik und Kinderaufzucht. Die Zeitschrift „Y", Sprachrohr der „Sección Femenina", erleichterte der Frau die perfekte Haushaltsführung durch eine Auflistung der zu erledigenden Pflichten und deren Einpassung in einen Zeitrahmen. Als Beispiel diene die Musterplanung einer Woche:

Montag: Gewissenhaftes Bügeln der Anzüge, Flecken entfernen und Kragenreinigung.

Dienstag: Die am Vortag eingeweichten Kragen waschen und Hemden aufhängen.

Mittwoch: Nähen und Stopfen

Donnerstag: Gründliche Reinigung eines der Zimmer der Wohnung.

Freitag: Silber auf Hochglanz bringen.

Samstag: Spiegel und Gläser putzen.

Das war lediglich der der alltäglichen Hausarbeit übergeordnete Wochenplan. Die alltägliche Feinplanung stellte sich folgendermaßen dar:

7.00 Uhr: Fenster öffnen, Frühstück vorbereiten, Tisch decken und bedienen.

8.00 Uhr: Schuhe putzen

9.00 Uhr: Geschirr abräumen, Glasflächen reinigen, Essen vorbereiten.

10.00 Uhr: Hausputz

12.00 Uhr: Beendigung der Essensvorbereitung, Tisch decken und sich zum Bedienen umziehen

13.00 Uhr: Essen

15.00 Uhr: Tisch abräumen, spülen, fegen

Ab 16.00 Uhr: Siehe Wochenplan

18.00 Uhr: Abendessen für die Kinder, allgemeine Abendessenvorbereitung, Lüftung der Betten, Tisch decken.

22.00 Uhr: Ende der Arbeit.

Die Zeitschrift „Y" vergaß allerdings, die Stunden einzukalkulieren, welche die Frauen aufbringen mussten, um genügend Essbares zu erschwinglichen Preisen aufzutreiben, und ignorierte die zehntausende von Frauen und Müttern, die nach dem Krieg weder ein Zuhause noch einen zu bedienenden Ehemann hatten, die betteln und der Prostitution nachgehen mussten, um sich und ihre Kinder vor dem Verhungern zu bewahren. Besonders in den großen Städten wie Madrid, Barcelona oder Valencia war das Elend der weiblichen Teile der Bevölkerung schier unerträglich und die öffentliche Heuchelei geradezu grotesk.

Denn alle Hinterbliebenen von Franco-Gegnern erhielten keinerlei staatliche Unterstützung. Im Gegenteil, das Regime verfolgte Frauen und Mütter der Besiegten, später die der im Untergrund agierenden Widerständler, genau so brutal wie ihre Männer, Väter und Brüder. Tausende von Frauen wurden verhaftet, gefoltert und, wenn Militärgerichte sich nicht erschießen ließen, oft wegen Kleinigkeiten wie Essensabgabe für einen Guerillero – zu 30 Jahren Kerker verurteilt. Besonders Frauen, die aktiv für die Republik gearbeitet oder gar gekämpft hatten und denen es nicht gelungen war, ins Exil zu entkommen, traf die blutige Rache des Regimes. Bei den Folterungen wurde ihnen doppeltes Leid zugefügt: als Besiegten und als Frauen.

Für diese Gruppe von Spanierinnen galt weder die verfügte „Umerziehung" noch Gnade, sondern Vernichtung war angesagt und wurde praktiziert.

Aber auch für die Musterfrau in Franco-Spanien hatten sich die Repräsentanten des Gestrigen weitere Repressionen ausgedacht. Jegliche Geld einbringende Erwerbstätigkeit während der Ehe wurde sozial geächtet. Nur unverheirateten Frauen bis zum Alter von 24 Jahren gestand man ein eng begrenztes Spektrum aushäusiger Tätigkeiten zu wie Telefonistin, Dienstmädchen, Schneiderin, Krankenschwester und Lehrerin.

Wenn Frauen als Lehrerinnen oder Telefonistinnen in den öffentlichen Dienst eintraten, mussten sie sich laut Vertrag dazu verpflichten, nach ihrer Eheschließung das Arbeitsverhältnis aufzukündigen. Staat und Kirche bastelten in diesem Zusammenhang an einem in Notzeiten wie diesen geradezu unwiderstehlichen Köder: Es wurden so genannte Ehedarlehen in Höhe von 5 000 Peseten vergeben. Die Kredite waren zinsfrei und rückzahlbar in Abstufungen, die der jeweiligen ökonomischen Situation entsprach. Zu den Kreditklauseln gehörte die Verpflichtung der Frau, nicht zu arbeiten und sich auf Haushalt und Kinderaufzucht zu beschränken. Das erwünschte Ergebnis dieser Politik war die totale wirtschaftliche Abhängigkeit der „Ama de Casa" vom Familienchef, der je nach Laune und Temperament verfahren konnte.

Wie oft geschah es, dass auch eine normale Familie auf dem Trocknen saß und die Frau sich in die Kreide des Krämers begeben musste, weil der Mann die Arbeit verloren, sein Wochensalär vertrunken oder verspielt hatte und dann noch Zoff machte, wenn das Essen nicht reichhaltig und rechtzeitig auf dem Tisch stand.

Schließlich musste die Frau auch noch herhalten, zur Erfüllung der ehrgeizigen Ziele der Lenker der Nation beizutragen, und das war vor allem die patriotische Pflicht zur genetischen Sollerfüllung – anders ausgedrückt: Sie wurde zur Gebärmaschine degradiert.

Angesichts der durch Bürgerkrieg und Emigration auf 25 Millionen geschrumpften Bevölkerung war es der Ehrgeiz des Caudillo, noch zu seinen Lebzeiten Herrscher über 40 Millionen Spanier zu sein. Deshalb auch wurden die Strafen auf versuchte Abtreibung verschärft und alles getan, um Mittel zur Empfängnisverhütung unerreichbar zu machen.

Der Mediziner Calvero Núñez schrieb im Jahr 1946 zum Thema „Die fruchtbare Aufgabe der menschlichen Aufforstung“: „Um das Bevölkerungsniveau aufrecht zu erhalten, ist es notwendig, dass aus jeder Ehe mindestens drei Kinder hervorgehen. Derjenige, der bewusst oder unter der Benutzung illegitimer Mittel unter dieser Anzahl bleibt, hat sich eines sozialen Deliktes schuldig gemacht, eines Mangels an Bürgersinn und Patriotismus.“

Im Gesetz zum „Schutz kinderreicher Familien“ steht geschrieben: „Nur die Völker mit fruchtbaren Familien können ihre Rasse über die Welt verbreiten und Imperien schaffen und bewahren. Die demografische Vitalität stärkt die internationale Persönlichkeit eines Volkes und damit sein militärisches Potential.“

Franco selbst, der seiner „hispanisch-lateinisch-katholischen Rasse“ wieder einen internationalen Logenplatz verschaffen wollte, beließ es, was die eigene Prokreation anbetraf, bei der Zeugung seiner Tochter Carmencita. Ihm wurde jedoch nicht, wie anderen Vätern von nur einem Kind, ein Mangel an Patriotismus vorgeworfen.

Während bei der verheirateten Frau angenommen wurde, dass sie durch ihre häuslichen Pflichten und den hohen Standard sozialer Kontrolle den Gefilden der Sündhaftigkeit weitgehend entzogen war, vergaßen die Sittenwächter des Regimes jedoch nie, dass das Weib als solches der Ursprung aller Sünde war. War es nicht Eva gewesen, die den Hinauswurf des Menschen aus dem Paradies verursacht hatte?

Dieser wichtige Gesichtspunkt musste besonders bei den Damen berücksichtigt werden, die noch nicht im Ehehafen vor Anker lagen. Angesichts der moralischen Verirrungen, die von Seiten der Republik geradezu gefördert worden waren, erschien äußerste Strenge von Nöten, um Sittsamkeit und Keuschheit wieder zu unantastbaren Grundwerten zu machen. Diese Aufgabe zu erfüllen war hauptsächlich Sache der Kirche und frommer, moralisch besonders engagierter Laienvereinigungen.

Da gab es z.B. eine Korporation hoch entschlossener Männer, die sich „Caballeros de la Moralidad en el Baile“ (Ritter der öffentlichen Tanzmoral) nannten. Jeden Sonntag machten sich die ehrenwerten Herren auf, um in Tanzsälen nach verdächtigen Umarmungen und sonstigen Leibesberührungen zu forschen. Selbst verlangende Blicke wurden registriert und an Ort und Stelle als sündhaft angeprangert. Pensionen, sogar Privatwohnungen, die verdächtig waren, unverheirateten Paaren Unterschlupf zu gewähren, wurden überwacht. Die Amateurvoyeure schnüffelten hinter Büschen, kontrollierten nächtens Parkbänke und Flussufer.

Der Kardinalprimas von Toledo, Isidro Goma, machte sich keine Illusionen. So lange es Frauen gab, würde es auch die Sünde geben. In seinem damals viel beachteten Werk „Die Moden und der Luxus“ zeterte er: „Und jene, die wie Göttinnen des Fleisches über die Erde schreiten, die Augen ihrer Bewunderer suchen, denken nicht daran, dass bald die elegante Figur nichts mehr ist als ein vergänglicher Schatten, ein Haufen zerfallener Materie, die keine Liebkosungen mehr empfangen wird als diejenige der Würmer, die sie in einem Festschmaus verschlingen werden."

Eine Schlüsselrolle bei der Zersetzung der Moral spielte das Tanzen. Deshalb auch nannte der Bischof von Coria es das „satanische Werk moralischer Korruption", mit dem viele Christen „den Sonntag in einen Tag des Teufels" verwandeln. Plakate warnten vor diesem weitverbreiteten Übel und dem dahinter lauernden Bösen. Auf einem Poster sah man einen als Frau verkleideten Teufel tanzen. Auf einem anderen Poster verführte Beelzebub persönlich, in elegantem schwarzem Anzug, ein junges Mädchen. Aus seinem Mund und seinen Augen kamen feurige Strahlen, Reflexe des Höllenfeuers. Daunter stand geschrieben: „Junge Leute, unterhaltet euch auf andere Art und Weise!"

Kardinal Pedro Segura aus Sevilla ging so weit, den Tanz – unter Androhung der Exkommunizierung – in seiner Diözese zu verbieten. Er sagte: „Der Tanz löst die Frömmigkeit auf. Keiner, der tanzt, ist zur Beichte zugelassen. Ebenso verdammungswürdig sind Wohltätigkeitsbälle, denn sie verstoßen als Laster gegen Wohlfahrt im christlichen Sinne." Der Bischof von Coria sinnierte, „die längere Berührung von Gesichtern, Hüften und Bäuchen beim Tanz" führe zwangsläufig zu größeren sexuellen Erregungen, und die waren per se Satanswerk, selbst wenn der Erregte damit allein blieb.

Die Kirchenmänner waren mit katholischen Ärzten einer Meinung, dass Onanie Rückenmarkschwund bewirke. Zu den „18 Folgen des stillen Lasters" zählten in einer kirchlichen Aufklärungsbroschüre auch so schlimme Gebrechen wie Anämie, Karies, Verblödung, Gelenkschwäche, Handschweiß, aber auch Faulheit und Verlust der Attraktion auf das andere Geschlecht.

Das gemischte Bad am Strand war nicht weniger eine Erfindung Luzifers, des großen Fallenstellers. Dies war in den Augen des Primas von Spanien noch im Jahr 1957, als längst Horden von halbnackten Nordeuropäern Spaniens Strände heimsuchten, „Sünde und Skandal". Ebenso galt das Kino als anrüchig, da es geeignet sei, „den Charakter zu deformieren". Der Bischof von Pamplona meinte, es wäre „sehr gut für die Menschheit, wenn man alle Kinos auf dieser Erde verbrennen würde", wobei er wahrscheinlich Francos Privatkino ausnahm.

Neben dieser „Aufklärungsarbeit" war die Kirche auch bemüht, der Versuchung mit eigenen kreativen Ansätzen die Grundlagen zu entziehen. Dazu gehörte das Propagieren sittsamer Kleidung. Die frommen Männer wurden modeschöpferisch tätig, und in jeder Provinz kamen priesterliche Richtlinien heraus, welche die Länge der Ärmel und der Röcke betrafen. Als Modepapst profilierte sich der Erzbischof von Toledo, Pla y Deniel. Er empfahl: „Die Kleider dürfen nicht so kurz sein, dass sie nicht den größten Teil der Beine bedecken. Es ist in keiner Weise tolerierbar, dass sie nur bis zu den Knien reichen. Gegen alle Gesetze der Bescheidenheit sind die Ausschnitte, die dermaßen herausfordernd sein können, dass sie außerordentlich sündhaft sind, wegen der unredlichen Absicht, die sich hinter ihnen verbirgt und durch den öffentlichen Skandal, den sie provozieren. Es ist gegen die Sittsamkeit, kurze Ärmel zu tragen, wenn sie die Arme nicht mindestens bis zum Ellenbogen bedecken. Es ist gegen die Sittsamkeit, keine Strümpfe zu tragen. Auch Mädchen müssen Röcke bis zu den Knien tragen und diejenigen, die über zwölf Jahre alt sind, müssen sich Strümpfe anziehen. Kinder dürfen nicht mit nackten Oberschenkeln herumlaufen."

Das alles waren Empfehlungen, deren Befolgung eine Frage sozialer Intelligenz war in einem Land, das laut Papst Pius XII. die von „Gott erwählte Nation und sein wichtigstes Instrument der Evangelisation und uneinnehmbares Bollwerk des katholischen Glaubens" war.

Wieder einmal wusste die Zeitschrift „Y", worum es ging: „Die spanische Frau kleidet sich, wie Gott es befiehlt."

Nicht nur Ausschnitte, kurze Ärmel und Röcke erregten Missfallen. Auch Hosen tragende Frauen wurden schräg angeguckt und sogar angepöbelt. Die Hose galt als ausgesprochen männlich, und Damen, die welche trugen, gerieten in den Verdacht sexueller Entgleisung. Daniel Vega schrieb in seinem Buch „Die zerbrochenen spirituellen Werte": „Eine Hose tragende Frau gewöhnt sich an männliche Verhaltensweisen. Gesten, Worte und der Ton der Stimme werden von Rauheit bestimmt."

Die Zeitschrift „Foto" bemerkt zu diesem Thema: „Die Frau, besonders die spanische Frau, so subtil, so zart, so fein und so sehr Frau, muss sich gegen die Maskulinisierung der Mode wenden."

Auch weibliche Unterwäsche war Gegenstand kritischer Bemerkungen, eine Materie, deren direkter Kommentierung sich die Bischöfe jedoch entzogen. Man kann aber davon ausgehen, dass die dringende Empfehlung an die Frauen, auch im Sommer ein Korsett zu tragen, im Sinne der Seelsorger war. Denn es war eine doppelte Barriere gegen die Fleischeslust: Das Korsett versteckte die Formen und war eine Art letzter Bastion, „eine Art Keuschheitsgürtel", wie Isaac Lafuente in seinem Buch über die Nachkriegszeit schreibt.

Die Unterwäsche, so die klerikal instruierten Modeberater, hatte weiß oder fleischfarben zu sein. Schwarz war ein sicheres Indiz für Frivolität oder Schlimmeres.

Auch für die richtige Sitzhaltung der Frau gab es Regeln. Sie kreuzte nie die Beine und saß gebeugt, um die Wölbungen ihrer Brüste weniger auffällig zu machen. Beim Hinsetzen musste sie ihren Rock über die Knie ziehen, und wenn diese dennoch sichtbar wurden, ein Taschentuch daüber legen. Ihr Haar durfte sie nicht frei wallen lassen, sondern hatte es hochzustecken.

In erhebliche Schwierigkeiten gerieten die kirchlich instruierten Modedesigner, wenn es um Badefreuden ging. Pater Laburu beschrieb das Dilemma so: „Die Gefahr des Strandes wurzelt darin, dass schamlose Zurschaustellung die Leidenschaften in geile Aktivitäten umschlagen lassen können und deshalb die hehren Ziele der göttlichen Vorsehung verfehlt werden."

Auf Grund dieser Einsicht kreierte der Pater persönlich die katholische Badebekleidung: langer Rock bis über die Knie, darunter kurze Hosen, halblange Ärmel und ein nicht unter das Schlüsselbein reichender Ausschnitt war das von Gott favorisierte Modell.

Trotz der Züchtigkeit des Designs wurde der Aufenthalt außerhalb des Wassers ohne Bademantel weder in Clubs, Bars noch am Strand gestattet. Sogar beim Sonnenbaden hatte man einen Bademantel zu tragen. Diejenigen, die gegen diese Regeln verstießen, wurden bestraft, indem eine Schandliste mit den Namen der Normenbrecher ausgehängt wurde.

Was ein Regelverstoß bedeuten konnte, erfuhr so manche Touristin aus dem Norden Europas, wenn sie in den 50er Jahren im Bikini sonnenbaden wollte. Entweder wurde die Guardia Civil geholt, oder noch Schlimmeres passierte. Eine Journalistin aus Berlin hatte Mitte der 50er Jahre das Pech der Ahnungslosigkeit, als die Bikini tragende Strandbummlerin plötzlich ein Hagel von Steinen traf. Die Attacke ging von einer Gruppe äußerst wütender Nonnen aus, die das Strandleben in voller „Berufsmontur" erleben mussten.

Während Spaniens Moralapostel bis ins Detail definierten, was moralisch sei und was nicht, schlossen sie die Augen vor den Gewohnheiten der Reichen und Kriegsgewinnler. Unbehelligt von Razzien, sorgten sie nach dem Motto: „Was dem Jupiter erlaubt ist, ist dem Ochsen noch längst nicht erlaubt" landesweit in über 1 000 Luxusbordellen für ihre libidinöse Ausgeglichenheit. Doch auch in den Gefilden des „Ochsen" war es für die Kirche alles andere als leicht, aus der Moralschlacht wider die Sünde siegreich hervorzugehen.

Das dramatische Ringen um Moral und Reinheit der Seele, aber auch die endgültige Rolle der Frau im großmächtigen spanischen Vaterland tangierte nur kleine Kreise der Bevölkerung wirklich. Im kollektiven Bewusstsein sind vielmehr die Jahre des Hungers, des Elends und der Verfolgungen gespeichert.

Die Schönfärber vom Dienst

Franco hatte seit dem Studium auf der Militärakademie von Toledo neben seinen militärischen auch ausgesprochen pädagogische Ambitionen. Sein diesbezügliches Talent hatte er spätestens entdeckt, nachdem er von Millán Astray mit der Aufstellung einer spanischen Fremdenlegion beauftragt worden war. Seine Aufgabe, junge Männer aus aller Herren Länder, häufig Kriminelle, ausgediente Söldner oder Heimatlose, zu einer disziplinierten Truppe zusammen zu schweißen, war gewiss nicht leicht, und es bereitete ihm eine große Genugtuung, als klein gewachsener und nicht sehr kräftiger Mann eine Horde wilder Rabauken zu zähmen. Es musste ihn mit Stolz erfüllen, dass diese Männer, die vor nichts in der Welt Angst zu haben schienen, vor ihm stramm standen und parierten.

Bei der Zähmung der Wilden hatte er sich selber und anderen bewiesen, dass er sich niemals von „falschen" Sentimentalitäten leiten ließ, sondern stets bereit war, drakonisch hart durchzugreifen. Der Ruf unbarmherziger Strenge ging ihm voran und erleichterte seine „Erziehungsarbeit" bald wesentlich.

Später auf der Militärakademie von Zaragoza und dann als Generalstabschef des spanischen Heeres erstreckte sich

Mutters Stolz: „Franquito“, der angehende Held

Millán Astray (l.) und Franco.
Zwei Raubeine im Marokkokrieg

Oviedo, Oktober 1923:
Endlich ein Paar

General Sanjurjo, der „Löwe vom Rif" (r.)
und sein Musterknabe Franco

José Antonio Primo de Rivera, Gründer der Falange,
als politischer Gefangener der Republik

Marokko, Juli 1936:
Hitler-Flugzeuge
bringen
Franco-Söldner
nach Spanien

Salamanca,
Oktober 1936:
General Franco
wird oberster
Rebellenchef

La Pasionaria
(die Leidenschaftliche)
ruft zum Kampf
gegen die Rebellen

Deutscher
Bombenterror
über Spaniens
Städten

Hass und Wut:
Überall in der Republik
brennen die Kirchen

Terror und Hass:
Franquistische
Truppen tyrannisieren
und morden
Bauernfamilien

1939:
Sieger und Besiegte

Der neue Staat

Trauer ...

... und Elend der 40er Jahre

Hitler (l.) und Franco: Der Gleichschritt trügt

Eine „heilige Allianz“

Die absolute Macht in Händen und dennoch Zeit für Liebhabereien: Fischen, Jagen, Golf, Malen und Western-Filme sind die Hobbys des Freizeitmenschen Franco

Lissabon 1945: „La Señora" Carmen Polo und Franco bei ihrem einzigen Staatsbesuch

Der geliebte Schwiegersohn: Marqués de Villaverde im Paradedress

Familienglück:
Das Ehepaar
Franco und
Enkelkinder

Zwei Generäle
treffen sich:
Eisenhowers
Besuch beendet
die Ächtung
des Regimes

Der Diktator
und sein erwählter
königlicher
Nachfolger
Juan Carlos (r.)

Franco und sein
„Wirtschaftswunder“-
Minister López Rodó

Industrialisierung und Tourismus:
Zwei Motoren für ein europäisches Spanien

Die ETA schlägt zu: Das Attentat auf Francos treuen Freund und „rechte Hand" Carrero Blanco erweist sich als Anfang vom Ende des Regimes

Der Franco-Clan rückt zusammen

Die Wut der Verzweiflung

Über den Tod hinaus

Barcelona 1976:
Müllmänner bei ihrer Arbeit

die Einflusszone seines Denkens und Handelns bereits auf einen Großteil des gesamten militärischen Apparates. Dann, als Caudillo – Führer –, konnte er endlich damit beginnen, das gesamte spanische Volk als Knetmasse seiner Vorstellungen zu betrachten. Der Meister, der die „satanisch inspirierte“, demokratisch-republikanische Form zerbrochen hatte, konnte nun daran gehen, als „Zuchtmeister“ ein Menschenbild zu schaffen, das dem Herrn des Himmels genehm war. Eines seiner Instrumente bei der Ausformung des neuen „Homo hispanicus“ sollten neben der wieder installierten Macht der Kirche, dem Erziehungswesen, der repressiven Guardia Civil auch die Medien, insbesondere die Presse, sein.

Deren Hauptaufgabe war es mitnichten, über alle nur möglichen Ereignisse zu informieren und verschiedenste Meinungen kundzutun, sondern das Bewusstsein der Bevölkerung für die Aufgaben bei der Errichtung des neuen Staates zu stärken, quasi das ganze Land einer Gehirnwäsche zu unterziehen. Denn dieser „neue Geist“ war es, der das Werk des „Führers von Gottes Gnaden“ erst mit Sinn erfüllte, zu einem Fest freudvoller Hingabe machte und es heiligte.

Grundlegende Idee dabei war die Wiedererweckung des Kampfesmutes der Kreuzzügler und Konquistadoren gegen alles, was auf dieser Welt den Unglauben und Antichristen repräsentierte – auch und zu allererst innerhalb der Landesgrenzen.

Das Bewusstsein dieses Kreuzzüglers zu reanimieren und gleichzeitig seine Feinde in jeder Maskierung und in jedem Schlupfwinkel aufzuspüren, war die Hauptaufgabe der öffentlichen Medien. Informationen jeglicher Art waren gut, wenn sie diese Ziele förderten, und schlecht, wenn sie dem entgegen arbeiteten. Die guten Informationen von den schlechten zu unterscheiden und somit zur Publikation freizugeben oder nicht, war Aufgabe der Zensurbehörde, die bereits während des Bürgerkriegs auf dem Territorium der Franco-Rebellen ihre Arbeit aufgenommen hatte.

Erleichternd auf die Arbeit der Zensurbehörde wirkte es sich aus, dass sie auf die Erfahrungen eines erfolgreichen historischen Modells zurückgreifen konnte: die Inquisition. Immerhin war es dieser über 350 Jahre lang gelungen, die öffentliche Meinung im Sinne ihrer Vorstellungen zu manipulieren. Schon damals wurden Bücher verbrannt oder deren Lektüre verboten, um die Saat schädlichen Gedankenguts im Vorfeld zu ersticken.

Im Vorfeld arbeiten bedeutete zu verhindern, dass bestimmte Artikel überhaupt geschrieben wurden. Das schon im Jahr 1937 erlassene neue Pressegesetz verdeutlicht, wie wichtig Franco diese Meinungsmanipulation war und welche Machtbefugnis ihm daraus erwuchs:

- Kontrolle über den gesamten Verteiler- und Verkaufsapparat für sämtliche Publikationen
- Kontrolle über die Besetzung aller Chefredakteurposten
- Kontrolle über die gesamte journalistische Ausbildung
- das Recht zur Zensur „bis zu dem Tag, da sie wieder abgeschafft wird“.

Jeder Zeitungsschreiber war zur Zwangsmitgliedschaft in der Standesorganisation, dem „Sindicato Vertical de Papel y Prensa y Artes Gráficas“ verpflichtet. Vor dem Erhalt seines Presseausweises musste er laut deklamieren: „Ich schwöre vor Gott, Spanien und seinem Führer (Caudillo), der Einheit, Größe und Freiheit des Vaterlandes mit integrer und totaler Treue den Prinzipien des spanischen Staates gegenüber zu dienen, ohne es jemals zu gestatten, dass eine Falschheit, Hinterlist oder falscher Ehrgeiz meine Feder während der täglichen Arbeit beeinflusst."

Zur Rechenschaft gezogen werden konnte jeder Publizist, der etwas veröffentlichte, was direkt oder indirekt dazu angetan war, „das Ansehen des Regimes und der Nation zu schmälern, die Arbeit der Regierung herabzusetzen oder gefährliche Ideen unters Volk zu streuen".

Der Reporter, dem sein Job lieb war, machte sich oft selber zum eigenen Zensor und nahm dabei in Kauf, dass seine Berichte bei vielen Lesern die Wirkung von Schlafmitteln hatten oder lediglich ein „müdes Arschrunzeln" auslösten – so ein langjähriger Berichterstatter von „ABC".

Es konnte nicht ausbleiben, dass Zeitungsverleger darüber nachzudenken begannen, trotz der Einschränkungen ein Blatt machen zu wollen, das den Leser „bei der Stange" hielt beziehungsweise die Anzeigenkunden nicht verprellte, die schließlich den Profit versprachen.

Schon eine Abweichung vom damals üblichen Schreibstil konnte von der allmächtigen Zensurbehörde als subversiv gedeutet werden und böse Folgen zeitigen. Selbst wenn ein Blatt rein inhaltlich keine Handhabe zum Eingreifen gab, konnte schon ein diffuses Unbehagen Maßnahmen der Behörden verursachen.

Ein einziger Anruf des Oberzensors beim Sindicato genügte, einen Zeitungsverleger darüber nachgrübeln zu lassen, was eigentlich falsch gelaufen war – und das tat er spätestens dann, wenn er zu wenig oder kein Papier mehr erhielt, um seine Erzeugnisse zu drucken. Da das Syndikat das Monopol für den Einkauf und die Verteilung von Zeitungspapier hatte, war der Verleger dazu gezwungen, den Grund für die stockende Papierzufuhr zu ergründen und zu beseitigen.

All das wirkte sich auf das tägliche Erscheinungsbild der Presselandschaft in Franco-Spanien so aus: Die fettesten Schlagzeilen auf der ersten Seite ernteten immer die Generäle, die dem Caudillo ihre Ergebenheit versicherten. Immer die gleichen Priester weihten irgendwelche Staudämme, Brücken oder Straßenabschnitte ein.

Im Land schien niemals eine Bank Pleite zu machen noch verirrte sich jemals die Hand eines Beamten in die Staatskasse. Weder gab es Diebstahl, Raub, randalierende, aufsässige Jugendliche, fehlerhafteKanalisationsröhren noch Strafgefangene – außer bösen Kommunisten. Die Zeitungen erweckten den Eindruck, als herrsche im Land ein Zustand makelloser Vollkommenheit.

Die Zensur betraf jede Art von unerwünschten Nachrichten und Reportagen, ja sogar Reklame- und Beerdigungsanzeigen. Zensiert wurde jedes Buch, Theaterstück, Plakate von Filmen und festlichen Veranstaltungen. Keine Zeile durfte ohne ausdrückliche Erlaubnis gedruckt werden. Noch im Jahr 1962 mussten die Fotos von Debütantinnen eines Balls, von Mitgliedern eines Golfklubs, ja sogar Ankündigungen der katholischen Messe der Zensurbehörde vorgelegt werden. Sogar verbindliche Worte des Papstes Johannes XXlll. landeten im Papierkorb der Zensur, soweit dessen Aussage über soziale Gerechtigkeit und Freiheit des Christenmenschen nicht den Vorstellungen des Regimes entsprach.

Auch mit dem Vokabular mussten die Journalisten vorsichtig umgehen. War zum Beispiel eine Frau ermordet worden – was natürlich nur im Ausland geschah –, dann hatte man ihr das Messer nicht in die Brust, sondern in den Torso gestochen. Dabei war sie nicht halb nackt, sondern halb bekleidet gewesen.

Die gigantische Korruption, die im Nachkriegsspanien des Mangels und des Schwarzmarktes herrschte, existierte in der Zeitungslandschaft nicht. Gen Himmel schreiende Schlampereien wurden tot geschwiegen, auch wenn sie mit tödlichen Folgen verbunden waren, wie zum Beispiel ein skandalöses Ereignis im Madrid des Jahres 1952.

Eine total überfüllte Straßenbahn stürzte von der Toledo-Brücke in das Flussbett des Río Manzanares. Die Tragödie, die fünfzehn Menschen das Leben kostete – über hundert der Fahrgäste waren zum Teil schwer verletzt –, sprach sich herum und bewegte die Hauptstädter zutiefst. Einige Tage zuvor hatte die Tageszeitung „Arriba" auf den schlechten Zustand der Gleise vorsichtig hingewiesen. An einigen Abschnitten fehlten angeblich sogar Schienenstücke. Das und die Überfüllung der Straßenbahn mit Menschentrauben auf dem Trittbrett hatte wahrscheinlich zu dem Unfall geführt.

Zum Zeitpunkt der Katastrophe, um etwa 21 Uhr, war einer der Fotografen der Zeitung „El Caso" in der Nähe der Unfallstelle und machte eine exzellente Fotoreportage. Als jedoch der Bürgermeister Madrids davon hörte, tat er alles in seiner Macht Stehende, das Erscheinen des Berichts zu verhindern. Der Chefredakteur der Zeitung, Eugenio Suárez, ein Falangist, versuchte, den Chef der Zensur davon zu überzeugen, die Reportage müsse gedruckt werden. Dieser aber, vom Bürgermeister unter Druck gesetzt, entschied sich gegen die Veröffentlichung, was den Zeitungschef, dessen Regimetreue über allem Zweifel stand, wütend ausrufen ließ: „Und dafür sind eine Million Spanier gestorben."

Eugenio Suárez wird wohl spätestens nach diesem Vorfall – selber Opfer der neuen Inquisitoren – gemerkt haben, dass Zensur nicht nur den „neuen Geist“ stärkte, sondern sich auch sehr gut dazu eignete selbst übelste Schlampereien mit dem Mantel des Schweigens zu überdecken.

Kopfzerbrechen bereitete den Zensoren der Umgang mit weltbekannten Spaniern, besonders wenn sie in Opposition zum Franco-Regime standen, und das waren fast alle. Ein Beispiel: Der große Philosoph Ortega y Gasset war im Exil gestorben. Sein Gewicht in der Welt des Geistes war so bedeutend, dass es unmöglich erschien, seinen Tod einfach zu übergehen. Chefzensor Gabriel Arias Salgado zog sich aus der Affäre, indem er verfügte, dass in ganz Spanien lediglich drei Beiträge über Ortega veröffentlicht werden dürften: eine Kurzbiografie, die sich darauf beschränken musste, wann er wo gelebt und was er veröffentlicht hatte, ohne auf die Inhalte einzugehen. In zwei weiteren Kommentaren sollten Ortegas Irrtümer in puncto Religion hervorgehoben werden. Das einzige statthafte Foto war die Abbildung von Ortegas Totenmaske.

Tolerant waren die Zensoren nur bei der Darstellung von sportlichen Ereignissen wie Fußball und Stierkampf. Auch die Berichterstattung über gesellschaftliche Ereignisse innerhalb des Hochadels blieb von den Systemwächtern weitgehend verschont, wurde sogar liebevoll gepflegt. Aber dann traf es im April 1943 überraschend den Herzog von Alba, einen der ranghöchsten spanischen Granden.

Für Franco waren diese Granden die Inkarnation des alten spanischen Mythos, dessen Wiedergeburt er so sehr ersehnte. Ein fast kindlicher Wunsch von ihm war es, von diesen Blaublütigsten der Blaublütigen akzeptiert zu werden. Er sah die günstige Gelegenheit gekommen, als die monarchistische Zeitung „ABC“ ankündigte, der Herzog von Alba bereite ein großes Fest vor, um die „Puesta de Larga" seiner Tochter Cayetana vorzubereiten. Die „Puesta de Larga" war für jedes Mädchen der High Society ein großer Tag, denn es bedeutete ihre Einführung in die Welt der erwachsenen Frauen.

Da Francos Tochter Carmencita im gleichen Alter wie Cayetana war, verfiel Franco auf die verwegene Idee, den „großen Tag" beider Mädchen gemeinsam zu feiern. Der Herzog von Alba und der Caudillo als gemeinsame Gastgeber dieses rauschenden Festes! Gab es einen lebendigeren Beweis für Francos Zugehörigkeit zur Kaste der Allerblaublütigsten?

Franco hatte allerdings das Pech, dass der Grande ihm auf seinen Vorschlag nicht einmal antwortete. Weiteres Drängen offenbarte, dass der Herzog von Francos Ansinnen peinlich berührt gewesen sei. Ohne dem Caudillo eine schriftliche Absage zu erteilen, soll Alba einem Boten Francos mitgeteilt haben: „Sag dem General, dass er noch einige Nachhilfestunden nehmen muss."

Als das Fest der Albas dann ohne Francos Familie stattfand, wurde der Presse auf höchste Anweisung hin vorgeschrieben: „Nicht mehr als drei Zeilen über das Fest." Das galt auch für das adelstreue Blatt „ABC". Der im ganzen Land verbreitete Text lautete: „Weiterhin treffen Persönlichkeiten ein, die dem Fest des Duque de Alba im Palacio de las Dueñas beiwohnen. Eine große Menge von Leuten ist eingeladen."

Tief verstimmt über die Brüskierung seiner einzigen Tochter, reiste Franco mit seiner Familie nach Andalusien, und sein „Augenstern" ritt mit einer ausgesuchten Gruppe von Mädchen durch die festliche Szene der „Ferias de Sevilla". Neben dem Dreizeiler über die „Puesta de Larga" Cayetanas de Alba brachte „ABC" in der gleichen Ausgabe eine mehrseitige Reportage über Carmencitas Ausflug zu Pferde – natürlich mit zahlreichen Fotos.

Francos Komplexe dem Hochadel gegenüber offenbarten sich auch, nachdem klar war, dass Prinz Juan Carlos in Spanien leben und dort die Schule besuchen würde. Oberzensor Gabriel Arias Salgado verfügte darauf hin, dass jedem veröffentlichten Foto des Prinzen fünf Ablichtungen des Caudillo gegenüber stehen mussten.

Benjamin Welles, in den 50er und 60er Jahren acht Jahre lang Korrespondent der New York Times in Madrid, fasste sein Urteil über die damalige spanische Presse in folgende Worte:

„Kein anderes Instrument der faschistischen Diktatur Francos hat mehr dazu beigetragen, Spaniens Ruf zu verdunkeln, die Gemüter der Menschen zu verdummen und ihnen den Mund zu stopfen, als die Zensur. Die Zensur hält die besten Geister des Landes geknebelt: Sie hat Dichter, Schriftsteller und Künstler zum Schweigen verurteilt oder aus dem Land vertrieben."

Der spanische Schriftsteller Juan Goytisolo sagte zu diesem Thema: „Um die Netze und Fallen der Zensur zu umgehen, hatte ich mich selber in einen Zensor verwandelt. Gezwungen, die Spielregeln zu beachten und im begrenzten Raum der Möglichkeiten zu operieren, hatte ich den Zerberussen des Regimes einen widerwärtigen Tribut gezahlt..., denn diese Übung erlegte dem Schriftsteller eine grausame Selbstverstümmelung auf, deren verheerende Wirkungen sich später noch zeigen sollten: erzwungener Gehorsam gegenüber der herrschenden Norm, Angst vor eigenen Ideen, heimtückischer Konformismus, Niedergeschlagenheit, Sterilität... Die Praxis, fünf Jahre mit dem zu spielen, was möglich war, hatte mich gezwungen, allzu viele Kröten zu schlucken..."

Oberzensor Francos war seit dem Bürgerkrieg bis hin zum Jahr 1962 der Minister für Information, Gabriel Arias Salgado, in spanischen Journalistenkreisen damals meist „Erzzensor Gabriel" genannt.

Abgebrochener Jesuitenseminarist und bis zum Ausbruch des Bürgerkriegs Handlungsreisender in Sachen Glühbirnen, konnte er sich nach Ausbruch des Bruderkrieges ins Rebellengebiet durchschlagen.

Wahrscheinlich war es sein perfektes Anpassertum, das Franco auf ihn aufmerksam machte. Auf jeden Fall hatte Arias Salgado einige Male Gelegenheit, dem Generalissimus genau das zu sagen, was dieser gern hörte: Er, Franco, sei von Gott dazu berufen, Spanien von Freimaurern, Protestanten, Republikanern, Sozialisten, Liberalen, Kommunisten und Pornografie zu erretten.

Die meisten ausländischen Journalisten, die Arias Salgado in den 50er Jahren kennen lernen durften, sahen ihn an einem barocken Schreibtisch sitzen, ein kleines Männlein mit aufgedunsenem Gesicht und schlaffem, weichlichen Mund, der sie in der Pose eines römischen Senators darum bat, Platz zu nehmen, nachdem er sie zunächst eine Zeit lang hinter der Türschwelle hatte stehen lassen, während er gerade in besonders intensives Aktenstudium vertieft war.

Ohne überhaupt nach den Wünschen des Journalisten zu fragen, begann er die Unterhaltung mit einem Standardmonolog, von dem er selbst redend anzunehmen schien, diesem zu lauschen sei der Hauptgrund für das Kommen des Zeitungsmannes gewesen. Dieser Monolog dauerte mindestens eine Stunde und kreiste immer um das gleiche Thema: die Zensur und ihre Gründe. Das waren immer die Verbrechen der Roten, die Gefahren des Bolschewismus, die Dekadenz des Westens, die Christdemokraten und Monarchisten als Verräterwölfe im Schafspelz.

Nachdem der Besucher sich halb betäubt von der Litanei mit einem unwiderstehlichen Fluchtreflex verabschiedet hatte, musste es ihm erscheinen, als tobe immer noch der Bürgerkrieg, als seien die Roten Horden kurz vor dem Sprung über Spaniens Grenzen. Doch so lange der große Steuermann Franco heiße, hätten sie keine Chance.

Benjamin Welles, der öfter das zweifelhafte Vergnügen hatte, jenem Monolog zu lauschen, sagte über Salgado: „Kein anderer Mensch nach Franco trägt größere Verantwortung für die fortwährende Verdummung der Menschen, für die Verzweiflung der spanischen Intellektuellen, für die Gleichgültigkeit der heutigen Jugend und für das traurige Bild, das man sich in der übrigen Welt von Spanien macht. Innerhalb eines Vierteljahrhunderts, von 1937 bis 1962, ist es Arias Salgado gelungen, den Geist seiner spanischen Mitbürger zu lähmen."

Ein typisches Beispiel für die Maßstäbe, die der „Erzzensor" als nationaler Nein-Sager zu setzen vermochte, mag sich durch ein Gespräch offenbaren, das er mit einem Untergebenen hatte: „Sie machen das gar nicht so übel", sagte er zu dem jungen Beamten, „aber abends die Musik im Rundfunk der Hauptstadt gefällt mir nicht. Das ist ja ein einziges Tscha, Tscha, Tscha, Bumm, Bumm, Bumm. Veranlassen Sie, dass etwas gespielt wird, was die verheirateten Leute nicht so aufregt, wenn sie ins Bett gehen."

Natürlich machte die Zensur auch vor Spielfilmen nicht halt. Aber selbst die schlimmsten Exzesse einer Zensurbehörde konnte eine so lichtspielbegeisterte Nation wie die

Spanier nicht davor abschrecken, weiterhin ins Kino zu gehen.

Dort allerdings wurde ihr Glaube an die auf Zelluloid gebannte Kunst auf eine harte Probe gestellt, besonders wenn es sich um Produkte nationalen Filmschaffens handelte. Denn was ihnen da angeboten wurde, entsprach in etwa dem Kunstverständnis ihres Generalissimus, der selber so filmbegeistert war, dass er sich in seiner Residenz, dem Pardo-Palast, ein Privatkino hatte installieren lassen. Dort auch konnte er den Film sehen, der von der gesamten Presse Anfang der 40er Jahre bejubelt worden war und für den er selbst das Drehbuch geschrieben hatte. Obwohl oder vielleicht weil der beste nach dem Bürgerkrieg in Spanien verbliebene Filmregisseur „freiwillig" die Regie übernommen hatte, mutet das Werk mit heutigen Augen gesehen eher wie eine bösartige Persiflage auf das iberische Heldentum an, dessen Essenz es eigentlich vermitteln sollte.

Als der Caudillo eine „mustergültige" spanische Heldenfamilie erdacht hatte und in den Mittelpunkt seines Drehbuchs rückte, hatte er es sicherlich ernst gemeint. Bekannt ist, dass er während der in seinem Palast stattfindenden Exklusivpremiere dreimal in Tränen ausbrach, so sehr rührte ihn das von ihm selbst erdachte Drama auf der Leinwand.

Dieser Film mit dem Titel „Raza" (Rasse) löste eine Epidemie von Heldenstreifen aus. Dazu gehörten z. B. „Der Kuss des Judas", „Die Letzten der Philippinen" oder „Wohin gehst du, Alfons XII.?".

In diesen Dramen wimmelte es von mit mannhaften Wunden übersäten Heroen, die sich strahlenden Auges vom Vaterland und ihrer Mutter verabschiedeten, bevor sie in die Sphären des Himmels entschwanden, die für spanische Helden reserviert waren. Natürlich fehlten die bösen Verräterschurken nicht, und die hatten das Gehabe an sich, wie klein Fritzchen es sich bei Judas vorstellen kann, als dieser seinen Herrn küsste, nachdem er ihn für 30 Silberlinge an die Pharisäer verraten hatte.

Es ist keineswegs sicher, dass die Zensoren bei der Auswahl der vorgelegten Drehbücher immer ihre eigene Geschmacksrichtung berücksichtigten. Aber schließlich mussten sie annehmen, dass ihr oberster Herr, der Generalissimus, sich die Endprodukte später selbst anschaute. Dass Franco außer seinem eigenen nicht besonders scharf auf spanische Filme war, sondern lieber amerkanische Western sah, teilte er seinen Zensoren natürlich nicht mit.

Offizielle Aufgabe des spanischen Films war es, das „Ideengut des Neuen Staates", also des Franco-Regimes, unter die Leute zu bringen. Es ging daher um die dramaturgische Verpackung von Heldentum, Opfermut, Entsagungsbereitschaft, Sittsamkeit, Keuschheit und altspanischem Brauchtum.

Die Produzenten und Drehbuchautoren kannten natürlich ihre Inquisitoren und versuchten ihr Bestes, diese günstig zu stimmen, denn schließlich wollten sie nicht, dass all ihre Arbeit vergeblich war und Opfer des Reißwolfs wurde.

Das Kuriose an der ganzen Angelegenheit war, dass die Produzenten eigentlich gar keine Filme drehen wollten; sie wollten nur ausländische Filme importieren, denn von denen wussten sie mit Sicherheit, dass sie ein Bombengeschäft waren. Importieren aber durften sie nur, wenn sie gleichzeitig „nationale" Filme produzierten. Um Hollywood landesweit in die Kinos bringen zu dürfen, mussten sie einen spanischen Film herstellen, und zwar so, dass er nicht das Missfallen der Zensurbehörde erregte.

Diese saure Pflicht, Filme machen zu müssen, um Importlizenzen zu erhalten, wurde den Produzenten versüßt, indem der Staat einen 40-prozentigen Zuschuss auf die Produktionskosten gab. Um so wenig eigene Unkosten zu haben wie möglich, war es unter den Produzenten bald gang und gäbe, die Kostenvoranschläge dermaßen aufzublähen, dass die tatsächlichen Produktionskosten von dem 40-prozentigen Zuschuss gedeckt werden konnten. Enthalten waren auch die Gelder, die notwendig waren, um die Blicke der Kontrolleure nicht allzu kritisch werden zu lassen. So begann der spanische Film zu boomen. Denn wegen des steigenden Importbedarfs wurden zwangsläufig auch immer mehr nationale Filme gedreht.

Da gab es freilich ein Problem. Es stellte sich nämlich heraus, dass der Publikumsgeschmack in keiner Weise dem der Zensoren entsprach. Wann immer ein spanischer Film angekündigt wurde, zeigten sich die Kinosäle in gähnender Leere.

Da war guter Rat teuer. Schließlich konnte noch nicht einmal eine Diktatur ihre Untertanen ins Kino schicken, wenn diese es nicht wollten.

Da auch die Kinobesitzer sich aus leicht erklärbaren Gründen gegen die Projektion „nationaler Filme" sträubten, nahm man Zuflucht zu einer nicht gerade genialen Lösung. Alle fünfunddreißig Tage wurde allen Spaniern und Kinobesitzern eine „Woche des nationalen Films" verordnet.

Viele Spanier, leinwandsüchtig genug, um nicht auf ihre Besuche im Kino verzichten zu können, schluckten die Kröte. In besagter Woche schrumpften die Besucherzahlen zwar, aber immerhin waren die Säle nicht mehr so gespenstisch leer wie zuvor.

Die Qualität des nationalen Angebots muss so grauenvoll gewesen, dass der spanische Filmexperte Carlos Pérez Merinero es wagte, schon vor Francos Tod öffentlich zu sagen, beim spanischen Film handele es sich um eine Kette verordneter Missgeburten, angesichts derer das Publikum nur eins tun könne: so schnell wie möglich flüchten.

Als in Spanien in Nachahmung des typisch britischen Genres Horrorfilme gedreht wurden, sagte Pérez Merinero darüber, das Einzige, was diese Filme an Horror an sich hätten, sei die Tatsache, dass die Machwerke selber ein einziger Horror seien.

Auch die typische Prüderie der spanischen Produktionen ging dem spanischen Publikum gründlich auf den Sehnerv. Die Sittenwächter machten noch nicht einmal vor Hollywood-Produkten halt. Diese wurden durch Umgestaltung der Dialoge während der Synchronisierung und zusätzliche Schnitte zensiert. Ein besonders groteskes Beispiel in diesem Zusammenhang war die spanische Version des Films „Mogambo" mit Clark Gable und Ava Gardner. Im Mittelpunkt des Films stand ein junges Ehepaar, das unter Leitung eines kundigen Großwildjägers eine Safari durchs wilde Afrika macht. Großwildjäger Clark verliebt sich in die junge Ehefrau Ava. Verständlich, dass beide ihr Verhältnis vor dem jungen Ehemann verbergen. Das war Unzucht in außerehelicher Beziehung und konnte von der Zensur nicht akzeptiert werden. Statt den Film jedoch einfach zu verbieten, verfiel man auf den Gedanken, die Dialoge so umzuwandeln, dass aus den Ehebrechern Geschwister wurden. Lange blieb dem kritischen spanischen Kinobesucher verborgen, was der Regisseur von „Mogambo" mit der Darstellung dieser inzestuösen Beziehung eigentlich bezweckt hatte.

Die verordnete Prüderie gebar auch die Sehnsucht nach etwas weniger verhüllter Weiblichkeit. Die war so groß, dass bei einer berühmten Gelegenheit die Branche privater Busunternehmer monatelang davon profitierte. Zu verdanken hatten sie diesen Boom dem schwedischen Regisseur Ingmar Bergmann, als dieser Anfang der 60er Jahre sein berühmtes Werk „Das Schweigen" in die Kinos brachte. In Spanien wurde der Film natürlich verboten. Nicht so im nahe der spanischen Grenze gelegenen Perpignan.

Monatelang lief der Film des Schweden dort in den Kinos. Besucher waren vorwiegend Spanier, die busladungsweise kamen – aus Barcelona, Zaragoza, ja aus dem fernen Sevilla, um das auf der Leinwand zu sehen, was sich herumgesprochen hatte und ihnen in spanischen Kinos vorenthalten wurde: eine splitternackte Frau.

Trotz der miserablen Qualität seiner filmischen Produkte unternahm Spanien zahlreiche Versuche, seine Filme auch zu exportieren. Der Erfolg war nicht sehr ermutigend. Niemand wollte die „Missgeburten" aus dem Land des Caudillo haben. Noch nicht einmal die spanisch sprechenden lateinamerikanischen Länder. Eine Ausnahme bildeten dabei die Filme mit Lola Móntez in der Hauptrolle.

Gerade diese Abfuhr aus Lateinamerika muss den Caudillo sehr gegrämt haben. War es doch eine seiner größten Sehnsüchte, die Beziehungen zu den ehemaligen spanischen Kolonien zumindest kulturell wieder zu beleben.

Wie sehr die Produkte des „neuen" Geistes auch im eigenen Land abgelehnt wurden, zeigt eine allerdings nie veröffentlichte Umfrage über das Verhältnis der Spanier zur eigenen Presse aus dem Jahr 1959.

Daraus geht hervor, dass 60 Prozent der befragten Frauen erklärten, überhaupt keine Zeitung zu lesen. Zwölf Prozent lasen sie lediglich aus dem Bedürfnis nach Zerstreuung. Vierzehn Prozent lasen nur kosmetische Tipps und nur acht Prozent die Tagesnachrichten. Unter den männlichen Lesern hatten vierundzwanzig Prozent noch niemals eine Zeitung aufgeschlagen. Einundfünfzig Prozent interessierten sich lediglich für die Sportberichte. Siebzehn Prozent suchten reine Unterhaltung und nur neun Prozent allgemeine Information.

Was blieb den meisten Spaniern angesichts dieser geistigen Stickluft anderes übrig als die Konzentration auf ein meist miserabel bezahltes Arbeitsleben und der Rückzug in eine Privatsphäre, deren Idylle hauptsächlich aus Mangel bestand?

Franco war es zwar gelungen, die das Vaterland bedrohenden Teufel auszutreiben. Der neue Heldengeist jedoch dachte nicht daran, das entstandene Vakuum zu füllen. Wahrscheinlich fühlte er sich in der Haut Millionen eingeschüchterter menschlicher Wesen nicht so richtig wohl. Vielleicht auch gab es für ihn nach der großen Teufelsaustreibung in Spanien einfach nichts mehr zu tun. Auf Kampf gegen die großen Widersacher angelegt, war er in diesem Land einfach arbeitslos geworden und suchte sich andernorts interessantere Betätigungsfelder.

Franco musste feststellen, dass der Heldengeist sogar seinen eigenen Familienkreis mied, wenn er die familiären Aktivitäten als Maßstab nahm. Während sich sein Schwiegersohn zunehmend mit illegalen, aber gewinnträchtigen Importgeschäften beschäftigte, fand seine hoch religiöse Frau immer mehr Gefallen an der Hortung von Juwelen und Antiquitäten. Der Caudillo selbst versuchte die Zeit innerhalb seiner eigenen vier Wände mit dem stundenlangen Konsum von Filmen tot zu schlagen. Später, nach Einführung des Fernsehens, saß er ebenso lange vor der Flimmerkiste und wurde dabei zu einem ausgesprochenen Fußballfan. Die Kommunikation mit seiner Frau geriet mangels Masse zusehends ins Stocken.

In Millionen von spanischen Familien spielte sich Ähnliches ab, nämlich der tägliche Kampf gegen das Vakuum, dem besonders die spanischen Männer durch häufige Barbesuche auswichen, wo sie neben dem Genuss des obligatorischen Brandy verbal Millionen von Peseten umsetzten und im Geiste den Trainer von Real Madrid ersetzten. Die Frauen inszenierten ihre große Stunde während des täglichen Einkaufs im Krämerladen. Dort konnten sie sich beim Kauf von Garbanzos und Schweinepfoten über die aufregenden Geschehnisse einer Mikrowelt ereifern, in die sie unausweichlich einbetoniert waren.

Der Caudillo selbst brauchte keine Bar zu frequentieren, um seiner häuslichen Tristesse zu entfliehen. Er konnte es sich leisten, auf die Jagd zu gehen oder sich der Hochseefischerei zu widmen, wobei er Wert darauf legte, möglichst große Fische zu fangen und möglichst viele Hasen tot zu schießen.

Besonders schwer hatten es in dieser vom Caudillo geschaffenen Kulturwüste die Basken und Katalanen, denen die Benutzung der eigenen Sprache und sogar die eigene Folklore verboten worden waren.

So war beim Versuch, die teuflischen Geister auszutreiben, der Geist gleich mit emigriert. Das Land war im wahrsten Sinne des Wortes von allen guten Geistern verlassen und vegetierte in einem erbärmlichen Schrumpfmilieu dahin, das sich auf materielles Überleben, kleinliche Ängste, Langeweile, schwüle Fantasien und den Triumph der Werte des internationalen Spießertums reduzierte.

Kein Wunder, dass die spanischen Intellektuellen versuchten, trotz des damit verbundenen Risikos zumindest eine Verbesserung der Situation herbeizuführen. Im Jahr 1960 entschlossen sich 227 der führenden Intellektuellen zu einem flammenden Protestbrief an den Minister für Information, Gabriel Arias Salgado. „Die Intoleranz, die Unsicherheit und die Verwirrtheit der Zensurbehörden", erklärten sie, „stellt die weitere Entwicklung unserer Arbeit in Frage. So wird z.B. ein Beitrag für die Veröffentlichung einer Illustrierten freigegeben, seine Publizierung als Buch, Film oder Theaterstück jedoch untersagt. Er wird vielleicht heute genehmigt, morgen die Genehmigung jedoch widerrufen … Das Kulturleben in Spanien bietet sich dem Ausland als ein peinliches Schauspiel dar. Spanische Schriftsteller und Wissenschaftler sind tatsächlich gezwungen, im Ausland … in fremder Sprache … zu publizieren. Das hat einen beklagenswerten Einfluss auf die Information und auf die Bildung des durchschnittlichen spanischen Lesers." Der Protestbrief verurteilte außerdem die „ständige Verstümmelung von ausländischen Artikeln, Filmen und Theaterstücken, die in Spanien gezeigt werden".

Zu den Unterzeichnern des Briefes zählten international berühmte Persönlichkeiten wie Ramón Menéndez Pidal, der Präsident der spanischen Königlichen Akademie, José María Pemán, Pedro Laín Entralgo, Julián Marías, Ramón Pérez de Ayala, José Luis Aranguren, Alfonso Sastre, Camilo José Cela, Dionisio Ridruejo, Joaquín Calvo Sotelo, Alfonso Paso, Enrique Tierno Galván, Jesús Prados Arrarte, Ana María Matute, José María Pi Suñer, Juan Ramón Más Oliver, Juan Goytisolo, Carlos Barral, Edgar Neville, Lili Alvarez, Antonio Mingote und viele andere. Die Zeitungen in New York, London, Paris und Rom sowie in zahlreichen anderen Städten der Welt druckten diesen Protestbrief ab – in Spanien selbst fiel er unter die Zensur.

Der Schriftsteller Juan Goytisolo sagte nach Francos Tod über diese fast vierzig Jahre währende Ära:

„Eines Tages wird sich die spanische Psychiatrie allen Ernstes mit den Ergebnissen dieser bösartigen Bevormundung beschäftigen müssen, der ein halbes Volk von Erwachsenen ausgesetzt war und die es zwang, sich mit einem entstellten Bild seiner selbst abzufinden und sich allen anderen gegenüber unwürdig, infantil und schuldbewusst zu betragen. Angesichts der physischen Unmöglichkeit, sich dem repressiven Apparat Francos entgegenzustellen, sahen wir uns alle vor die Entscheidung gestellt, entweder zu emigrieren oder uns mit einer Situation abzufinden, die zum mindesten Schweigen und Verstellung von uns verlangte, wenn nicht gar die selbstmörderische Preisgabe unserer Grundsätze, die Entmannung durch Resignation oder einen hoffnungslosen Zynismus."

Widerstand in Francoland

Franco hatte zu Beginn des Bürgerkrieges geäußert, notfalls werde er die halbe Bevölkerung erschießen lassen, um Spanien wieder auf den rechten Weg zu bringen. Folgerichtig waren die Gefängnisse und Konzentrationslager voll von „roten Übeltätern". Die Erschießungskommandos arbeiteten Tag und Nacht. Nun galt es, eine weitere Gruppe von Frauen und Männern zu greifen: diejenigen, die sich vor der organisierten Rachsucht durch die Flucht in die Sierras entzogen hatten. Zehntausende waren es, die ein steinzeitliches Leben in Grotten und Höhlen dem Dasein im neuen Vaterland vorzogen. Sie hatten ihre Waffen mitgenommen und waren entschlossen, ihr Leben so teuer wie möglich zu verkaufen. Der Unterstützung eines Großteils der Landbevölkerung konnten sie gewiss sein, denn die Sieger machten sich durch ihre selbstherrliche Arroganz und Brutalität verhasst.

Der Exodus in die Berge war aus der Sicht derjenigen, die sich auf Seiten der Republik engagiert hatten, oft die einzige Chance, ehrenhaft zu überleben, nachdem die Landesgrenzen abgeriegelt waren. Das, was später Máquis oder Guerilla genannt wurde, war zunächst ein Sammelsurium versprengter Gruppen und Grüppchen, die, meist ohne voneinander zu wissen, ums nackte Überleben kämpften. Erst nach und nach formierten sich einzelne Sprengsel zu regionalen Gruppen, die ohne Verbindung zu den Kameraden im Exil klarkommen mussten.

Erst nach der Befreiung Frankreichs durch die Alliierten gelang es den Exilspaniern in größerem Umfang, Kontakt mit versprengten Gruppen in Spanien herzustellen und einige unter schwierigsten Bedingungen mit Dokumenten und Geld zu versorgen. Zu locker verbundenen Gesamtformationen evolutionierten zunächst die Guerillas im Norden von León. Als sie im Frühjahr 1942 die Guerilla-Föderation Galicien-León gründeten, vergaßen sie sogar den Parteienhader, der sie während der Zeit der Republik entzweit hatte. Unter den vierundzwanzig Gründungsmitgliedern waren Anarchisten, Sozialisten und Kommunisten. In einer Höhle in der Nähe von Ferradillo beschlossen sie gemeinsame Aktionen. Auch in Asturien, wo viele Gruppen in stillgelegten Kohleminen der Cordillera Cantábrica hausten, kam es im August 1943 zu einer Absprache, die konzertierte Aktionen ermöglichte. Die Staatsmacht reagierte recht blind mit Masseneinsätzen von Armee und Guardia Civil. Die plumpen Aktionen trafen aber mehr die Zivilbevölkerung als die Widerstandskämpfer selbst.

Die Ordnungsmacht hauste in den ländlichen Gebieten wie eine Kolonialtruppe und machte die Bewohner durch zahlreiche vandalistische Übergriffe zu Verbündeten der Männer und Frauen in den Bergen. In León und Teilen Andalusiens scheute die Staatsmacht nicht davor zurück, auch marokkanische Kolonialtruppen – Legionäre und maurische Regulares – einzusetzen. In der Sierra Morena z.B. operierten diese bis Mitte der 40er Jahre, und ihre Übergriffe sind unter der Bevölkerung bis heute unvergessen. Ihre Frustration über Fehlschläge ließen die Söldner an harmlosen Zivilisten aus. Dabei scheuten sie sich nicht einmal, den armen Bauern ihre wenigen Schafe und Ziegen zu stehlen.

Die Kolonialtruppen wurden zur Landplage, und ihre Exzesse nahmen zunehmend verbrecherische Ausmaße an. Am 24. August 1944 erschlugen in der Sierra Morena stationierte betrunkene Uniformierte den völlig unschuldigen Juan Fernández Moreno mit Knüppeln wie einen Straßenhund. Man konnte ihm noch nicht einmal einen Hühnerdiebstahl nachweisen. Zwei Tage später geschah dem Landarbeiter Juan Cantador Cachinero das Gleiche, als er zufällig den Weg ausgeflippter Legionäre kreuzte. Auch der über 70 Jahre alte José Huertas Valverde wurde erschlagen, ohne dass ein Hahn danach krähte.

Überall wo die Einheiten der Legion stationiert waren, bildete das Säen von Terror ihr beliebtes Unterhaltungsspiel. In Santa Eufemia schüttete die Soldateska dem Vater des in die Berge geflüchteten Norberto Castillejo Jímenez siedendes Öl in die Ohren, um seine angebliche Schwerhörigkeit zu beseitigen. Überhaupt konzentrierten sich die Aktionen zunehmend auf Familienmitglieder mutmaßlicher Widerständler. Die Angehörigen wurden häufig verhört, mit Knüppeln traktiert, um irgendein geheimes Wissen aus ihnen herauszuprügeln. Verschärft wurde der Terror durch die Anwendung der „Ley de Fuga" ( ). Angeblich Freigelassene wurden dabei „auf der Flucht" erschossen. In Borrones (León) wurde eine ganze Familie ausradiert, weil sie Flüchtigen geholfen haben sollte. Nach dem vergeblichen Versuch, Joséfa Calvo Reguero zum Reden zu bringen, erschlugen die Uniformierten sie und ihre Kinder. Die Dorfbewohner durften ihre Leichen am nächsten Morgen aus dem Straßengraben auflesen.

Der gezielte Terror gegen die halbe Nation hatte Methode. Tomas Graciano Goni, ein junger nationalistischer Offizier – später Innenminister unter Franco –, konstatierte zynisch: „Die Repressalien sollten jede mögliche Reaktion durch Kommunisten oder Sozialisten verhindern, die sich in Spanien noch auf freiem Fuß befanden oder im Exil lebten. Es musste ihnen so unmöglich gemacht werden, an die Macht zu gelangen und das Ruder wieder herumzureißen."

Trotz dieses Terrors gelang es tausenden von Kämpfern, über eine Dekade hinweg auszuhalten. Besonders der Untergang des dritten Reiches gab ihnen neue Hoffnung. Damals sickerten viele Emigranten zurück über die Pyrenäengrenze, in dem Glauben, das Ende von Hitler und Mussolini ereile auch Franco. Im aragonesischen Valle de Arán kam es sogar zu einer offenen Feldschlacht, bei der Franco im Jahr 1944 über 40 000 Soldaten unter seinem bewährten Bürgerkriegsgeneral Yagüe einsetzte.

Eine Schlüsselfigur beim Aufbau und der Versorgung des in Spanien agierenden Widerstands war der im Süden Frankreichs agierende Laureano Cerrada Santos, dessen unorthodoxe Arbeitsmethoden einer näheren Betrachtung wert sind.

Als Anarchist keinerlei Unterstützung aus Moskau erhaltend, sorgte er mit einer filmreifen Aktion nicht nur für das nötige Geld, sondern brachte sogar die schwer angeschlagene Wirtschaft des franquistischen Spaniens ins Schleudern. Er selbst sagte später: „Die wirksamste Waffe des Widerstandes war gewaltloser Natur."

Nachdem Mussolini in Italien gefangen gesetzt worden war, erinnerte sich Cerrada daran, dass die 50er- und 100er-Peseten-Scheine bisher in Mailand gedruckt worden waren. Das ließ ihn den verwegenen Entschluss fassen, die Zeit der Wirren und Straßenkämpfe zu nutzen, um sich in den Besitz der dortigen Druckplatten zu bringen. Die waren in Mailand scheinbar in Vergessenheit geraten, denn offensichtlich hatten die Italiener in jenen Tagen andere Sorgen, als sich um den Druck von Peseten zu kümmern. Der Handstreich gelang so unspektakulär, dass die Maschinen bereits in Toulouse aufgestellt waren, als ihr mysteriöses Verschwinden überhaupt erst entdeckt wurde. Cerrada hatte auch gleich die Rollen mit dem „echten" Papier mitgehen lassen. Statt in Mailand wurden die Peseten nun in Toulouse gedruckt und konnten fortan die konspirative Maschinerie Cerradas speisen. Dazu gehörten Waffendepots und Transportmittel. Außerdem wurden Passierscheine und Pässe gedruckt, Schneider stellten für gutes Geld nationalspanische Uniformen her, großbürgerliche Wohnungen für konspirative Zwecke wurden angemietet. Der Druck zehntausender von Lebensmittelkarten sollte das Elend diskriminierter Spanier lindern und gleichzeitig Francos Versorgungssystem in zusätzliche Bedrängnis bringen.

Viele von Cerradas in Spanien agierenden Agenten durften ihr schauspielerisches Talent unter Beweis stellen. Nach der neuesten Mode gekleidet, stiegen sie in Luxushotels ab und fuhren Eisenbahn erster Klasse. Das war im Nachkriegsspanien die beste Maskierung, um fortwährenden Kontrollen entgehen zu können. Welch ein Genuss für den nach Lavendelwasser duftenden Genossen, wenn der „Mozo" (Hoteldiener) seinen eleganten Koffer, natürlich voller Waffen, vor ihm hertrug, während die Guardia Civil höflich nickend zuschaute.

Das größte Hindernis bei der Versorgung der Guerilla

war die scharf bewachte spanisch-französische Grenze. Zuständig für die Waffentransporte zu Fuß und per Rucksack über die Pyrenäen war die „Verteidigungskommission" in Toulouse. Die Organisation kaufte mit Cerradas Geld das alte Pyrenäenkloster Tartas und ein kleines Hotel in Font Romeu.

Von Toulouse bis Font Romeu gelangten die Grenzgänger als Holzfäller verkleidet in offenen Lastwagen. Der Trupp quartierte sich im Hotel ein und brach vor Tagesanbruch zu Fuß zum ehemaligen Kloster Tartas auf, wo unter der Aufsicht des Genossen Carballeira Transportgut und Ausrüstung für den Grenzgang bereitlagen. In jedem Rucksack waren als Wegzehrung drei Kilo Brot, Fleischkonserven, Schokolade, Schinken und Käse. Das Gepäck wog insgesamt dreißig Kilo. Über die Grenze geschafft wurden Maschinenpistolen, vorwiegend der Marken Sten oder Thompson, automatische amerikanische Karabiner, Handgranaten und „Bleistifte" genannte Explosivstäbe. Sogar zerlegte Handdruckmaschinen wurden per pedes über die Pyrenäen getragen.

Um der Gefahr der Entdeckung zu entgehen, benutzten die schwer beladenen Grenzgänger besonders unwegsames Gelände und brauchten im Schnitt zehn Tage, um die Randzonen Barcelonas zu erreichen. Bewegungen fanden grundsätzlich nur bei Dunkelheit und wenn möglich bei schlechtem Wetter statt. Sobald die Sonne aufging, versteckte man sich in Grotten oder im Unterholz der Wälder. Wegen der scharfen Überwachung musste jedes Geräusch vermieden, durfte kein wärmendes Feuer angezündet werden. Pro Nacht versuchte man, eine Strecke von ca. dreißig Kilometern zurückzulegen.

Eine Schlüsselfigur derer, die den Transit durch ein vor

Kontrollen starrendes Spanien erleichterten, war der Genosse Cipriano Damiano. Er hatte das Kunststück fertiggebracht, zu einem „VIP" des franquistischen Systems zu avancieren. Er arbeitete als ganz hohe Charge in der zivilen Verwaltung der spanischen Armee und hatte dabei deshalb mit allem zu tun, was mit der Erstellung von Dokumenten zusammenhing. Durch Cipriano Damiano erhielten die Reisenden in Sachen Widerstand das, was sie brauchten. So stattete Damiano eine Gruppe von fünfzehn Genossen nicht nur mit den unerlässlichen „Salvoconductos" (Passierscheinen) aus, sondern besorgte ihnen über jeden Verdacht erhabene Wohnungen und neue, nachprüfbare Lebensläufe samt Identitätsdokumenten, damit sie in aller legalen Gemächlichkeit ihrer „Arbeit" nachgehen konnten. Viele in den Bergen operierende Genossen versorgte Damiano mit Uniformen, was bei Angriffen auf Kasernen der Guardia Civil erhebliche Vorteile bringen konnte.

Die Überlebenschancen der Guerilla waren überall dort hoch, wo sie mit der Kollaboration der Bevölkerung rechnen konnte. Dann schwammen sie wie Mao Tse Tungs Bauernpartisanen wie „Fische im Wasser". Es grenzte ans Wundersame, wie es ihnen über Jahre hinweg gelang, Sand ins Getriebe einer übermächtigen Repressionsmaschine zu streuen, ohne selbst zwischen die Mahlsteine zu geraten.

All diese Gruppen und Grüppchen waren allerdings nie in der Lage gewesen, den franquistischen Staat ernsthaft zu erschüttern. Ihre bloße Existenz und ihre verwegenen Streiche jedoch hatten einen erheblichen Wert als psychologisches Trostpflaster für den geknechteten Teil der Bevölkerung. Sie fungierten als eine Art ständig glimmender Hoffnungsschimmer und halfen tausenden von Verzweifelnden, lange Durststrecken der Erniedrigung und Ausweglosigkeit durchzuhalten. Jeder „hingerichtete" faschistische Bürgermeister oder Zivilgardist des Schreckens vermittelte ihnen das Gefühl, dass es immer noch so etwas wie eine ausgleichende Gerechtigkeit gab.

Die Guardia Civil, gegründet vom Duque de Ahumada im Jahr 1844, war von ihrer Struktur und ihrem traditionellen Know-how her dazu prädestiniert, mit der Guerilla erfolgreich aufzuräumen. Ihr war es im 19. Jahrhundert gelungen, binnen weniger Jahrzehnte mit der chronischen Landplage der Bandoleros aufzuräumen, Räuberbanden, gebildet oft aus Männern, die nicht bereit waren, die Unausweichlichkeit der Misere hinzunehmen, in die sie hineingeboren waren. Es waren keineswegs ausschließlich kriminelle Energie und Raublust, die zu einem Leben in den Bergen abseits der herrschenden Gesetze motivierten. Die Gattung des Banditen Robin Hoodscher Prägung war im damaligen Spanien weit verbreitet, und in der spanischen Literatur wimmelt es von Banditen, die als Volkslieblinge in die Geschichte eingegangen sind. Sie hatten stets starken Rückhalt innerhalb der ländlichen Bevölkerung und waren in deren Augen Rebellen gegen das herrschende Unrecht.

Die Parallele zu den republikanischen Guerillas, die sich nach dem verlorenen Bürgerkrieg in die Berge zurückzogen, war unverkennbar. Die Bevölkerung, nach den Ansätzen der republikanischen Landreform nun wieder mit den alten Unterdrückern konfrontiert, nahm der Guerilla gegenüber instinktiv eine ähnliche Haltung ein, wie sie damals zu den Bandoleros bestanden hatte.

Die Guardia Civil konnte bei der Bekämpfung auf traditionelle Methoden zurückgreifen: Spitzeltum, Erpressung und Sippenhaft. Dass die Methoden des schmutzigen Krieges rigoros angewandt wurden, dafür sorgte ihr Chef „Don Camilo".

Camilo Alonso Vega, ebenso wie Franco aus El Ferrol in Galicien stammend, war bis 1955 Chef der Polizeitruppe. Einer seiner kreativsten Mitarbeiter war General Manuel Pizzaro Cejor, der Erfinder der so genannten Contrapartidas wurde. Diese bestanden aus Gruppen von bis zu zwanzig Mann, die sich als Widerständler verkleideten, durch das Land streiften und, sich als Guerilleros ausgebend, die Hilfe der Bauern erbaten. Eine äußerst wirksame Methode, Sympathisanten zu entlarven und die Bauern misstrauisch werden zu lassen. Waren es Guerilleros oder verkleidete Zivilgardisten, die da um ihre Unterstützung baten? Das war die Frage, die sie sich fortan stets stellen mussten. Nicht wenige Bauern beendeten ihre heimliche Unterstützung auf Grund dieses Risikos. Denn als Sympathisant entlarvt zu werden, bedeutete für die Betroffenen und ihre Familien brutalste Abstrafung und nicht endende Überwachung, Diskriminierung und Ächtung. Nebenbei legte der Informationsdienst der Guardia Civil das wohl kompletteste Personenregister der spanischen Geschichte an. Kaum jemand, der nicht „fichado" war – erfasst –, über den nicht eine Reihe geheimer Informationen vorlag, die bis ins Privat- und Eheleben hinein reichten und eine hervorragende Grundlage für Erpressung waren, wann immer diese den Beamten notwendig erschien. So ist es kein Wunder, dass die Bevölkerung die Beamten mit kriecherischer Höflichkeit behandelte, das Wort Guardia nur im Flüsterton ausgesprochen wurde. Auch waren die Beamten in ihren grasgrünen Uniformen Nutznießer einer fabulösen Gastfreundschaft, und welche Bar auch immer sie betraten, sie hatten nirgendwo die Chance, ihre Rechnung zu bezahlen.

Letzten Endes war es nicht die Antiguerilla, sondern die veränderte weltpolitische Lage, die der Guerilla den Garaus machte. Der kalte Krieg begann, und der stramme Antikommunist Franco wurde zu einem wichtigen Element beim Aufbau des antikommunistischen Bollwerks.

Die USA hatten begonnen, Spanien zu hofieren und mit Krediten auszustatten, während Frankreich daran ging, die Aktivitäten der Exilspanier im Süden des Landes massiv zu behindern. Auch Moskau sah keinen Sinn mehr darin, den bewaffneten Kampf innerhalb Spaniens weiterhin zu unterstützen und gab der spanischen kommunistischen Partei die dringende Order, diesen einzustellen.

Einige Einzelkämpfer jedoch kämpften weiter, unter ihnen der Anarchist Francisco Sabate Llopart, im Volksmund „El Quico" genannt. Erst im Jahr 1956 wurde er auf offener Straße erschossen. „La Pastora" (Die Schäferin), Führerin der Partisanengruppe Levante y Aragón, erwischte es 1961, aber erst nachdem sie und ihre Gruppe achtzehn faschistische Bürgermeister ins Jenseits befördert hatten.

An die 10 000 Guerilleros fielen – nach Schätzungen – der Repression zum Opfer, nicht gerechnet diejenigen, die für viele Jahre in den Gefängnissen des Regimes verschwanden. Nach dem Abebben der Kämpfe flüchtete die Mehrzahl der Aktivisten nach Nordafrika und Frankreich oder tauchte getarnt als einfache Landarbeiter in der Anonymität des andalusischen Campo unter.

Nachdem den Guerilla-Gruppen als aktiven Überresten der Republik ein Kippen des Franco-Regimes noch nicht einmal annähernd gelungen war, stellte sich einem großen Teil der Spanier die Überlebensfrage unter den Bedingungen des neuen Staates.

Diese Bevölkerungsgruppe sah sich in einem Alltag der traurigen Alternative, entweder in franquistischen Gefängnissen zu verrotten oder sich mit dem Regime als Teil der Lebensrealität zu arrangieren. Aus dieser Masse der scheinbar Resignierten und Angepassten, vor allen Dingen der Arbeiter aus den Industriezentren des Landes, sollte im Laufe der Jahre eine Art des Protests entstehen, der vorerst nicht den Sturz des Regimes, sondern die Verbesserung der eigenen Lebens- und Arbeitsbedingungen verfolgte.

Es war eine Generation von Arbeitern herangewachsen, die unbelastet von den emotionalen Hypotheken des Bügerkriegs festzustellen begann, dass das Regime auch Schwächen hatte und eigene Willensbekundungen sich als durchaus realisierbar erwiesen. Zusammen mit ihren älteren, kampferfahrenen Kollegen begannen sie, sich zu wehren.

So als entspreche es einer inneren Gesetzmäßigkeit, bildete sich landesweit vor allem in den großen Betrieben eine Kommunikationsstruktur heraus, die dem einzelnen Arbeiter und kleinen Gruppen signalisierte, dass sie mit ihrer Unzufriedenheit nicht allein da standen. Die Kontrollwut des Regimes wurde dabei unterlaufen, da es weder offizielle Kommandozentralen noch irgendwelche Mitgliederkarteien gab.

Es handelte sich eher um eine Art Buschtrommelsystem, das sich dem Zugriff der Spitzel und Häscher zu entziehen wusste. In den Großbetrieben begann es 1956/57 dermaßen zu gären, dass sich das Regime gezwungen sah, innerbetriebliche Abmachungen – beispielsweise über Arbeitsschutz und medizinische Versorgung – und Lohnzulagen zuzulassen. Da die Belegschaften den staatlichen

Syndikatsvertretern (eine Art Pseudogewerkschaft) nicht trauten, stellten sie eigene Verhandlungspartner auf, Mitglieder der so genannten Comisiones Obreras (Arbeiterkommissionen). Diese Kommissionen verkörperten bis zum Ende des Franco-Staates die stärkste Gruppe des Widerstands.

Bereits ab 1947 machten sich die ersten Anzeichen einer neuen Arbeitersolidarität bemerkbar, vereinzelt war es in Asturien, dem Baskenland und Katalonien zu massiven Streiks gekommen.

Eine der Aktionen des Jahres 1951 entzündete sich an starken Preissteigerungen und brachte ganz neue Formen des Protests hervor. Als im März die Tarife für öffentliche Verkehrsmittel in Barcelona angehoben wurden, gingen 200 000 Pendler zwölf Tage lang zu Fuß. Die Preiserhöhungen mussten zurückgenommen werden. Im April kam es zu neuen Streiks im Baskenland, an denen 200 000 Arbeiter teilnahmen.

Eine massive Streikwelle schwappte im Jahr 1954, ausgehend von Pamplona, über den gesamten Norden des Landes und legte die Zentren der Metall- und Textilindustrie lahm. Der Staat gab zähneknirschend nach und erhöhte die Löhne um 27 Prozent. Psychologisch waren diese Ereignisse von größter Bedeutung , denn sie hatten das vorher so dominierende Gefühl der Wehrlosigkeit endgültig durchbrochen.

Weitere Impulse bekam der spanische Arbeiterprotest, als Ende der 60er Jahre, angezogen durch den Wirtschaftsboom im eigenen Land, hunderttausende von Gastarbeitern in ihre Heimat zurückkehrten. Sie brachten Erfahrungen mit, die sich den in Spanien Verbliebenen schnell mitteilten und bald gravierende Auswirkungen zeitigten.

Besonders peinlich war es für das System, als im März 1972 einer der größten Arbeitskonflikte ausgerechnet im Geburtort Francos ausbrach, in El Ferrol. Über 6 000 Arbeiter der Bazan-Werft wurden nach Protestdemonstrationen gegen die Betriebsleitung von der Polizei ausgesperrt. Bei den nachfolgenden Tumulten in der Stadt waren ein Arbeiter getötet und mehrere schwer verletzt worden, nachdem die Polizei das Feuer eröffnet hatte. Die Nachricht verbreitete sich wie ein Lauffeuer. Alle Betriebe, Geschäfte und Bars machten dicht. Die städtischen und regionalen Busse blieben in den Garagen. Die Stadt war paralysiert. 4 000 Guardias Civiles wurden aus dem Süden des Landes nach El Ferrol beordert, die Soldaten in den Kasernen in Alarmbereitschaft versetzt. Kriegsschiffe bezogen Stellung vor der Küste und richteten ihre Kanonen auf die Stadt. Zwei weitere Arbeiter wurden von der Polizei erschossen, vierzehn schwer Verletzte in Krankenhäuser eingeliefert. Die Repression siegte zwar in El Ferrol, aber im ganzen Land wurden – trotz Zensur – Millionen von Flugblättern über die Ereignisse verteilt, und eine Welle von Streiks flammte auf – Frucht hauptsächlich der beharrlichen Arbeit der Comisiones Obreras.

Eine der Folgen war der Citroën-Arbeiter-Aufstand vom September in Vigo. Er weitete sich aus zum größten Streik seit Beginn der Franco-Herrschaft und erfasste alle Bevölkerungsschichten der Stadt.

Die Staatsmacht reagierte wie schon in El Ferrol mit massivem Polizeieinsatz und Verhaftungen. Auch im Baskenland, in Katalonien und Navarra (Pamplona) kam es zu massiven Protestbewegungen. Im Jahr 1974 lähmte ein Generalstreik die gesamte baskische Provinz Guipúzcoa. Die Regierung nahm die Situation so ernst, dass sie über das ganze Land den Ausnahmezustand verhängte, eine Maßnahme, die sie bis zum Tod des greisen Diktators immer häufiger ergreifen musste.

Ab Mitte der 60er Jahre äußerten sich verstärkt Kritik und Protest auch in anderen gesellschaftlichen Gruppierungen des Landes wie denen von Intellektuellen, Künstlern, Männern der Kirche, Monarchisten und Studenten. Der universitären Jugend kam dabei eine besondere Rolle zu.

Niemand hatte eigentlich erwarten können, die Öffnung des Landes Ende der 50er Jahre würde vor der Universität Halt machen. Nicht nur hunderttausende von Gastarbeitern sammelten ihre Erfahrungen in den demokratischen Ländern. Auch viele Studenten waren von dem Drang beherrscht, der Isolierung ihres Heimatlandes zumindest zeitweise zu entrinnen und den Kontakt mit ausländischen Kommilitonen zu suchen. Sie lasen und diskutierten alles, was sie aus dem demokratischen Ausland in die Hände bekamen, von Marx über Brecht und Sartre bis Marcuse und Hermann Hesse.

Die immer vehementer werdenden studentischen Proteste gegen geistigen Muff müssen für die Gralshüter des „Movimiento" besonders deshalb schmerzlich gewesen sein, da sie feststellen mussten, dass in der wachsenden Schar akademischer Rebellen viele ihrer eigenen Söhne und Töchter waren.

Auf den Universitäten der 60er Jahre waren diskriminierende Prüfungsordnungen und pseudowissenschaftliche Lehrinhalte bald keine Tabuzonen mehr. Diskussionen darüber eskalierten zu schweren Krawallen, besonders in Madrid und Barcelona, bei deren Bekämpfung sich die „Policía Armada" durch ihre spezifische Brutalität hervortat. Hunderte junger Frauen und Männer landeten in den Gefängnissen, wurden zum Teil schwer misshandelt. Es hagelte Exmatrikulationen. Vermutete Rädelsführer wurden mit Vorliebe für Jahre zum Strafmilitärdienst in die spanische Sahara abkommandiert und dort einer „Spezialbehandlung" unterzogen Die „Flausen" sollten ihnen ein für allemal ausgetrieben werden.

Der 23. Dezember des Jahres 1973 begann in Madrid als ganz normaler Tag. Während die Lieferanten ihre Geschäfte belieferten, hielt wie jeden anderen Tag um die gleiche Zeit eine kleine Wagenkolonne vor einem eher bescheidenen Gotteshaus.

Ein älterer, würdevoll dreinblickender Herr betrat in Begleitung einiger diskret gekleideter Männer die Kirche, bekreuzigte sich und verharrte eine Weile kniend in frommes Gebet versunken. Seit Jahren schon besuchte dieser Mann die Morgenmesse. Dem aufmerksamen Beobachter wäre aufgefallen, dass die anderen in der Kirche befindlichen Christenmenschen stets scheuen Abstand zu diesem Caballero hielten, denn sie wussten, um wen es sich handelte.

Zur gleichen Zeit waren einige Straßen weiter zwei in blaue Arbeitsuniformen gekleidete Elektriker damit beschäftigt, ein dickes Elektrokabel über den Parterrefenstern einiger Häuser zu verlegen. Als sie es gerade über das breite Portal eines Geschäftshauses zogen und festnagelten, eilte der erstaunte Pförtner zu ihnen und fragte sie, was das bedeute.

Es handele sich um die ganz normale Verlegung eines Industriekabels, beruhigten ihn die beiden Arbeiter. Zu der Zeit, als die Elektriker das Kabel mit einem Apparat verbanden, der aussah wie ein Prüfgerät, schob ein paar Straßen weiter der Priester dem frommen Caballero gerade die Hostie in den Mund.

Die beiden Elektriker verweilten schon einige Minuten neben ihrem Prüfgerät, schauten wie gebannt die Straße hinunter, und blickten sich erleichtert an, als eine Wagenkolonne, allen voran ein Dodge spanischer Produktion, in die Straße einbog und auf sie zukam. Als der schwere Wagen an der Stelle vorbeirollte, wo das Kabel in einem Kellerfenster verschwand, erschütterte eine gewaltige Explosion die ganze Straße und die nähere Umgebung. Durch die Wolke aus Staub, Asphaltbrocken und aufgewirbelter Erde sahen die Elektriker einen schwarzen Schatten raketengleich hochschießen. Es handelte sich um den Dodge, der wegen seiner Panzerung nicht zerrissen, sondern komplett über das Dach eines fünfstöckigen Hauses geschleudert wurde und in dessen Innenhof aufschlug.

„Das war seine Himmelfahrt", murmelte einer der Elektriker.

Während Augenzeugen erregt zum Ort der Explosion eilten, um dort im Asphalt einen riesigen Krater zu entdecken, liefen die beiden Elektriker in die entgegengesetzte Richtung und riefen den fragend blickenden Passanten zu: „Una explosión de gas" – eine Gasexplosion. Dann stiegen sie in einen mit laufendem Motor wartenden Seat Familiar, der mit kreischenden Reifen davon raste.

Der herbeigeeilten Polizei war sofort klar, dass es sich bei den Attentätern um hochrangige Bombenspezialisten handelte, welche die 500 Kilogramm Dynamit durch einen von einem Keller aus selbst gegrabenen Tunnel unter der Aspahltdecke platziert hatten. Das Dynamit war so gut dosiert gewesen, dass die umliegenden Häuser nicht in Mitleidenschaft gezogen worden waren, außer dem Dach, auf dem Dodge aufgeschlagen war.

Der Mann, der fünf Stockwerke hoch befördert worden

war, war identisch mit dem frommen Caballero in der Kirche und hieß Luis Carrero Blanco, Admiral und seit Jahrzehnten treuester Weggefährte Francos. Erst vor Kurzem war er zum Ministerpräsidenten ernannt worden, denn auf ihn hatte der greise Franco alle Hoffnungen gesetzt, dass er in der Lage sei, nach seinem Ableben als Aufpasser von Juan Carlos die Kontinuität des Regimes gewährleisten zu können.

Als Franco die Nachricht vom Tod seines Freundes erreichte, brach er in bittere Tränen aus. Seine Trauer mischte sich gleichzeitig mit großem Zorn, denn die ETA – die militante Befreiungsorganisation des Baskenlandes – übernahm sofort die Verantwortung für das Attentat. Wie hatte es geschehen können, dass die „Mörderbande" bis in seine Hauptstadt vordringen konnte?

Die ETA ( ) war eine damals schon seit über zehn Jahre bestehende baskische Untergrundorganisation. Weder Polizei noch Geheimdienst war es bisher gelungen, den Terroristen das Handwerk zu legen. Im Gegenteil – sie schienen von Jahr zu Jahr mächtiger zu werden.

Der Grund dafür lag offensichtlich an dem Rückhalt, den die Organisation innerhalb der baskischen Bevölkerung hatte, und zwar in allen Bevölkerungsschichten, auf dem Land und in der Stadt, unter Arbeitern, Bürgern und Industriellen. Das Attentat auf Carrero Blanco hatte allerdings nicht nur die Sympathie der Basken. In ganz Spanien herrschte eine Art „klammheimlicher" Freude, denn vielen war klar, dass das Ereignis mitten ins Herz des Regimes getroffen hatte.

Diese Volksverbundenheit mit der ETA mag beim Wissen um die konservativ-katholische Grundeinstellung der Mehrheit der Basken sonderbar erscheinen. Weniger erstaunlich erscheint sie vor dem Hintergrund der Tatsache, dass der franquistische Staat sich im Baskenland durch besonders brutale Repression hervorgetan hatte, die so weit ging, die Identität dieses kleinen Volkes vollständig ausmerzen zu wollen.

Ähnliches war auch in Katalonien der Fall gewesen, wo die Administration nicht nur Sprache und Kultur, sondern sogar die Sardana, den klassischen katalanischen Volkstanz, unter Strafe verboten hatte.

Die Intention Francos, die Identität dieser beiden Völker auszulöschen, kann nur aus der geschichtlichen Entwicklung dieser beiden Regionen während der letzten hundert Jahre und der Psychologie des Caudillo verstanden werden. Franco als Verfechter eines starken Zentralismus war der Kampf dieser Völker für ihre weitgehende Atonomie stets verhasst gewesen. Was er hingegen gern ignorierte, war die Tatsache, dass diesem Wunsch durchaus eine Berechtigung zukam.

Den Basken und Katalanen war es schon während des 19. Jahrhunderts gelungen, sich erfolgreich zu industrialisieren und ein solches Struktur-, Wohlstands- und Bildungsgefälle zum übrigen Spanien augenfällig zu machen, dass sie sich mehr den nördlichen Nachbarn als dem noch in mittelalterlichen Strukturen verharrenden Spanien verbunden sahen.

Was sie besonders sauer machte, war die Tatsache, dass sie von der korrupten Madrider Ministerialbürokratie in ihrer Eigendynamik behindert wurden und zudem die nach Madrid fließenden Steuern in sinnlosen militärischen Abenteuern verpulvert wurden oder im Sumpf der Korruption versickerten. Sie fühlten sich ausgebeutet und verlangten nach mehr Autonomie. Das aber wurde ihnen stets stur verweigert. Nur in den wenigen Jahren der spanischen Republik hatten sie ihren Wunschtraum erfüllt gesehen.

Diese „Flausen" beschloss der Zentralist Franco den beiden Regionen ein für allemal auszutreiben, indem er in beiden Regionen die Repression noch unerbittlicher als im übrigen Spanien ausüben ließ.

Diese Maßnahmen jedoch konnten die Antipathien der Basken und Katalanen gegen Madrid nur stärken und gebaren in beiden Regionen einen besonders starken Willen zum Widerstand, der sogar von Teilen der Kirche getragen wurde, die auf ihre Weise gegen die kulturelle Unterdrückung zu reagieren begann.

Mutige Pastoren bis hinauf zum hohen Klerus pflegten ungeachtet aller Drohungen auf katalanisch oder baskisch zu predigen. Sie stellten ihre Kirchen unter anderem sogar für Versammlungen der Comisiones Obreras zur Verfügung. In Katalonien gestatteten sie auf den Vorplätzen der Kirchen oder Kathedralen den verbotenen Sardana-Tanz.

Die Polizei musste diesem Geschehen tatenlos zusehen, denn Kirchen und das dazu gehörige Gelände standen außerhalb der Zugriffsmöglichkeit des Staates. Das war Teil des Konkordats, das Franco nach dem Bürgerkrieg mit dem Vatikan vereinbart hatte.

Wie sich die Animositäten aufschaukeln konnten, zeigt ein Vorfall aus dem Barcelona der 60er Jahre: Der Direktor der auflagenstarken Zeitung „La Vanguardia", Luis Galinsoga, galt den Barcelonesen schon lange als Prototyp des hochmütigen Kastiliers, als dieser eines Sonntags eine Kirche betrat.

Dort stellte er fest, dass die Messe in katalanischer Sprache zelebriert wurde, und er begann, den Priester während der Zeremonie wüst und ordinär zu beschimpfen, bevor er wutschnaubend die Kirche verließ. Von einigen Leuten zur Rede gestellt, bezeichnete er die Katalanen verächtlich als „Mierda" (einen Scheißhaufen).

Die Sache sprach sich sehr schnell in ganz Barcelona herum, und ohne dass es irgendeiner Absprache bedurft hätte, begann man, „La Vanguardia" zu boykottieren. Alle machten mit. Polizisten blickten weg, wenn Jugendliche die Zeitungspakete aus den Kiosken auf die Straße warfen. Gute Kunden hörten auf, weiter Anzeigen zu schalten. Nur Wenige kauften das Blatt noch, die Auflage musste rapide gesenkt werden. In ganz Barcelona tauchten plötzlich Flugblätter auf, in denen nicht nur Galinsoga und „La Vanguardia", sondern das Franco-Regime als solches an den Pranger gestellt wurden. Überall schwirrten diese Pamphlete herum: in Restaurants, als Beilagen anderer Zeitungen getarnt, in Parks und auf den Straßen.

In einer Woche fielen die Einnahmen von „La Vanguardia" aus dem Anzeigengeschäft um 50 000 DM. Der Wirbel entwickelte sich zum Sturm und wurde so besorgniserregend, dass sich sogar das Kabinett des Falls annahm. Der Informationsminister Gabriel Arias Salgado wurde damit beauftragt, Herrn Galinsoga anzurufen und ihm seine fristlose Entlassung mitzuteilen. Schon am nächsten Tag fehlte sein Name im Impressum.

Ein Chamäleon lässt grüßen

Nach Hitlers Sieg über Polen und Frankreich schlugen die Wogen der Begeisterung auch im franquistischen Spanien hoch. Die neue Weltordnung schien sich unaufhaltsam Bahn zu brechen, und Spanien stand auf der Seite und in der Gunst des Zeitgeistes. Eine schreckliche Hungersnot, die sich im ganzen Land auszubreiten begann, konnte den Generälen und Falangisten angesichts großartiger Zukunftsperspektiven die Laune nicht verderben, zumal ihre Mägen bestens versorgt waren.

Waren es nicht hauptsächlich die Familien der „Roten", die von der Misere betroffen waren? So betrachtet konnte die Heimsuchung gar als Akt der kosmischen Gerechtigkeit gesehen werden. Viele Sieger erkannten in der Szene des Elends gar eine Chance zur Bereicherung. Als Schwarzmarkthändler und Schieber machten die Steigbügelhalter des neuen Regimes ein Vermögen.

Franco selbst ließ die Versorgungslage großer Teile seines Volkes kalt, und in der selbst gewählten Isolation des Pardo-Palastes gab er sich ungestört seinen Machtfantasien hin. Längst schon fühlte er sich als von Gott dazu auserkoren, das katholische Spanien zu nie gekannter Größe zu erheben. Vom Senegal bis Perpignan sollte es reichen, von Oran bis hin zur spanischen Sahara. Fes, Marrakesch und Casablanca würden die neuen Keimzellen der christlichen Zivilisation werden, und sein Ruhm würde den des „El Cid“ verblassen lassen. Zur Bewältigung dieser zivilisatorischen Großtat hatte die Vorsehung ihm zwei wichtige Helfer zur Seite gestellt: Mussolini und Hitler.

Er hegte keinen Zweifel daran, dass der deutsche Diktator ihm die französischen Kolonien in Nordafrika überlassen und sich selber auf das Zerschmettern des Antichristen von Moskau konzentrieren würde. Als gutes Omen erschien es Franco, als die Deutschen 62 Tonnen in Polen erbeuteter religiöser Kultgegenstände nach Spanien schickten, welche die während des Bürgerkriegs verwüsteten Kirchen schmücken sollten.

Die Nachricht, Hitler wolle Franco persönlich treffen, ließ Francos Machtfantasien noch zusätzlich wuchern, und er gedachte, den Führer mit einem langen Wunschzettel zu überraschen. Er hatte während des Bürgerkriegs so lange am Waffentropf der Deutschen gehangen, dass er mittlerweile an militärischem Hospitalismus litt. Für selbstverständlich, ja geradezu Gewohnheitsrecht hielt er es, dass Hitler seine Armeen mit Waffen ausstattete.

Wenn der Caudillo gewusst hätte, was der hoch verehrte Führer von ihm und dem Zustand seines Landes dachte, wäre er etwas bescheidener gewesen. Die Horrorberichte über das spanische Elendsszenarium hatten sich im offiziellen Deutschland herumgesprochen und störten Hitlers sozialästhetisches Empfinden. Staatssekretär Ernst von Weizsäcker empfahl, Spanien solle aus dem Spiel gelassen werden. Das Land habe weder Treibstoff noch Brot und sei für die Achse ohne jeglichen praktischen Wert. Göbbels schrieb in sein Tagebuch: „Spanien ist in einem wilden, fast anarchischen Zustand der Unordnung, seine Wirtschaft in Ruinen.“ Die Generäle von Brauchitsch und Halder vertraten die Ansicht, Spanien sei so verrottet, dass es als politischer Partner unbrauchbar sei.

Während in Deutschland die Meinung überwog, Spanien bei einer politischen Neuordnung Europas die Rolle eines Agrarsatelliten zuzuordnen, präsentierte Franco in Verkennung seines Stellenwerts eine Wunschliste, die den Nazis die Sprache verschlug. Er forderte: 33 700 Tonnen Kupfer, Radio-, Telefon- und Telegrafenausrüstung, Arzneimittel, 90 Viererbatterien leichter Geschütze, 400 Flakgeschütze, 8 000 Traktoren, Ersatzteile für Flugzeuge vom Typ Heinkel-111 und Messerschmitt-109 und die Ausrüstung für drei Schwadronen Wasserflugzeuge. Die Marine brauchte Torpedos, Minen, Maschinengewehre, optisches und anderes technisches Gerät, alles in großen Mengen. Zusätzlich forderte er 180 Lokomotiven, 16 000 Eisenbahnwaggons und 48 000 Lastwagen.

Hitler kam das geradezu grotesk vor. Dem italienischen Außenminister Graf Ciano gegenüber beklagte er sich: „Die Spanier wollen, dass Deutschland Korn, Treibstoff, militärische Ausrüstung, Truppen und die nötigen Waffen liefert, um Gibraltar zu erobern. Dazu wollen sie ganz Marokko und Oran, und die Deutschen erhalten dafür gnädigerweise ihre Freundschaft.“

Heinrich Himmler, der am 20. Oktober 1940 Madrid besuchte, um das Hitler-Franco-Treffen sicherheitstechnisch vorzubereiten, konnte sich ein direktes Bild von der spanischen Szene machen. Der Reichsführer SS gab sich schockiert über die Brutalität, mit der Franco rund um die Uhr republikanische Gefangene erschießen ließ, und fühlte sich bemüßigt, die Frage aufzuwerfen, ob es nicht besser gewesen wäre, die militanten Arbeiter versuchsweise in die „neue Ordnung" zu integrieren, als sie zu hunderttausenden zu vernichten.

Vor dem Treffen mit Franco, welches am 23. Oktober 1940 im südfranzösischen Hendaye vorgesehen war, warnte Canaris Hitler, er solle sich unter Franco keinen Helden vorstellen. Er sei ein Würstchen.

Das Gespräch zwischen den beiden Diktatoren fand im Salonwagen von Hitlers Reisezug „Erika" statt. Auf Francos Gruß „Ich bin erfreut, Sie zu sehen, Führer", antwortete Hitler: „So hat sich endlich ein alter Wunsch von mir erfüllt."

Verwundert vernahm Hitler Francos mit naiver Selbstverständlichkeit vorgetragenen Territorialwünsche, in die er neben Marokko auch noch das französische Katalonien mit seiner Hauptstadt Perpignan eingeschlossen hatte.

Zu seinem Erstaunen musste Franco feststellen, dass Hitler Frankreich schonen wollte und von Marschall Petain mit unverhohlener Hochachtung sprach. Hitler referierte, dass ein gutes Einvernehmen mit Vichy-Frankreich von vitalem deutschen Interesse und an eine Übergabe Französisch-Marokkos an Spanien nicht zu denken sei. Dazu seien die militärischen Kräfte Spaniens viel zu schwach. Außerdem würde eine solche Aktion die Vichytreuen Kolonialfranzosen General de Gaulles Befreiungsarmee in die Arme treiben. Etwas anderes sei es, wenn Spanien mit der Eroberung von Gibraltar eine Vorleistung erbringe. Überhaupt sei die Eroberung des Felsens eine Voraussetzung dafür, die Engländer aus dem Mittelmeer zu werfen und ohne dies an eine Übernahme Französisch-Nordafrikas durch die Spanier nicht einmal zu denken.

Hitler war von seiner Begegnung mit Franco dermaßen

unangenehm berührt, dass er Mussolini kurz danach in Rom sagte, er würde sich lieber drei Zähne ziehen lassen, als noch einmal mit dem Caudillo zusammen treffen zu müssen. Dem Grafen Ciano gegenüber beklagte er sich: „Als ein Deutscher kommt man sich den Spaniern gegenüber fast wie ein Jude vor, der selbst aus den heiligsten Gütern des Menschen ein Geschäft machen will." Zudem monierte er „den falsch platzierten spanischen Stolz" und Francos „kleinkarierten Mangel an Vision". Seine Stimme erinnere ihn an „den monotonen Gesang eines Muezzins, der seine Gläubigen gerade zu einem Gebet ruft".

Als Franco von seinem Treffen mit Hitler nach San Sebastián zurückfuhr, war er im wahrsten Sinne des Wortes „betröpfelt". Das Dach seines Reisewagens, der schon Anfang des Jahrhunderts König Alfons XlII. transportiert hatte, konnte den starken Regenfällen nicht standhalten, und es schiffte schließlich auf die Köpfe des Caudillo und seines ihn begleitenden Schwagers Serrano Suñer.

Der Führer hatte Franco zwar verärgert, ihm aber nicht seine imperialen Träume entreißen können. Der Caudillo war überzeugt davon, dass England bald kapitulieren würde, und beschloss deshalb, die Eroberung Gibraltars bis zur Niederlage Englands hinauszuschieben.

Eine heute noch in Umlauf befindliche Version über das Treffen in Hendaye besagt, Franco habe Hitler nicht nur bewusst eine halbe Stunde warten lassen, sondern außerdem heldenhaft der Forderung des Führers widerstanden, Spanien solle in den Krieg eintreten.

Die Protokolle und das Statement des dabei gewesenen Hitlerdolmetschers Paul Schmidt besagen jedoch, dass Spaniens Kriegseintritt gar nicht auf der Tagesordnung stand. Hitlers Treffen mit Franco sei lediglich Teil einer Reihe von

Sondierungsgesprächen gewesen, die er mit Petain und danach mit Mussolini fortsetzte, um sich über die Stimmungslage in den romanischen Mittelmeerstaaten einen persönlichen Eindruck zu verschaffen.

Francos halbstündige Verspätung war darauf zurückzuführen, dass sein Zug von Anarchisten – ohne großen Schaden zu bewirken – mit Handgranaten beworfen worden war.

Dass Hitler Franco nicht zum Kriegseintritt gedrängt hatte – ein neutrales Spanien erschien ihm als „Blockadebrecher" wertvoller –, signalisierte Franco weder den Engländern noch den Amerikanern. Ganz im Gegenteil – so deutete er dem amerikanischen und englischen Botschafter gegenüber an – habe er einem enormen Druck des deutschen Diktators standhalten müssen. Er ließ durchblicken, dass er als Gegenleistung Getreide- und Öllieferungen und einen Kredit von 100 000 000 Dollar erwarte. Sonst müsse er auf die Hilfsangebote des deutschen Reichs eingehen und sich dann dessen Bedingungen beugen. Churchill und Roosevelt rangen sich tatsächlich dazu durch, dem ungeliebten Caudillo scheibchenweise zu helfen, um sein Regime zu stabilisieren und damit seine Neutralität zu erkaufen.

Als Franco zum Pardo-Palast zurückkehrte, wartete Ärger privater Natur auf ihn. Seine Frau sagte ihm, sein Vater Nicolás habe in einer der Madrider Kneipen mal wieder über den Durst getrunken und sei verbal dermaßen entgleist, dass ein mormaler Madrileño sofort exekutiert worden wäre. Er habe Franco als einen „Chulo" (Angeber) und „Cabrón" (Gehörnten) bezeichnet. Er sei als Staatschef völlig unfähig und seine Freimaurer und Juden betreffende Verschwörungstheorie vollkommen lächerlich.

„Was weiß mein Sohn über die Freimaurer?" habe er ausgerufen. „Es ist eine Vereinigung aufgeklärter Ehrenmänner, die ein weit höheres Wissen und einen weit offeneren Geist haben als er selber. Er macht nichts weiter, als sie mit allen möglichen imaginären Vergehen zu überhäufen, vielleicht um seine eigenen Schwächen zu kaschieren." Auch habe der alte Vater gegen Hitler und Rassismus gewettert. Rassismus sei unchristlich, und die katholischen Könige hätten Spanien einen nicht wieder gut zu machenden Schaden zugefügt, als sie die Juden aus dem Land getrieben hätten, abgesehen von der Ungerechtigkeit und den menschlichen Tragödien.

Franco hasste seinen Vater und hatte ihn nicht mehr gesehen, seitdem dieser seine frömmelnde Gemahlin verlassen hatte und nun seit Jahrzehnten mit einer anderen Frau zusammen lebte. Francos Vater war ein liberaler Mann, freute sich gern des Lebens und hatte es in der bigotten Enge seines Haushalts in El Ferrol einfach nicht mehr aushalten können. Bezeichnend für Francos Mutter war, dass sie nach der Flucht des Vaters bis zu ihrem Lebensende nur noch Schwarz trug.

Wahrscheinlich hätte der Caudillo seinen Vater am liebsten ins Gefängnis sperren lassen. Da er jedoch negative Begleiteffekte fürchtete, schluckte er die Demütigungen des Alten und hob sich seine Rache bis zu dessen Tod auf. Es war eine billige Rache. Nachdem Nicolás am 22. Februar 1942 gestorben war, ließ er den Leichnam per Polizei aus dem Haus seiner Lebensgefährtin holen und bis zur Beerdigung im „El Pardo" aufbahren. Zur Beerdigung wurde Augustina Aldana, die sein Leben 35 Jahre lang begleitet hatte, nicht zugelassen.

Die Nachricht über die erneuten Ausfälle seines Vaters

verletzten zwar Francos Eitelkeit, konnten aber in keiner Weise seinen festen Glauben ins Wanken bringen, auf dem richtigen Weg zu sein, seine feste Gewissheit darin, dass er dazu berufen sei, Spanien seine ursprüngliche Bestimmung wieder bewusst zu machen und seiner alten Größe unter den Bedingungen der neuen Zeit entgegen zu führen.

Er verglich sich dabei gern mit einem Steuermann, der sein Schiff in den Stürmen der Zeit vor dem Untergang zu bewahren hatte, ohne dabei – das Ziel fest im Auge – aus dem Ruder zu gehen.

Deshalb auch konnte die enttäuschende Begegnung mit Hitler und dessen zögerliche Haltung, was seine Wunschliste anbetraf, seine imperialen Vorstellungen in keiner Weise frustrieren. Er glaubte fest daran, dass er nach der Kapitulation Englands das französische Kolonialreich erben werde. Noch war die Luftschlacht über England nicht entschieden, und Hitler hatte angedeutet, im Notfall werde er Gibraltar nehmen und den Suezkanal blockieren, um England von seinem Imperium abzuschneiden. Auf der Ostseeinsel Rügen fanden schon Übungen statt, welche die Eroberung Gibraltars simulierten. Sollte der Ernstfall eintreten, dessen war sich Franco gewiss, würde Hitler auch seine Wunschliste berücksichtigen.

Dass es nicht dazu kam, lag teilweise an einigen missglückten Eroberungszügen der Italiener, bei denen die Deutschen kompakt eingreifen mussten, um eine Katastrophe zu verhindern. Hinzu kam die zögerliche Haltung Hitlers, England wirklich in die Knie zu zwingen. All das dauerte ihm viel zu lange, verschliss seine Kräfte und lenkte ihn von seinen Hauptzielen ab: der Niederwerfung des Sowjetstaates und der Schaffung von Lebensraum im Osten.

Als Franco vom Beginn des Russlandfeldzugs hörte, war ihm zwar klar, dass dies die Verwirklichung des neuen spanischen Imperiums verzögern werde. Dennoch freute er sich. Schließlich ging es endlich Moskau, dem Zentrum der satanischen Weltverschwörung, an den Kragen, und das mit der geballten deutschen Militärmacht. Franco hatte keinen Zweifel daran, dass Hitler dieses Unternehmen gelingen werde, zumal die Rote Armee sich im Krieg gegen das kleine Finnland nicht gerade mit Ruhm bekleckert hatte.

Die Anfangserfolge gaben Francos Einschätzung Recht, und die Euphorie der zensierten Presse und der Wochenschau in den Kinos kannte keine Grenzen.

Franco wollte es nicht versäumen, auf diesen „Zug des Erfolgs" noch schnell aufzuspringen, und bot Hitler nun die Entsendung eines spanischen Freiwilligenkorps an, der „División Azúl" (Blaue Division) ( ). Abgesehen davon, dass die División Azúl nach dem bald zu feiernden Sieg Francos imperiale Wünsche zu erfüllen half, gab sie ihm auch Gelegenheit, unliebsame Fanatiker und Kritiker aus Falange und Armee auf andere Gedanken zu bringen, unter ihnen der wegen seiner Geradlinigkeit gefürchtete General Múñoz Grandes, der sich niemals davon abbringen ließ, das zu sagen, was er wirklich dachte, und den Franco deshalb gleich zum Chef der „División Azúl" weg lobte.

Trotz seiner Freude über den Angriff auf das „Reich des Bösen" bereitete ihm Hitlers neuer Kriegszug aber gleichzeitig Sorgen. Das darnieder liegende Spanien brauchte Unterstützung von außen, die es nun von dem im Osten voll engagierten Deutschland nicht mehr erwarten konnte. Besonders an Treibstoff und Nahrungsmitteln mangelte es, und es blieb ihm nichts anderes übrig, als das Kunststück zu versuchen, beides von den Alliierten zu erhalten.

Franco begann ein gewagtes Doppelspiel, in dem er sich als Meister erwies, eine Begabung, die es ihm letztendlich ermöglichte, bis zu seinem Tod zu regieren. Dabei entwickelte sich der allzu hitlerfreundliche und wenig diplomatische Schwager und Außenminister Ramón Serrano Suñer zunehmend zum Hindernis. Obwohl mit ihm durch langjährige freundschaftliche und familiäre Beziehungen verbunden, erklärte Franco dem völlig Überraschten, als dieser ihm einige Dokumente zur Unterschrift vorlegte, er sei entlassen. Der eloquente Anwalt und vorher von der Presse hoch gejubelte Minister verschwand von einem Tag zum anderen in der Versenkung.

Der neue Außenminister hieß Graf Francisco Jordana. Er war für sein umgängliches und freundliches Wesen bekannt, hatte es aber bisher wegen seiner Anglophilie nicht weit gebracht. Jordana gelang es schon bald, wie erwartet, die Sympathien seiner angelsächsischen Gesprächspartner zu gewinnen, obwohl sein Dienstchef bei ihnen alles andere als beliebt war.

Dem Diplomaten oblag es, den Briten und später den Amerikanern mitzuteilen, wie schwer es dem stets um strikte Neutralität bemühten Franco fiel, diesen Kurs auch wirklich zu halten. In Spanien gebe es große Versorgungsprobleme, und wenn er nicht irgend eine Hilfe erhalte, müsse er sich notgedrungen an Hitler wenden. Das aber wolle er vermeiden, da der Preis sehr hoch sei: der Kriegseintritt Spaniens an der Seite der Achsenmächte und das Durchmarschrecht der Deutschen nach Gibraltar.

Die Alliierten gingen Jordana auf den Leim, und Nazi-Freund Franco wurde von ihnen – wenn auch nicht gerade üppig – mit Treibstoff und Nahrungsmitteln beliefert.

Klagen der Alliierten, dass im Hafen von Vigo deutsche U-Boote gewartet und betankt würden, beantwortete Jordana mit dem Hinweis auf enormen Druck von Seiten der Deutschen. Franco müsse diese und andere Konzessionen machen, um auf jeden Fall eine deutsche Invasion zu vermeiden.

Bohrende Fragen der Alliierten nach der Bedeutung der „División Azúl" beantwortete Jordana mit dem Hinweis auf Francos Theorie von den zwei Kriegen. Für Franco gab es zwei Kriege: einen im Westen, in dem er strikt neutral war, und einen im Osten, an dem er sich deshalb beteiligte, weil er davon überzeugt war, dass die Welt von der Geißel des Bolschewismus befreit werden müsse.

Bald schon sollte Franco die Gelegenheit haben, noch größere Subsidien von Engländern und Amerikanern zu erhalten. Anlass war die „Operation Torch" der Alliierten. Hinter dieser Bezeichnung verbarg sich die Absicht der Engländer und Amerikaner, große Mengen von Truppen und Gerät durch die Straße von Gibraltar zu bringen und in Nordafrika zu landen, um den Wüstenfuchs Rommel an seinem Marsch nach Ägypten zu hindern.

Die Aufgabe des spanischen Außenministers war es außerdem, die Alliierten darauf hinzuweisen, dass sich auf beiden Seiten des Nadelöhrs zwischen Atlantik und Mittelmeer spanische Kanonen befänden. Franco hatte zwar nicht die geringste Absicht, sich mit den Alliierten anzulegen, da er eine Besetzung der Kanarischen Inseln durch die Briten fürchtete. Dennoch brachte ihm dieser Hinweis auf die Präsenz der Spanier auf beiden Seiten der Meerenge weitere dringend benötigte Hilfslieferungen ein und einen Brief von Präsident Roosevelt, dass weder jetzt noch später die Absicht bestehe, Spanien in irgendeiner Weise zu behelligen. Die Operation Torch lief am 6. November 1942 an. Francos Glaube an Hitler war zu diesem Zeitpunkt ungebrochen. Mit großem Interesse verfolgte er den deutschen Vormarsch in Richtung Kaukasus und zu den Erdölfeldern von Baku.

Erste Zweifel an der Unbesiegbarkeit der Deutschen streiften ihn nach der katastrophalen Niederlage der deutschen Wehrmacht in Stalingrad. Erst das nächste halbe Jahr mit seinen dramatischen Ereignissen öffneten ihm als Militär die Augen, dass er wohl auf das falsche Pferd gesetzt hatte: Im Juni 1943 wurde bei El Alamein das Schicksal des deutschen Afrikacorps besiegelt. Die Alliierten landeten in Sizilien. Besonders die Gefangennahme Mussolinis am 25. Juli 1943 trug entscheidend dazu bei, dass Franco vom Glauben abfiel und mit einer deutschen Niederlage zu rechnen begann.

Gleichzeitig fing er an, seine Rolle als Sympathisant von Nazis und italienischen Faschisten zu überdenken und sich die Frage zu stellen, ob Nibelungentreue seine Sache sei. Sollte er als von Gott berufener Caudillo Spaniens sich mit in den Sog des zu erwartenden Untergangs Hitlers reißen lassen? Die Antwort, die er sich selber gab, war ein klares Nein. Trotz der Sympathie für die Achsenmächte hatte er eine höherwertige Verantwortung seinem heiligen Vaterland gegenüber. Er musste das Steuer herum reißen, ehe es zu spät war.

Als Pluspunkt gab es zu verzeichnen, dass er offiziell neutral geblieben war. Nun galt es, klare Signale seiner Distanz zu den Nazis zu setzen.

So befahl er am 26. September 1943, die División Azúl sei aufzulösen. Seinen Außenminister wies er an, zu verbreiten, wie er bei seinem Treffen mit Hitler in Hendaye dem Ansinnen des Führers heroisch widerstanden habe, in den Krieg einzutreten. Eine Legende, die heute noch von vielen Spaniern geglaubt wird. Um weitere Zweifel an seiner Gesinnung auszuräumen, ließ er am 6. November alle Wolframlieferungen nach Deutschland einstellen, ein Metall, das im Deutschen Reich dringend für die Herstellung hochwertiger Waffen benötigt wurde.

Auch ließ er sämtliche deutschen Spione aus Tanger ausweisen und durch seine Diplomaten verbreiten, nach Beendigung des Krieges plane er freie Wahlen. Damit hoffte er, besonders den Amerikanern genügend Honig ums Maul geschmiert zu haben. Churchill bot er sogar an, nach der deutschen Niederlage Seite an Seite gegen die Sowjetunion zu kämpfen.

Sollten die Alliierten ihm nicht geglaubt haben, so reichten seine Maßnahmen doch aus, dass man sich nach der Kapitulation Deutschlands im Mai 1945 nicht die Mühe machte, Franco mit Gewalt von seinem selbst gezimmerten Thron zu holen.

In diesem Zusammenhang erinnerte sich das befreite Frankreich der Exilspanier. Es unterwarf sie keinerlei Behinderungen mehr und ließ es zu, dass die ihrer Aufgaben ledige Résistance sie mit Waffen ausstattete. Frankreich öffnete seine Grenzen nach Spanien. Eine kleine Armee von Exilanten sickerte über die Pyrenäen. Auf der spanischen Seite der Grenze bildeten sie im Valle de Arán einen Brückenkopf. 5 000 Kämpfer waren bereit, Spanien vom Tyrannen zu befreien.

Franco witterte höchste Gefahr und stattete seinen alten Bürgerkriegskumpanen General Juan Yagüe mit Sondervollmachten und einer Armee von 40 000 Mann aus. In einer blutigen Schlacht, die über 5 000 Tote forderte, gelang es Yagüe, die Exrepublikaner zu schlagen und über die Pyrenäen zurückzudrängen.

Das im Jahr 1946 gegen Spanien ausgesprochene Verdikt der UNO bewirkte zwar den Abzug fast aller Diplomaten und die Einstellung aller Hilfslieferungen, konnte aber Franco mitnichten dazu bewegen zurückzutreten. Das einzige Resultat war eine Verschlimmerung der Not der Bevölkerung. Um Aufständen vorzubeugen, stärkte Franco seinen gewiss nicht unterentwickelten repressiven Apparat in einem Ausmaß, dass dieser 1946 immerhin 45 Prozent des Staatshaushalts verschlang.

Dass er ab 1948 schon wieder hofiert wurde, lag am Ausbruch des kalten Krieges. Die Berliner Blockade, die Machtübernahme Mao Tse Tungs in China und der Ausbruch des Koreakriegs ließen die Amerikaner darüber nachdenken, ob es nicht opportun sei, den als strammen Antikommunisten bekannten Franco als Bündnispartner zu gewinnen. Franco machte ihnen diese Entscheidung mit pseudodemokratischen Gesten leichter. Am 6. Juli 1947 ließ er ein Referendum stattfinden. Die Wahlen waren offensichtlich gefälscht und ergaben 93 Prozent Pro-Franco-Stimmen. Außerdem machte er mit der „Ley de Succesión" (Nachfolgesetz) Spanien zu einer Monarchie, in der allerdings lange noch ein König fehlen sollte.

Kurz nach dem Abschluss eines Konkordats mit dem Vatikan wurde am 26. September 1953 in Madrid ein Pakt zwischen den Amerikanern und Franco geschlossen. Franco gestand den Amerikanern vier Militärbasen zu, mit der ausdrücklichen Genehmigung für die Stationierung von Atomwaffen einschließlich deren Nutzung im Ernstfall. Der Caudillo erhielt dafür im Gegenzug eine Wirtschaftshilfe von 1,2 Milliarden Dollar.

Damit war der Diktator aus dem Schneider. Jetzt konnte er sich hauptsächlich dem widmen, was er am liebsten tat, dem Repräsentieren, Jagen, Fischen und Golf spielen. Dass die Bundesrepublik Deutschland dem Beispiel der USA bald folgte, ist nicht verwunderlich. Zu lukrativ war deutschen Wirtschaftsbossen der noch unerschlossene spanische Markt, und auch westdeutsche Politiker von CDU / CSU sahen keinen Grund, die Menschenrechtsverletzungen des Franco-Staates zu beklagen. Nacheinander kamen Franz Josef Strauß, Ludwig Erhard, Kurt Georg Kiesinger und Konrad Adenauer nach Madrid. Adenauer, zu seinem Eindruck über Franco befragt, sagte: „Ich habe von dem spanischen Staatschef einen sehr guten Eindruck. Er ist ein sehr kluger Mann, ein sehr überlegender Mann, der sich ein Wort wohl überlegt. Das sind immer Männer, mit denen man schwere Probleme lösen kann."

Innenpolitik – Pokern will gelernt sein

Es ist schwer, genau zu datieren, wann sich in Francos Gehirn der Glaube verfestigt hatte, er sei von Gott dazu berufen, seine Madre Patria Spanien vor Dekadenz und Untergang zu retten. Sein Entschluss, an dem von General Mola zu organisierenden Putsch vom 18. Juli 1936 teilzunehmen, signalisiert, dass er sich spätestens nach dem Wahlsieg der Volksfront im Februar 1936 dazu durchrang, Teil des Teams zu sein, das es sich zum Ziel gesetzt hatte, Spanien vor Bolschewismus und Atheismus zu retten.

Als er im März 1936 in Cádiz das Schiff bestieg, das ihn zu seinem neuen Kommandoposten auf den Kanarischen Inseln bringen sollte, war er einer der Mitverschwörer. Nichts deutet jedoch darauf hin, dass er damals bereits die Absicht hatte, sich zur Nr. 1 unter den Verschwörern aufzuschwingen.

Ebenso wenig dürfte Franco eine klare Vorstellung davon gehabt haben, wie nach erfolgreichem Putsch das neue Spanien zu gestalten sei. Außer dass es katholisch zu sein und seine Bevölkerung sich den Prinzipien von Ordnung, Disziplin und Gehorsam zu unterwerfen hatte. Das neue Spanien sollte einig und stark sein und sich in Rückbesinnung auf seine glorreiche Vergangenheit, seiner von Gott auferlegten imperialen Mission erneut bewusst werden. Spaniens Dämonen wie extremer Regionalismus, Separatismus und klassenkämpferische Selbstzerfleischung hatten ausgetrieben zu werden.

Schon bald nachdem Francos Afrikatruppen auf der Halbinsel kämpften, begann sich der Begriff „Cruzada" in sein Vokabular einzuschleichen. Ja, es war für ihn ein neuer Kreuzzug. Nur, dieses Mal ging es nicht wie 500 Jahre zuvor gegen Moslems, Juden und Morisken, sondern gegen Bolschewisten, Freimaurer und Liberale, also die neuen Formen des Irrglaubens, mit denen Satan nun schon seit vielen Jahrzehnten die Menschenherzen köderte, vergiftete, vom rechten Weg abbrachte und sie in den Abgrund trieb.

Er, Franco, hatte sich nach langem Zögern dazu entschlossen, sich einer Gruppe tatkräftiger Soldaten anzuschließen, die das Herz am rechten Fleck und den Mut hatten, dem ewigen kosmischen Übeltäter Paroli zu bieten und seine Fallstricke zu durchschlagen.

Dass Franco am 1. Oktober 1936 von der Generalsjunta zum Führer des Rebellenregimes, zum Caudillo, ernannt wurde, war reiner Zufall. Oder war es Vorbestimmung, dass der eigentlich zum Führer der Putsches auserkorene General Sanjurjo mit dem Flugzeug abgestürzt war? Vielleicht hatte Gott der Herr es so gewollt und hatte ihn, Francisco Franco, auserwählt, Spanien zu retten. Wenn er seine Traumkarriere unter diesem Aspekt zurückverfolgte, konnte er daraus entnehmen, dass er schon seit Beginn seines militärischen Aufstiegs in der Gnade Gottes stand. Hatten die Kugeln des Feindes in Marokko nicht stets einen Bogen um ihn gemacht? War er nicht der jüngste General Europas geworden? Hatte er die Asturische Oktoberrevolution nicht innerhalb weniger Wochen niederschlagen können?

Spätestens nachdem auch noch sein Generalskollege Mola bei einem Flugzeugabsturz ums Leben gekommen war, muss ihm klar gewesen sein: Er war als Werkzeug Gottes dazu ausersehen, Spanien zu retten. Jeder, der sich ihm dabei in den Weg stellte, war als Feind des Herrn zu betrachten und kalt zu stellen. Aber der kosmische Widersacher war raffiniert und kleidete sich in viele Gewänder. Er, Franco, musste nicht nur in der Lage sein, eisenhart zuzuschlagen, sondern er musste listig sein wie ein Fuchs und verschlagen wie ein Schakal. Der Feind war stark, und deshalb brauchte er Verbündete, so viele Verbündete wie nur irgend möglich. Er würde alle Kräfte, die wie er die Republik hassten – und seien ihre Motive auch noch so unterschiedlich –, bündeln und so den Sieg herbeiführen. Wie konnte er daran zweifeln, dass Gott auf seiner Seite stand, nachdem Hitler und Mussolini ihm dabei geholfen hatten, seine Truppen von Marokko nach Spanien zu bringen und ihn dann mit Waffen versahen, die ihn dazu befähigten, binnen weniger Monate über die Hälfte des spanischen Territoriums zu besetzen?

Aber das war lediglich der militärische Aspekt der „Cruzada" gewesen. Danach erst begann der schwierigere Teil des Kreuzzugs, nämlich die spanischen Herzen von all dem Schmutz zu befreien, mit dem die „rote Brut" sie besudelt hatte, den Wahnsinn aus den Köpfen zu eliminieren, der einen großen Teil seiner Landsleute in den Hades der Finsternis gestoßen hatte. Das aber konnte nicht die Aufgabe der Armee sein. Die Truppe hatte dafür zu sorgen, dass die territoriale Integrität des Landes wieder hergestellt wurde. Die im Namen des Herrn eroberten Gebiete rigoros vom Irrglauben zu befreien und den bolschewistisch verseuchten Augiasstall zu säubern, dazu bedurfte es einer Mannschaft, die fest im Glauben und in keiner Weise zimperlich war. Wenn es Not tat, musste die Hälfte aller Spanier erschossen werden, um das schon zum Erbübel gewordene satanische Unkraut ein für allemal auszumerzen.

War es göttliche Vorsehung, dass ein solches Instrument bereits existierte? War es nicht die Falange Española, die dazu berufen war, sich diesem Teil des Problems zu widmen? Zwar war der Führer dieser politischen Bewegung, José Antonio Primo de Rivera, bereits kurz nach Beginn des Bürgerkriegs von den „Roten" erschossen worden, und er hatte ihn persönlich nur flüchtig gekannt, doch war sein politisches Erbe genau das, was das Land für seine Gesundung brauchte. Es deckte sich mit seinen eigenen Vorstellungen von einem starken imperialen und katholischen Spanien, und José Antonio hatte das Instrumentarium entwickelt, wie diese Ideen in die Herzen möglichst vieler Spanier zu pflanzen seien. Im „grünen Buch", einer Art Katechismus mit Fragen, deren Antworten vorgegeben und von Jung-Falangisten auswendig zu lernen waren, steht geschrieben:

Was ist die Falange? Eine von José Antonio ins Leben gerufene politische Bewegung, um Spanien zu retten. – Warum musste Spanien gerettet werden? Weil die Spanier das Bewusstsein für ihre historische Sendung verloren hatten. – Was bedeutet, das Bewusstsein für die historische Sendung zu verlieren? Man hat vergessen, dass Spanien etwas sehr Wichtiges in der Welt zu vollbringen hat. – Und warum hatte man es vergessen? Weil Spanien zwischen 1648, als es Holland, und 1898, als es Kuba und die

Philippinen verlor, von stärkeren Nationen immer wieder besiegt wurde, so dass die Spanier glaubten, ihre Mission sei beendet. – Welche Konsequenzen ergaben sich daraus? Der Verlust des spanischen Weltreiches. Und was sonst noch? Das Zerbrechen der territorialen Einheit Spaniens auf Grund der katalanischen und baskischen separatistischen Bewegungen. – Warum konnte dies geschehen? Weil, da die Spanier aus den verschiedenen Gebieten das Bewusstsein für ihre gemeinsame Sendung verloren hatten, sie nun keinen Grund mehr hatten, vereint zu bleiben. – Was ist es denn nun, das die verschiedenen Teile Spaniens zusammenhält: geographische Grenzen, Sprache, Charakter oder Sendung? Die Sendung. – Warum? Weil die Basken nicht wie die Katalanen sprechen noch die Katalanen wie die Menschen aus Kastilien. Andalusien ist nicht Galicien. Trotzdem sind alle durch eine gemeinsame Sendung vereint. – Welche andere Konsequenz hatte die Niederlage für uns? Wirtschaftliches Elend für die meisten Spanier. – Was ist nun die fundamentale Aufgabe der Falange? Den Spaniern ihren Glauben an sich selber und an die Sendung des Vaterlandes zurückzugeben und durch die Revolution zu gewährleisten, dass alle besser leben können. – Wie soll dies erreicht werden? Indem man die Spanier eine Doktrin lehrt, die sie stets nach bestimmten Idealen streben lässt. – Was bedeutet, stets nach bestimmten Idealen zu streben? Unser Verhalten bestimmten Grundsätzen unterzuordnen, die aus uns bessere Menschen machen. – Wann wurde die Falange gegründet? Am 29. Oktober 1933 in der Comedia de Madrid mit dem Namen Falange Española. – Wer hat sie gegründet? José Antonio.

José Antonio, Sohn des Exdiktators Miguel Primo de Rivera, war schon bald nach Ausrufung der Republik zu der Auffassung gelangt, dass es so in Spanien nicht weitergehen dürfe. Auch für Franco war es damals eine einschneidende Erfahrung gewesen, wie damals, angeblich angestachelt durch die Aktivitäten bolschewistischer Agenten, der übelste Bodensatz der spanischen Plebs Kirchen angezündet, Polizisten ermordet, Priester verhöhnt und illegal Ländereien besetzt hatte. Spanien schien dabei zu sein, im Strudel von Chaos, Anarchie und Selbstzerstörung zu versinken. José Antonios Reaktion war es, aufrechte, ebenso patriotisch gesinnte Männer zu sammeln und sich dem vermeintlichen Unheil entgegen zu stemmen. Seine Falange Española hatte zwei Aspekte, einen verbal visionären und einen in der Realität brutalen, zerstörerischen. Während in den Sälen unter Verwendung salbungsvoller Reden viel patriotischer Weihrauch gestreut wurde, herrschte auf den Straßen die nackte Gewalt, und während seine Pistoleros schießend und mordend ihren Beitrag zum öffentlichen Chaos lieferten, berieselte der rednerisch begabte Señorito vor allen Dingen seine Standesgenossen mit seiner Idee der nationalen Erneuerung. Es gelang ihm, einflussreiche Persönlichkeiten zu beeindrucken und sie zur finanziellen Unterstützung seiner Bewegung zu veranlassen.

Im Februar 1934 vereinigten sich José Antonio und seine Mannen mit der JONS, den von Ramiro Ledesma Ramos und Onesimo Redondo schon 1931 gegründeten „Nationalsyndikalistischen Stoßtruppen". Dabei handelte es sich um ein paar tausend junge Männer von kompromissloser Militanz. Sie waren entschlossen, für ihr neues Spanien zu schießen, zu prügeln, zu morden und sich tot schlagen zu lassen. Insofern war das Zusammengehen der Falange mit der JONS eine „ideale" Symbiose. Die JONS übernahm ab sofort die Rolle eines Kettenhundes des so „feinsinnigen" Falange-Chefs, und immer wenn es angebracht erschien, wurde dieser bissige Köter losgelassen.

Natürlich war die Falange auch religiös motiviert, trat vehement für die Stärkung des einzig selig machenden Glaubens ein und konnte sich deshalb der Sympathie der katholischen Kirche sicher sein. Um sein Image als Señorito loszuwerden, kritisierte José Antonio sogar den Lebensstil seiner eigenen Gesellschaftsschicht. Er wandte sich gegen allzu kruden Egoismus und soziale Gleichgültigkeit innerhalb seines Standes. Er hielt es nicht für richtig, dass die spanischen Landarbeiter mit Hungerlöhnen abgespeist wurden. Auch eine in geordneten Bahnen verlaufende Bodenreform stand auf seinem Parteiprogramm. Mit diesen sozialen Einsprengseln wollte er sich offensichtlich die Sympathien zumindest eines Teils der unterprivilegierten Massen erwerben.

Schon bald nach dem Bürgerkrieg konnte die Falange stolz auf eine Mitgliederzahl von über einer Million verweisen. Vor dem Krieg waren es nur knapp 20 000 gewesen. Über 10 000 Bürgermeister und 55 000 Stadt- und Gemeinderäte waren aktive Falangisten. Jeder Offizier und Unteroffizier der Armee musste sich dazu verpflichten, der Falange beizutreten. Bald spielte sich das gesamte Arbeitsleben unter der Kontrolle der Partei ab. Sowohl die 3,5 Millionen Arbeitgeber aus Industrie, Handel und Handwerk als auch die 8,5 Millionen Arbeitnehmer waren in vierundzwanzig so genannten vertikalen Syndikaten pflichtorganisiert. Aufgabe der falangistischen Syndikatsfunktionäre war es, das Gefühl zu vermitteln, sie alle zögen am gleichen vaterländischen Strang.

In Anlehnung an den BDM (Bund Deutscher Mädchen)

Hitlers gab es in der Falange auch die so genannte Sección Feminina. Alle jungen Frauen mussten sich für ein halbes Jahr im sozialen Bereich dienstverpflichten. Auch ein Pendant zur Hitlerjugend entstand. Der „Faschistengruß" wurde zur allgemeinen Pflicht.

Wichtig für Franco war, dass ihm mit der Falange eine Organisation zur Verfügung stand, die das gesamte nationale Territorium mit verschiedenen engmaschigen Netzwerken überspannte und so das Gros der Spanier ideologisch beeinflussen konnte, und sei es unter Mithilfe eines Katalogs von Drohungen, Pressionen und Abstrafungen.

Im Norden Spaniens jedoch, insbesondere in Navarra, war es der Falange zunächst nicht gelungen, Fuß zu fassen. Denn Navarra und auch Teile des Baskenlandes, Aragoniens und Kataloniens waren schon seit über hundert Jahren ideologisches Ressort der Carlisten.

Kern dieser Bewegung waren die sehr bodenständigen und einem mittelalterlichen Katholizismus verhafteten navarresischen Bauern, welche die liberale Öffnung Spaniens im 19. Jahrhundert nicht hatten mitmachen wollen. Sie waren gegen jede Modernisierung des Landes, gegen die konstitutionelle Monarchie, gegen Eisenbahnen, Telegrafenmasten, Kanalisation und elektrisches Licht gewesen. Sie wollten wie ihre Vorväter im Schweiße ihres Angesichts ihre Scholle beackern und ihrer archaischen Frömmigkeit huldigen. Was sie auf keinen Fall wollten, war irgendeine Veränderung. Sie beriefen sich auf den erzreaktionären Don Carlos, den Bruder von König Ferdinand VII., dem nach dessen Tod der spanische Thron eigentlich zugestanden hätte. Ferdinand jedoch hatte es vorgezogen, seine minderjährige Tochter Isabella Königin werden zu lassen.

Don Carlos stand für die Werte des alten Spanien, für Absolutismus, die Inquisition und einen Ständestaat, in dem jeder von Geburt aus wusste, was er im Laufe seines Lebens zu tun hatte. Die Idee eines säkularisierten Staates war für ihn Teufelswerk. Diese erzkonservative Strömung mit ihrem starken Rückhalt im navarresischen Bauerntum hatte trotz dreier Erbfolgekriege im 19. Jahrhundert nie ganz besiegt werden können und war noch zu Beginn des spanischen Bürgerkriegs ein so starker Machtfaktor, dass sie dem von Pamplona aus agierenden Putschgeneral Emilio Mola nach dem 18. Juli 1936 dreißigtausend paramilitärisch geschulte Milizen zum Kampf gegen die Republik zur Verfügung stellen konnte. Sie nannten sich „Christkönigskrieger" bzw. „Requetes" und trugen im Norden dazu bei, dass sich die zunächst brenzlige Lage des Putschgenerals stabilisierte und Mola durch die Eroberung von Irún in die Lage versetzte, die republiktreuen Basken von der französischen Grenze abzuschneiden.

Die Requetes übten im Norden Spaniens zunächst eine ähnliche soziale Kontrolle aus wie die Falangisten im Süden. Natürlich hatte Franco nichts gegen zwei so schlagkräftige und fanatisierte Verbündete einzuwenden, so lange die prekäre Lage an den Fronten ihre Energien absorbierte. Zum Problem aber wurden sie, nachdem sich die Lage der Rebellen einigermaßen stabilisiert hatte.

Den Falangisten und den Carlisten war zwar der Hass auf die „Roten" gemeinsam. Beide wollten ein mächtiges katholisches Spanien. Damit aber war der gemeinsame Zeichenvorrat erschöpft. Die Falangisten schätzten zwar auch die alt hergebrachten Traditionen, sie waren aber gleichzeitig realistisch genug zu erkennen, dass eine Wiederbelebung der Größe Spaniens nur unter Einbeziehung moderner Technik und Industrie zu bewerkstelligen war. Einige Führer der Falange waren, wie ihr Chef José Antonio, verwöhnte Señoritos und blickten als solche recht verachtungsvoll auf die Carlisten mit ihrem bäuerlichen Anstrich herunter.

Als sich der Kampf beider Gruppen um die Vormachtstellung in blutigen Krawallen zu äußern begann und Carlistenchef Manuel Fal Conde und Falangisten-Führer Manuel Hedilla ihre eigenen ideologischen Süppchen ohne das Einverständnis Francos zu kochen begannen, schlug der Caudillo zu. Hedilla, den Chef der Falange, ließ er zum Tode verurteilen, um ihn dann zu begnadigen und auf die Kanarischen Inseln zu verbannen. Fal Conde stellte er vor die Wahl, als Rebell erschossen zu werden oder ins portugiesische Exil zu verschwinden. Fal Conde entschied sich für das Exil.

Franco erließ daraufhin das so genannte Vereinigungsdekret. Carlisten und Falangisten wurden zur „nationalen Bewegung" vereint, und Franco machte sich zu deren Führer auf Lebenszeit. Die Carlisten innerhalb der Schmelzpartei mussten fortan die blauen Hemden der Falangisten tragen und die Falangisten die roten Baskenmützen der Carlisten. Spanien hatte eine Einheitspartei, deren Inhalte, nun durch die carlistische Komponente angereichert, den Heranwachsenden vermittelt wurden. Unter der Überschrift: „Das blaue Hemd – die rote Mütze" klang das so:

Was tragen die Falangisten, um sich von anderen zu unterscheiden? Eine Uniform. – Was ist eine Uniform? Das, was alle diejenigen, die einer Truppe oder Organisation angehören, gleich stellt und von anderen unterscheidet. – Einige Beispiele. Die Uniformen verschiedener Schulen, Uniformen des Militärs und, in anderem Sinn, das Gewand religiöser Orden. – Wie sieht die Uniform der Falangisten aus? Das blaue Hemd mit dem Joch und den Pfeilen auf der linken Tasche aufgestickt. – Warum ist dies unsere Uniform? Weil José Antonio sie bei der ersten Nationalen Falangisten-Tagung in Madrid im Oktober 1934 dazu bestimmte. – Welche Gründe gab es für diese Wahl? Er wollte eine Uniform haben, welche das Kämpferische der Falangisten unterstrich, entschlossen, die soziale Revolution herbeizuführen, die durch das Blau unseres Hemdes symbolisiert wurde. Eine proletarische Farbe. – Was hat das zu bedeuten? Es ist die Farbe, welche die Arbeiter bei ihrer schweren Arbeit tragen. – Warum weist das Hemd ebenfalls Joch und Pfeile auf? Weil die Falange, abgesehen von der sozialen Revolution, den nationalen Charakter unserer Bewegung unterstreichen will. – Wie soll es getragen werden? Ohne Jacke und mit aufgekrempelten Ärmeln. – Was gehört sonst noch zur Uniform? Seit dem Tode José Antonios ein schwarzer Schlips. – Was sonst noch? Seit der Vereinigung vom 19. April 1937 eine rote Mütze. – Was ist der Ursprung der roten Mütze? Die Kriege der Carlisten. Es war das Unterscheidungsmerkmal derjenigen, die gegen die Liberalen kämpften und die auf ewig die wahren Söhne Spaniens blieben. – Gibt es noch etwas, das für die Uniform erforderlich ist? Nein. Ich habe hier die Uniform schlechthin beschrieben. Je nach den Umständen gibt es auch Abänderungen. – Wie ist die Uniform der Frauenabteilung? Die gleiche, aber ohne Schlips. – Welche Uniform trägt die Jugendorganisation? Eine ähnliche, aber ohne das blaue Hemd oder die roten Pfeile, da die Jungen noch keine kämpferischen Mitglieder der Bewegung sind. – Was muss ein junges Mädchen der Falange vor allem anderen erstreben? Eines Tages die Uniform der Falangisten zu tragen und Spanien mit ihren Kameraden zu dienen. – Wozu verpflichtet uns die Uniform? Uns so zu benehmen, dass wir allen ein Beispiel geben. – Wozu noch? Sich immer dessen bewusst zu sein, dass Falangisten halb Mönche und halb Soldaten sind und dass daher ihr Leben von Mut, Strenge und Disziplin bestimmt sein muss.

Das Vereinigungsdekret, das Falange und carlistische Traditionalisten unter Francos Führerschaft zur „nationalen Bewegung“ zwangsvereinigte, sorgte innerhalb des „Movimiento“ für ein erhebliches Konfliktpotential – vorhersehbare Streitigkeiten, die aber aus Francos Sicht nicht unbedingt ein Nachteil waren. Sie banden überschüssige Energien, die zuvor in jenen Eigenmächtigkeiten gegipfelt hatten, die der Diktator nicht hatte dulden können, was zur Verbannung von Manuel Hedilla und Fal Conde geführt hatte. Franco spielte im Zusammenhang mit den Streitigkeiten zwischen Falangisten und Traditionalisten stets die Rolle des Schiedsrichters, eine Aktivität, die er hervorragend meisterte, auch weil sie nicht ganz neu für ihn war. War es ihm doch früher in Marokko gelungen, die Streitigkeiten der verschiedenen Kabylenstämme stets zu Spaniens Vorteil zu nutzen. Konflikte schüren oder schlichten – er war stets das Zünglein an der Waage gewesen und hatte sein Gewicht so zum Tragen kommen lassen, wie es ihm vorteilhaft erschien. „Teile und herrsche“ war in Marokko seine von den alten Römern und Engländern übernommene Devise gewesen.

Auch das Ködern potentieller Widersacher mit Privilegien, Posten und Pfründen konnte er als seine persönliche Macht stabilisierendes Element im Nachkriegsspanien verbuchen. Das Ergebnis war, dass der Fanatismus und Widerspruchsgeist führender Falange-Funktionäre durch lukrative Spielräume erheblich gedämpft werden konnte.

Einen guten Posten in der Falange zu haben, bedeutete in einem hungernden Spanien, über alle Bedürfnisse des alltäglichen Lebens zu verfügen, trotz immenser Treibstoffknappheit in einem Dienstwagen herumfahren zu dürfen und als Funktions- und Entscheidungsträger des „neuen Staates" von einem Heer von Bittstellern und Schmeichlern umgeben zu sein, was nicht nur das Gefühl der eigenen Wichtigkeit steigerte, sondern zusätzlich für eine pralle Brieftasche sorgte.

Es war aber nicht so, dass Korruption als grundsätzlich straffrei galt. Sie wurde dem bestechlichen Funktionär nur dann zum Verhängnis, wenn er sich Eigenmächtigkeiten erlaubte, die dem Caudillo nicht ins Konzepte passten. Dann konnten die kleinsten Nachlässigkeiten plötzlich ausgegraben werden und den Sturz vom Podest bewirken.

Falangisten und Carlisten hatte Franco nun vereinnahmt. Würde ihm das mit der Kirche auch gelingen? Da sah der Caudillo keine besonderen Schwierigkeiten. Schließlich hatte sein Sieg über die Republik es erreicht, die Priesterverfolgungen und Verbrennung von Gotteshäusern zu stoppen. Nicht ohne Grund spekulierte er auf die Dankbarkeit des Klerus. Hatte Papst Pius XII. ihn doch sogar zum „Retter der Christenheit" erklärt.

Doch war es nicht nur Dankbarkeit, welche die Kirchenoberen dazu bewegte, ihr Treuebündnis mit Franco zu schließen. Der Diktator, so hofften sie, würde das Rad der Geschichte zurückdrehen können – zurück in eine Welt, deren Nabel die Kirche Jahrhunderte lang gewesen war.

Nach dem Tod des reaktionären Königs Ferdinand VII. im Jahr 1833 hatten von französischem Geist geprägte Liberale in Madrid das Sagen gehabt und konnten damit beginnen, die kirchliche Macht zu beschneiden. Sie sahen in dieser Institution den Todfeind von Aufklärung, Modernisierung und Humanismus. Stimmten die Thesen der liberal orientierten Geschichtsschreibung über die Rolle, welche die Kirche während der letzten Jahrhunderte in Spanien gespielt hatte, so waren allerdings reichlich Gründe gegeben, ihre Kompetenzen wesentlich einzuschränken. Dieser Standpunkt, inzwischen auch von vielen zeitgenössischen Historikern weitgehend akzeptiert und während des Franquismus als „schwarze Legende" gebrandmarkt, beinhaltet zusammengefasst etwa Folgendes:

Als die napoleonischen Truppen, die Ideen von einem säkularen Staat und den „Code Civil" im Gepäck, im Jahr 1808 die Pyrenäen überschritten und Spanien besetzten, hatte die Kirche dort 350 Jahre Inquisition mit ihren immensen Folgen für das spanische Denken zu verantworten. Die offizielle Doktrin erlaubte dort zu Beginn des 19. Jahrhunderts noch nicht einmal den Blutkreislauf. Die Sterne waren Himmelsfenster, und der Himmel war entweder mit einer dem Rotwein ähnlichen Flüssigkeit oder geschmolzenem Glockenmetall gefüllt. Zahlreiche Hexen machten im damaligen Spanien noch ihre Ausflüge in die Sierras, um dort mit dem Teufel zu kopulieren.

Das Volk wurde in Aberglaube und Unwissenheit gehalten, damit die Institutionen des Feudalstaates aufrecht erhalten werden konnten. Schon lange hatte die Kirche den Zustand des Landes mit der Befindlichkeit der Oberschicht verwechselt, deren Wohlergehen von dem archaischen Zustand des Landes geradezu abhing.

Die Verbundenheit des Klerus mit den Institutionen des feudalistischen Staates hatte eine lange Tradition, die bis auf die Zeit vor den katholischen Majestäten Isabella von Kastilien und Ferdidand von Aragón zurückging.

Schon der lange Kampf gegen den Islam im Süden des Landes hatte der Kirche ein geradezu unchristliches militantes Gepräge verliehen. Damals entstand der Archetypus des Spaniers, halb Mönch, halb Krieger, der noch in den Fantasien der Falange und im Kopf Francos herumspukte. Weltlichkeit und Geistlichkeit waren im Kampf gegen den gemeinsamen Feind eine besonders enge Symbiose eingegangen, die darin gipfelte, dass der spanische König vom Papst das Recht erhielt, die Bischöfe der spanischen Kirche zu ernennen. Die offiziell im Namen der Kirche agierende Inquisition war ursprünglich auch ein Instrument zur Verfolgung auch weltlicher Politik gewesen. Denn die Eliminierung von heterogenen Elementen stärkte die von regionalen Eigeninteressen stets bedrohte Einheit des Landes. Der Katholizismus spanischer Ausprägung war dazu ausersehen die Klammer zu sein, welche das Land zusammenhielt.

Ein Kalkül, das auch aufging und Spanien zur ersten Nation Europas machte – um den hohen Preis der Vertreibung ethnischer Minoritäten, die im wirtschaftlichen Leben eine äußerst wichtige Rolle gespielt hatten.

Das Resultat war zunächst ein gewaltiger Schub an gemeinsamer Energie, der sich nach der Entdeckung Amerikas in der Unterjochung der neuen Welt austoben konnte. Ihre zusätzliche Rechtfertigung erhielt diese Politik, als die Schätze Amerikas nach Spanien flossen und das Land zur Supermacht auf dem europäischen Kontinent machten. Den Initiatoren dieser Politik, den an einem Strang ziehenden Vertretern des Adels und des Klerus, aber war der gewaltige Machtzuwachs offensichtlich zu Kopf gestiegen und machte sie selbstgerecht, arrogant und blind für die Gefahren, welche die neue Entwicklung in sich barg.

Mit den Juden und Morisken hatten sich die christlich gebärdenden Spanier gleichzeitig der wirtschaftlichen, wissenschaftlichen und kulturellen Elite des Landes entledigt. Das schnelle Verkommen der eigenen Schaffensfähigkeit konnte durch das Einfließen der amerikanischen Reichtümer lange verschleiert werden. Es wurde schick, Luxusgüter von der Edelkutsche über Nobelmöbel bis zum Schoßhündchen für die Damen aus dem Ausland einzuführen.

Adel und Klerus, die in ihrer Selbstverblendung begannen, das spanische Volk nicht mehr als solches wahrzunehmen und ausschließlich sich selbst mit Spanien identifizierten, wurden zunehmend müßiggängerisch, arrogant und weltfremd. Ihr Dasein beschränkte sich auf repräsentatives Konsumieren und ein rituelles Gehabe, das mit den Lebensrealitäten bald nichts mehr gemein hatte.

Die Kirche, der es gut dabei ging, gab ihren Weihrauch dazu und vertröstete das vernachlässigte, ja fast vergessene Volk mit Hinweisen auf die Pflicht zu demütigem Ertragen des irdischen Jammers als Voraussetzung für den Eintritt in die ewigen Freuden des Jenseits.

Eigentlich hätte der Verlust eines Großteils der spanischen Kolonien in den ersten zwei Jahrzehnten des 19. Jahrhunderts ein zwar schmerzhaftes, aber letztendlich heilsames Erwachen bringen müssen. Aber weder Adel noch Klerus konnten sich von der nunmehr seit Generationen vererbten und zunehmend verfestigten Rolle der arroganten Verglorifizierung edlen Nichtstuns trennen. Da die amerikanischen Reichtümer ausblieben, mussten die für den repräsentativen Luxus notwendigen Gelder aus dem spanischen Volk, vorwiegend von den landlosen Bauern Kastiliens, Andalusiens und Extremaduras, herausgepresst werden, eine ökonomische Szene, die von allen Zeichen der Vernachlässigung, der Rückständigkeit und im Elend dahinvegetierender Ignoranz geprägt war.

Obwohl das fast schon nicht mehr möglich war, musste die meist schuldversklavte Landbevölkerung den Gürtel immer enger schnallen. Der hohe Klerus, längst familiär mit dem Adel und Großgrundbesitz verquickt, bezog so eindeutig Stellung, dass bei dem Gros der Millionen von Ausgebeuteten die Bereitschaft sank, sich weiterhin von Ammenmärchen einlullen zu lassen. Mit zunehmend knurrendem Magen begann auch der Geduldsfaden zu reißen.

Hunderttausende ländlicher Proletarier begeisterten sich an den anarchistischen Zukunftsvisionen von Gerechtigkeit, Gleichheit und Brüderlichkeit. Die Repräsentanten des klerikalen Feudalstaates mussten immer mehr auf brutale Repression zurückgreifen, um den Gärprozess innerhalb des Volkes unter Kontrolle zu halten.

Schon Anfang des 20. Jahrhunderts hatte es gegen die Kirche gerichtete gewalttätige Eruptionen gegeben, Kirchen wurden verbrannt, Priester verprügelt, ja sogar verstorbene Nonnen aus ihren Gräbern herausgeholt und mit deren Skeletten auf der Straße getanzt. In diesem Zusammenhang ist die „Semana trágica" (tragische Woche) von 1909 in Barcelona noch heute in Erinnerung.

Die Dämme brachen erneut, nachdem sich im Jahr 1931 die Republik konstituiert hatte und sie die versäumten Reformen der letzten drei Jahrhunderte in wenigen Jahren nachholen wollte. Kirchen und Klöster brannten, die Priester konnten sich nicht mehr auf die Straße wagen. Vor allem das verelendete Landvolk sah in der Kirche den Hauptschuldigen an ihrer Misere.

Nach dem Putsch der Generäle im Juli 1936 war die

Reformregierung in höchster Gefahr. Die Wut des Volkes richtete sich spontan und mit äußerster Brutalität gegen die verhasste Kirche und ihre Einrichtungen. Hunderte von Gotteshäusern wurden angezündet, Klöster geschleift, tausende von Priestern ermordet.

Franco war über diese Ausschreitungen in höchstem Maße entsetzt. Für ihn war die Kirche stets das Symbol der Größe Spaniens gewesen. Eine seiner ersten Taten nach dem Sieg über die Republik war es deshalb, ihr alle Rechte und Privilegien, die sie einstmals gehabt hatte, zurückzugeben und noch einiges mehr.

Im Zeitraffertempo begann Spanien in den 40er und 50er Jahren des 20. Jahrhunderts, noch einmal den Geist der Inquisition und des Mittelalters zu durchleben. Wenig zeitgemäß erschien es, dass ein Staat einer Kirche so viel Einfluss zugestand. Vielleicht von falscher Dankbarkeit und auch Rachegefühlen motiviert, schlossen die hohen Vertreter der Kirchenhierarchie angesichts der staatlich veranlassten Massenmorde nicht nur die Augen, sondern befürworteten sie sogar als Teil des Kampfes gegen den Antichristen.

In Franco-Spanien war es geradezu existenzgefährdend, sonntags nicht zur heiligen Messe zu gehen. Das konnte als „rote" Gesinnung gedeutet werden. Deshalb füllten sich sogar in den Hochburgen des Anarchismus die Gotteshäuser wieder. Es wurde fleißig gebetet und gebeichtet, und religiöse Prozessionen schwängerten die Atmosphäre wieder mit monotonem Singsang und Weihrauch.

Nach all den Jahren der Verfolgung konnte die Kirche mehr als aufatmen. Denn der ihr eingeräumte Einfluss war wieder so groß wie einstmals zu Zeiten der habsburgischen Majestäten. Alle sekularen Terraingewinne der Republik waren mit einem Federstrich beseitigt worden. Die Zivilehe war abgeschafft, genauso wie die Möglichkeit, sich scheiden zu lassen. Die Schulerziehung lag wieder in Händen der Kirche. Auch wirtschaftliche Sorgen gab es für sie nicht, denn abgesehen davon, dass sie für eine christliche Hochzeit oder Beerdigung erkleckliche Beträge kassierte, hatte sich der Staat dazu verpflichtet, die Priester wie Beamte zu besolden. Dass der Katholizismus wieder Staatsreligion wurde, erübrigt sich fast zu sagen.

Die wohlwollende Haltung der Kirche – besonders unmittelbar nach Ende des zweiten Weltkrieges – war mehr als nur ein Trostpflaster für Franco, vor allem auch deshalb, weil ihre Kollaboration ihm eine moralische Rechtfertigung für seine blutigen Säuberungen war. Neben der Falange hatte es Franco insbesondere der Kirche zu verdanken, dass sein Regime die Jahre des Hungers und der Isolation nach 1945 unbeschadet überstehen konnte.

Dennoch war die innenpolitische Lage nicht unproblematisch. Besonders beunruhigend erschien es Franco, dass einige Generalskollegen sich von ihm und seiner Politik abzuwenden begannen. Zwar war er am 1. Oktober 1936 von der Junta der aufständischen Generäle zum Chef der Streitkräfte und des Staates ernannt worden, jedoch nicht auf Lebenszeit, wie Franco es jetzt gerne interpretierte.

Es gab eine Menge Militärs, die sich Gedanken darüber machten, welche Regierungsform für Spanien nach der Niederlage Hitlers optimal sei. Viele meinten, Franco habe sich durch sein zu großes Engagement für die Achsenmächte disqualifiziert. Zu ihnen gehörten Generäle wie Rafael García Valino, Antonio Aranda und General Alfredo Kindelan. Kindelan hatte schon längere Zeit Kontakte mit Don Juan, dem Sohn des 1931 abgedankten Königs Alfons XIII., gepflegt. Zusammen mit General Aranda und Angehörigen des Hochadels hatte er nach der deutschen Katastrophe bei Stalingrad damit begonnen, die Rückkehr der Bourbonen auf den spanischen Thron zu favorisieren.

Die Unterstützung der monarchistischen Generäle ermutigte Don Juan dazu, am 19. Mai 1945 das so genannte Manifest von Lausanne zu veröffentlichen, in dem er den totalitären Charakter des Franco-Regimes kritisierte und Franco aufforderte, den Weg für eine demokratisch orientierte Monarchie freizumachen. Wie nicht anders zu erwarten, wurde das Manifest nicht in der spanischen Presse veröffentlicht. Das jedoch hinderte die Generäle Aranda, Kindelan, Alfonso de Orléans und den Herzog von Alba nicht daran, den Übergang zur Bourbonen-Monarchie offen zu fordern.

Franco, für den es keine Frage war, dass er lebenslang regieren wollte, reagierte mit abwartender List. Ende April 1945 rief er dann sein Kabinett zusammen, um mit seinen Ministern eine Woche lang die Idee einer monarchistischen Regierungsform zu diskutieren. Als Ergebnis der Beratungen wurde in Aussicht gestellt, einen Thronrat zu bilden, der dann Francos Nachfolge regeln sollte. Franco selber machte klar, dass er so lange Staatschef bliebe, wie es das Wohl der Nation erforderte. Spanien sollte ein Königreich und Franco zunächst sein Regent sein.

Zwei Jahre später kam dann eine weitere Beruhigungspille für die Monarchisten: die „Ley de Succesión" (das Nachfolgegesetz), der Öffentlichkeit vorgestellt am 1. April 1947. Darin wurde festgehalten, dass Spanien ein Königreich sei, aber so lange von Franco regiert werde, wie es diesem opportun erscheine. Der Caudillo sei es auch, der das Recht habe, den zukünftigen König auszuwählen, der dann auf die Prinzipien der „nationalen Bewegung“ schwören müsse.

Abgesehen von der beruhigenden Wirkung, die das Dokument auf die zahlreichen Monarchisten haben sollte, wollte man dem Ausland vorspiegeln, das Regime beginne sich zu öffnen. Gleichzeitig war es eine Botschaft an den im portugiesischen Exil lebenden Don Juan, er möge Manifeste wie das von Lausanne in Zukunft unterlassen, sich ansonsten mit dem Regime identifizieren und auf Franco vertrauen. Don Juan aber ließ sich nicht vom Caudillo ködern, sondern konstatierte, dieser habe nicht das Recht, das Königreich nach eigenem Gusto zu restaurieren und dem König eine antidemokratische Verfassung aufzuzwingen.

Franco war über Don Juans Haltung sehr verärgert. Für den Caudillo kam dieser Mann als König nun nicht mehr in Frage. Statt dessen streckte er seine Fühler nach Don Juans Sohn Juan Carlos aus. In Gesprächen, die sporadisch während der nächsten Jahre stattfanden, konnte der Caudillo Don Juan dazu bewegen, seinen Sohn in Spanien erziehen und studieren zu lassen – klares Indiz dafür, dass der Diktator bei der Wahl des Königs eine Generation überspringen wollte. Er hoffte wohl, sein direkter Einfluss auf die Erziehung des jungen Prinzen könne diesen zu einem treuen Regimefreund machen. Nachdem er einige monarchistische Militärs durch Hausarrest oder Verbannung mundtot gemacht hatte, konnte er sich weit weniger besorgt als zuvor der Jagd, dem Fischen und den neuesten Hollywoodfilmen widmen.

Doch die Mine für den nächsten Ärger war bereits gelegt. Dass dieser ausgerechnet von Seiten der Kirche und zu einer Zeit auf ihn zukam, als sein Spanien endlich internationale Anerkennung genoss und wirtschaftlich aus dem Gröbsten heraus war, muss ihn mehr als verwundert haben.

Der Keim des Ärgernisses war eine Kreation des Kardinals Pla y Deniel gewesen. Ohne zu ahnen, was später daraus entstehen würde, hatte der höchste Kirchenmann im Jahr 1947 die HOAC – Hermandades Obreras de la Acción Católica (Arbeiterbruderschaften der katholischen Aktion) gegründet. Eine Repräsentanz in der spanischen Arbeiterbewegung zu haben, war ein Novum in der Geschichte der katholischen Kirche Spaniens.

Obwohl sie während der Franco-Diktatur große Gunst, Privilegien und Macht genoss, hatte sie aus den Ereignissen des Bürgerkriegs wohl doch ihre Lehren gezogen. Vielleicht waren die klerikalen Strategen zu der Einsicht gelangt, dass die blutigen Priesterverfolgungen während des Bürgerkriegs nicht nur das Resultat teuflischer Einflüsterungen, sondern auch eigener Versäumnisse gewesen waren. Vielleicht hatte man sich zu sehr um das Seelenheil der Reichen und zu wenig um die Lebensbedingungen der arbeitenden Menschen gekümmert. Und diese hatten sich – allein gelassen – anderen Propheten zugewandt. Um eine Wiederholung solcher Entwicklungen zu vermeiden, hatte Pla y Deniel die HOAC gegründet. Sie sollte sich mit den Nöten der Arbeiter beschäftigen, ihnen Hilfe gewähren und ihnen so eine Alternative zu Anarchismus und Sozialismus bieten. Auch wollte man das Feld der Arbeiterbetreuung nicht ausschließlich der Falange überlassen. Es kann auch sein, dass die HOAC zunächst lediglich eine Feigenblattfunktion hatte und der Beruhigung des eigenen sozialen Gewissens dienen sollte.

Dass aus dieser Kreation mehr wurde, als es den konservativen Kreisen des hohen Klerus und auch Franco lieb sein konnte, lag teilweise an dem rigiden Zentralismus des „neuen Staates" und der äußerst brutalen Unterdrückung regionaler Eigenständigkeiten, besonders im Baskenland und Katalonien. Basken und Katalanen verweigerte man weiterhin das Recht auf ihre eigene Sprache und die Pflege ihrer kulturellen Traditionen. Da beide Länder auch die am höchsten industrialisierten Zonen Spaniens waren, verfügten sie über eine zahlenmäßig starke Arbeiterschaft, die es vor dem Bürgerkrieg in Jahrzehnte währenden Arbeitskämpfen gelernt hatte, solidarisch für die Verbesserung ihrer Lebens- und Arbeitssituation zu streiten. Auch der Charakter der Kirche in diesen Regionen war stets ein anderer gewesen als in den vom Großgrundbesitz geprägten Zonen Kastiliens, Andalusiens und der Extremadura. Im Norden gab es weniger extremen Reichtum oder extreme Armut. Das wirtschaftliche Rückgrat des Baskenlandes und Kataloniens waren ein mittelständisches Bauerntum und ein hochentwickelter industrieller Sektor mit einer qualifizierten und relativ gut verdienenden Arbeiterschaft.

Die Kirche war dort eine Institution, die weit mehr Verankerung im Volk erfuhr als die Kirche im feudalistischen Süden. Dort im Norden waren die Kirchen auch in Zeiten der Republik voll gewesen, hatte es kaum Kirchenverbrennungen oder Morde an Geistlichen gegeben. Die Priester kamen aus dem Volk und verstanden dessen Nöte. Sie lasen die Messe in baskischer oder katalanischer Sprache und waren über das Verbot ihrer Zunge und Kultur während der Franco-Diktatur genau so empört wie alle anderen.

Der Konflikt mit dem Regime war deshalb vorprogrammiert. Während der 40er und 50er Jahre als schwelende

Missstimmung wahrnehmbar, die sich wegen der brutalen Repression der Ordnungskräfte nicht zu artikulieren wagte, kam der Zündfunke für das explosive Gemisch aus einer für alle überraschenden Richtung, aus Rom.

Auf den Vatikan und seine Lobsprüche hatte Franco bisher fest bauen können. Als nach dem Tod von Pius XII. der greise Kardinal Angelo Roncalli als Johannes XXIII. zum Papst gewählt wurde, konnte er nicht ahnen, dass dieser eine neue Meinungsströmung repräsentierte, die sich auf dem von ihm einberufenen Zweiten Vatikanischen Konzil durchsetzen konnte. Der Caudillo verstand die Welt nicht mehr, als er im Inhalt der im Jahr 1961 formulierten Enzyklika „Mater et magistra" vernehmen musste, dass sie, ohne das Land ausdrücklich beim Namen zu nennen, genau das anmahnte, was es ihn Spanien nicht gab: gerechte Löhne, menschliche Arbeitsbedingungen und gewerkschaftliche Rechte für die Arbeiter.

Das war Wasser auf die Mühlen der in der HOAC engagierten Priester, welche die traurigen Realitäten des Arbeitslebens in den industriellen Bereichen aus eigener Anschauung kannten. Hatte ihre Arbeit für die Belange der Arbeiterschaft bisher im Verborgenen stattgefunden, so fühlten sie sich nun mit der Rückendeckung aus Rom stark genug, ihre Erfahrungen publik zu machen. Die Predigten in den Kirchen des Nordens, auch in Asturien, vermittelten plötzlich Inhalte, die den Vertretern des Regimes nicht gefallen konnten, den Arbeitern aber aus der Seele sprachen. Sogar in Kreisen des hohen Klerus hielt man die Zeit für gekommen, kein Blatt mehr vor den Mund zu nehmen. So wagte es der Erzbischof von Zaragoza, Dr. Morcillo, öffentlich zu erklären: „Es ist eben notwendig, dass die Arbeiter ihre drohenden Fäuste erheben, damit die Menschen der Rechtmäßigkeit ihrer Ansprüche gewahr werden."

Die Folge war im Frühjahr 1962 – auch stimuliert durch die neue Wirtschaftspolitik – eine wachsende Ermutigung der Arbeiterschaft, die besonders in Asturien und im Baskenland zu zahlreichen Streiks führte. Die HOAC war so offensichtlich daran beteiligt, dass das Regime sich zu einem Rundumschlag veranlasst sah. Im Baskenland wurden zahlreiche Priester verhaftet, die beschuldigt wurden, heimlich mit der ETA zu kollaborieren. Es hagelte Geldstrafen für Geistliche, die von der Kanzel gegen soziale Ungerechtigkeiten protestierten oder sogar Geldsammlungen für streikende Arbeiter organisierten. Nachdem der Arbeiterpriester Gracia Salve verhaftet worden war, prangerte Aurelio María Escarre, der Abt des katalanischen Klosters von Montserrat, in einem Interview mit „Le Monde" die brutale Unterdrückung der Bürgerrechte in Franco-Spanien an. Escarre war in einer zu exponierten Position, als dass man ihn hätte einsperren können. Als er trotz sich verschärfender Drohungen nicht schwieg, wurde er „zu weiteren Studien" aus dem Land geworfen. Im Mai 1962 versuchten die Sicherheitsorgane, die HOAC durch einen brutalen Schlag zu enthaupten. Der Vorsitzende Teófilo Pérez Rey sowie der Präsident und Vizepräsident der JOC (katholische Arbeiterjugend) wurden verhaftet und in die Keller der Dirección General de Seguridad an der Madrider Puerta del Sol gebracht, dort verhört und misshandelt. Pérez Rey erhielt außer seinen Blessuren eine Geldstrafe von 50 000 Peseten wegen angeblicher Unterstützung der streikenden asturischen Bergleute.

Geradezu hysterisch reagierte Franco, als sich zwischen dem 5. und dem 8. Juni 1962 Exilspanier und spanische

Opositionelle in München trafen und in einem sehr moderat formulierten Manifest mehr Rechte für die Spanier wie Versammlungsfreiheit , freie Meinungsäußerung und Ausdrucksmöglichkeiten für ethnische Minderheiten einforderten. Hardliner der Falange waren bei Franco vorstellig geworden und warnten ihn, in München habe sich eine konspirative Gruppe von Freimaurern, Kommunisten, Juden und Vertretern der Kirche gegen das Regime verschworen.

Franco, arg verstimmt, griff sofort durch und ließ die „Fueros de los Españoles (Grundrechte) außer Kraft setzen. Viele Kongressteilnehmer, die aus München nach Spanien zurückkamen, wurden verhaftet, neben Kirchenvertretern und Universitätsprofessoren so prominente Oppositionelle wie Gil Robles und der Ex-Falangist Dionisio Ridruejo. Franco gefiel sich in der Pose, darüber zu mutmaßen, ob der Vatikan von Kommunisten und Freimaurern unterwandert sei.

Rom ging auf Konfrontationskurs und forderte die Legalisierung einer christdemokratischen Partei unter Führung des Monarchisten Joaquín Rúiz Jímenez, der eine sehr einflussreiche katholische Zeitschrift, die bekannten „Cuadernos para el Dialogo", herausgab. Laut Konkordat hatten die spanischen Zensoren keinen Einfluss auf den Inhalt dieses Blattes.

Besonderes Pech hatte ein Mitglied der illegalen Führung der kommunistischen Partei Spaniens, Julian Grimau García. Inmitten der gereizten Stimmung wurde er am 7. November 1962 von der Brigada Política Social verhaftet und war nach brutalen Folterungen aus einem Fenster im ersten Stock der Dirección General de Seguridad in Madrid gestoßen worden. Nach mühsamem Aufpäppeln im Gefängniskrankenhaus wurde Grimau am 20. April 1963 wegen angeblicher kommunistischer Verschwörung hingerichtet. Franco ließ wieder einmal seiner Rachsucht und seinem Groll freien Lauf: Weder die Forderung nach Begnadigung des Führers der sozialistischen Welt, Nikita Kruschtschow, noch des italienischen Kardinals Montini – wenig später Papst Paul VI. – konnten ihn gnädig stimmen. Die Weltöffentlichkeit war empört, aber der Caudillo fuhr fort, sein Regime die blutigen Zähne zeigen zu lassen: Im August 1963 wurden zwei Anarchisten mit dem mittelalterlichen Würgeeisen zu Tode gebracht.

Die Enzyklika „Pacem in Terris", in welcher die Kirche unmissverständlich mehr Menschenrechte, Versammlungsfreiheit und Artikulationsmöglichkeiten für ethnische Minderheiten forderte, vertiefte den Graben zwischen Vatikan und Franco weiter und verstärkte seinen Verdacht, Rom sei von Moskau unterwandert. Deshalb scheute er sich nicht, durch den Bruch des Konkordats von 1953 schärfer gegen opositionelle Geistliche vorzugehen. So gab er im Sommer 1968 seinem Justizminister José María de Oriol freie Hand, ein spezielles Priestergefängnis einzurichten. Zum Entsetzen Roms wurden dort binnen Kurzem über fünfzig Geistliche eingekerkert. Vielen anderen wurde nahe gelegt „zu Studien" ins Exil zu gehen.

Das hinderte Kardinal Vicente Enrique y Tarancón, Erzbischof von Madrid, nicht daran, die immer noch existierende Trennung Spaniens in Sieger und Besiegte zutiefst zu bedauern und sich im Namen der Kirche dafür zu entschuldigen, ein schlechter Sachwalter der Versöhnung gewesen zu sein. Für falangistische Ultras war Tarancón der „rote Bischof". Schmierer pinselten an Kirchenwände: „Tarancón al Paredón", was so viel heißt wie „Tarancón an die Wand!"

Die Kirche hatte einen radikalen Wechsel vollzogen. Aus dem wertvollsten Verbündeten Francos war ein lästiger Widersacher geworden.

Die Ökonomen Gottes greifen ein

Zu Beginn der Franco-Herrschaft hatte das „Movimiento“ mangels anderer Ideen auf die Wirtschaftstheorie der Falange zurückgegriffen, nach der Kapital und Arbeit eine Einheit bilde und nationale Autarkie zum obersten Dogma erklärt wurde.

Nach Ausbruch des kalten Krieges, dem Abkommen mit den USA über Militärstützpunkte, der Aufnahme in die UNO und dem Öffnen der amerikanischen Kredithähne wäre es eine logische Folge gewesen, dass Spanien seine Politik der Autarkie aufgeben und sich für eine Öffnung entscheiden würde.

Bisher hatte das Regime darauf verweisen können, dass die nun schon über zehn Jahre währende katastrophale wirtschaftliche Lage ihm von außen aufgezwungen war.

Das konnte nun nach Beendigung der Sanktionen nicht mehr als Ausrede dienen. Dennoch konnten die Träger des Regimes sich nicht zu einem wirklichen Kurswechsel ihrer bisherigen Politik durchringen. Vielleicht befürchteten sie, dass eine Öffnung ihre Machtposition gefährden könne. Hatten sie nicht während der letzten fünfzehn Jahre bewiesen, dass sie auch ohne die Hilfe des Auslands selbst unter härtesten Bedingungen zurechtkamen? Warum sollten sie einen Zustand verändern wollen, der ihnen selbst Wohlstand, den Gehorsam der eingeschüchterten Massen und das Bewusstsein Halbgott ähnlicher Überlegenheit garantiert hatte? Statt über die nun gegebene Möglichkeit nachzudenken, ob es nicht an der Zeit sei, den Schnürleib der Repression und des ökonomischen Dirigismus zu lockern, fühlten sie sich nun erst recht in ihrer bisherigen Politik bestätigt. Die ins Land fließenden Kredite wurden nicht etwa dazu genutzt, um die Wirtschaft auf Vordermann zu bringen, sondern um die auf Pump georderten Importe der eigenen Augenwischerei dienlich zu machen. Lebensmitteleinfuhren durften hinfort die schlimmsten Formen des Mangels verdecken. Neue amerikanischer Straßenkreuzer befriedigten die mit eigenen Luxusbedürfnissen gepaarte Eitelkeit. Effizienz gaukelten die „Macher" des Regimes sich durch die Installierung teurer, prestigeträchtiger, aber am wahren Bedarf vorbeigeplanter Industriemoloche vor. Angesichts dieser schnell sichtbar werdenden Scheinblüten konnten sich die Träger des Regimes stolz gegenseitig auf die Schulter klopfen und ansonsten weiter machen wie bisher. Sie konnten sich vorspiegeln, die spanische Galeone habe das Gröbste hinter sich und könne ewig in die gleiche Richtung weitersegeln. Das hieß konkret: Ein Heer von Mitgliedern der Einheitspartei musste weiter heroische Phrasen dreschen und zur Aufblähung der Verwaltung beitragen.

So weiter segeln wie bisher hieß auch,

- hoher Funktionär in der Wirtschaftsplanung zu sein und dazu beizutragen, dass die knappen Geldressourcen weiterhin für prestigesüchtige, unrentable und an den realen Bedürfnissen vorbei geplante Industriekomplexe vergeudet wurden

- als Priester solche Anlagen einweihen zu dürfen und dabei den nationalen Weihrauchverbrauch zu steigern
- als Funktionär für Landreform dafür zu sorgen, dass die Privilegien der Großgrundbesitzer nicht angetastet und das Elend der Tagelöhner hinweggelogen wurde
- bei der Genehmigung irgendwelcher Lizenzen der entscheidende Mann zu sein und mit stets offener Hand den eigenen Wohlstand zu fördern
- als Polizeibeamter die stetige Gastfreundschaft der Barbesitzer zu genießen
- als Offizier zur weiteren Verfügung zu beweisen, dass Nichtstun und Langeweile nichts miteinander zu tun hatten
- als Journalist die Wühlarbeit von angeblichen Freimaurern, Bolschewisten und bösen Ausländern aufzudekken
- als Kapitaleigner die ständige Streiksucht der Arbeiter zu zügeln.

Das ist nur ein kleiner Auszug aus dem Panoptikum derjenigen, die sich innerhalb der „spanischen Zustände" recht wohl fühlten, nicht zu vergessen die ersten Touristen, die nach der Rückkehr in ihre Heimat von feurigen Tänzerinnen, diensteifrigen Kellnern, abgeschabten, aber respektvoll zu ihnen aufschauenden Menschen redeten, die bei all ihrer Armut so ehrlich und freundlich waren, und das alles für ein Spottgeld…

Diese ganze wunderbare Idylle geriet um das Jahr 1957 herum ins Wanken, und um das erläutern zu können, ist eine kleine Exkursion ins nüchterne Reich der Ökonomie von Nöten.

Die amerikanischen Kredite waren nicht etwa dazu verwendet worden, die Wirtschaftskraft des Landes zu stärken, sondern um sie zu verpulvern. Die gewaltige Verschwendung des gepumpten Geldes mag anhand der Analyse des damals als Korrespondent der New York Times in Spanien akkreditierten Journalisten Benjamin Welles verdeutlicht werden:

„Mitte der fünfziger Jahre war das INI ( ) (staatl. Industriemonopol) zu einem wirtschaftlichen Oktopus angeschwollen, der mit einem Kapital von vier Milliarden Mark an die siebzig Industrieanlagen im ganzen Land kontrollierte. Kritische Stimmen, denen zu Folge das Institut gewaltige Gelder für großtönende, aber unwirtschaftliche Projekte vergeude, wie sich bei den Stahlwerken von Aviles oder der Ölraffinerie von Puertollano gezeigt hatte, wo man die gewaltigen Verluste nicht bekannt gab und auf unfaire Weise die Privatindustrie aus dem Feld schlug, wurden einfach nicht zur Kenntnis genommen. Suanzes (Generaldirektor der INI), der von Franco gehalten wurde, machte sich mit seiner INI überall dort breit, wo die private Wirtschaft nicht konkurrieren wollte oder konnte, aber keiner wagte, dagegen Einspruch zu erheben."

Vier Jahre nach dem Öffnen der Kredithähne begann das traurige Erwachen. Ohne es wagen zu können, eine Sparpolitik einzuleiten, die das Volk in die Misere der vierziger Jahre zurückgezwungen hätte, sah der Staat sich nicht in der Lage, die fälligen Zahlungen rechtzeitig zurück zu erstatten. Zunächst half man sich mit so üblen wie durchschaubaren Tricks, die Privatbanken zu zwingen, Staatsanleihen zu kaufen, mit der wenig seriösen Erlaubnis, diese Papiere dann 15 Prozent unter dem Nennwert zu veräußern. Außerdem wurde die Notenpresse in erhöhte Rotation gebracht. Die Banco de España emittierte immer mehr Papiergeld. Spekulanten machten ein Vermögen. Die

Korruption brach alle Rekorde. So verbrachte ein Kabinettsmitglied laut Benjamin Welles seinen letzten Tag auf seinem Posten im Jahr 1957 damit, dutzende lukrativer Importlizenzen für seine Amigos zu unterzeichnen. Der Devisenvorrat Spaniens schrumpfte dramatisch. Das Wort vom möglichen Staatsbankrott machte international die Runde.

Da erschienen plötzlich und unerwartet – keiner schien sie zu kennen – Vertreter einer neuen ökonomischen Schule auf der Bildfläche. Ihr Auftreten war bescheiden, und sie waren sehr jung. Schon bald nannte man sie die „Technokraten". Das Neue an ihnen war, dass sie viel mit Zahlen operierten und über eine stark verkümmerte vaterländisch-heroische Phraseologie verfügten. Es war ihnen gemeinsam, dass sie statt einer politischen, militärischen oder amigohaften eine Universitätskarriere hinter sich hatten. Sie hassten angeberische Rhetorik und waren sich einig in dem Ziel, die spanische Wirtschaft aus der Sackgasse zu bugsieren. Dabei waren sie sich in den anzuwendenden Mitteln schnell einig.

Eine herausragende Rolle spielte bei diesem Dreiergespann der Wirtschaftsprofessor und neue Handelsminister Alberto Ullastres. Ihm oblag es, den willkürlichen Import und Export betreffenden Handelsdirigismus aufzuheben, um in Zukunft zu vermeiden, dass Überflüssiges mit teuren Devisen ins Land geholt wurde. Teure Exportsubventionen sollten abgebaut werden. Um die Ausfuhr nicht völlig zu paralysieren, progagierte er eine drastische Abwertung der Pesete, um die Konkurrenzfähigkeit der spanischen Produkte auf den Auslandsmärkten zu fördern. In diesem Zusammenhang konnte Ullastres auf den neuen Finanzminister Mariano Navarro Rubio vertrauen.

Um zu verhindern, dass die Strukturen der Verwaltung die neuen Maßnahmen torpedierten, begann der Dritte im Bunde, der erst 37 Jahre alte Professor für Verwaltungswesen, Laureano López Rodo, als Generalsekretär der Präsidialkanzlei damit, den Augiasstall der unfähigen und korrupten Administration auszumisten.

Es galt schließlich, eine Wirtschaft zu sanieren, die nach dem zweiten Weltkrieg nicht nur vom Außenhandel abgeschnitten, sondern, schlimmer noch, durch Kontrollen, deren ökonomische Vernunft sich jedem Fachmann entzog, lahmgelegt war. Man war nach dem Motto verfahren: Was nicht ausdrücklich erlaubt ist, ist verboten, und was erlaubt war, funktionierte nur in Ausnahmefällen. Alles stagnierte, außer dem Schwarzmarkt, ohne dessen am Bedarf orientierte Dynamik die Wirtschaft vollends kollabiert wäre.

Obwohl das junge Ökonomen-Trio, gefolgt von einem hochkarätigen Assistententeam von 60 jungen Hochschulabsolventen, eifrig und tatkräftig damit beschäftigt war, gangbare Wege aus der Krise abzustecken, konnten sie den dramatischen Kollaps der spanischen Ökonomie nicht verhindern. Die Schuldenfalle schnappte endgültig zu, der Kurs der Pesete fiel rapide, die Devisen schrumpften in Richtung Null. Die Reichen brachten ihr Geld in Windeseile ins Ausland, was den Absturz der nationalen Währung weiter beschleunigte. Der bekannte Industrielle Alejandro de Aroáz warnte zu Beginn des Jahres 1959 die Regierung: „Unsere Goldreserven sind völlig erschöpft … Wir haben mehr ausgegeben, als wir verdient haben … Wir haben mehr investiert und verpfändet, als wir gespart haben … Mit Ausnahme der Wasserkraftwerke und neuer Staudämme ist fast nichts von dauerhaftem Bestand geschaffen worden.“

Schon geraume Zeit zuvor hatte eine amerikanische Wirtschaftsdelegation unter Richard S. Aldrich dringend empfohlen, die Staatsausgaben zu kürzen, die staatlichen Gängelbänder zu lösen und die grotesk überbewertete Pesete auf ein realistisches Kursniveau zu bringen. Alles ohne Erfolg! Obwohl sich Franco der prekären Situation bewusst war, hatte er es bisher nicht gewagt, dem Filz aus anspruchsvollen Generälen, gierigen Verwandten, Schmeichlern und Schmarotzern entgegenzutreten. Dazu kam es erst, als im Juni 1959 die Devisen so aufgebraucht waren, dass noch nicht einmal die für Neureiche importierten Cadillacs ausgelöst werden konnten.

Dass das Land vor dem Staatsbankrott und unabsehbaren Konsequenzen bewahrt wurde, verdankte Franco der Voraussicht seines neuen Technokratentrios, das bereits kurz nach Amstsantritt in Zusammenarbeit mit der Weltbank eine über 500 Seiten starke Expertise über den Zustand der spanischen Wirtschaft erarbeitet hatte. Darauf basierende internationale Hilfsangebote aber waren an harte Bedingungen geknüpft, die essenzielle Elemente des regimetypischen Wirtschaftens in Frage stellten.

Franco hatte keine Wahl. Vor die Alternative des Bankrotts gestellt, nahm er das Hilfsangebot schweren Herzens an. Die drei jungen Reformer, die auf seine Entscheidung warteten, vernahmen es mit Erleichterung, als Franco ihnen endlich zubellte: „¡Hagan lo que les de la gana!“ – Machen Sie, was Sie wollen!

Mit dieser Entscheidung hatte Franco wohl seine persönliche Macht gerettet, aber gleichzeitig viele seiner alten und getreuen Mitstreiter in die Wüste schicken müssen, beispielsweise seinen alten Weggefährten Suanzes, der seinen Job als Chef des INI (Nationales Industrieinstitut) an den neuen Industrieminister, den 39-jährigen Gregorio López Bravo, abtreten musste. Einen Trost hatte Franco für den alten Kumpel trotzdem: Er wurde zum Marqués geadelt.

Ende 1960 fasste die Pesete wieder Fuß. Spekulation und Währungsschwarzmarkt waren ausgetrocknet, und die Preise begannen sich zu stabilisieren. Der Export von Stahl, Textilien und Schiffen nahm zu. Die Importe stiegen wieder und begannen sich am wirklichen Bedarf zu orientieren. Ullastres kündigte an, dass bald dreiviertel des Handels ohne staatliche Kontrolle abgewickelt werde. Die Produktion nahm zu, die Gewinne stiegen, das Fluchtgeld strömte zurück. Nur Lohnerhöhungen für die Arbeiter schien man vergessen zu haben. Doch diese, inzwischen aus der Agonie der 40er und 50er Jahre erwacht, bereiteten sich auf die wirksamste Gegenmaßnahme vor: den Streik.

Doch die schlimmsten Verwünschungen über den neuen Wirtschaftskurs kamen aus den Reihen der Getreuen des Regimes, der falangistischen Einheitspartei. Deren Größen begannen im Zusammenhang mit den erfolgreichen Reformern von „weißen Freimaurern" zu reden, wohl wissend, welche Phobie Franco den Freimaurern gegenüber hegte. Die Polemik begann erst recht, nachdem eindeutig feststand, dass alle vier Garanten des neuen Kurses dem katholischen Laienorden „Opus Dei" (Werk Gottes) angehörten. Man begann, von der „heiligen Mafia" zu reden, einer Geheimorganisation unter katholischem Deckmantel, die nichts anderes wollte, als den franquistischen Staat zu untergraben.

Doch die falangistischen Kritiker verstummten bald, denn der wirtschaftliche Aufschwung war nicht zu übersehen. Übrig blieb eine sterile und bösartige Maulerei derjenigen, die ihrer Machtpfründe zusehends verlustig gingen.

Die goldenen 60er läuteten einen Strukturwandel ein, den niemand erwartet hätte. Bis zum Einbruch der Erdölkrise im Jahr 1974 verzeichnete die spanische Wirtschaft ein jährliches Wachstum von oft mehr als zehn Prozent im Jahr und stellte damit selbst die Erfolgsbilanz der Japaner in den Schatten.

Bald schon war die falangistische Bewegung nur noch ein Schatten der Vergangenheit, der zwar als solcher noch real existierte, aber zusehends zu einer Hülse mit museallem, muffig riechenden Inhalt geworden war. Je mehr die Spanier sich zu fragen begannen, wie es gekommen war, sich Jahrzehnte lang von ökonomischen Scharlatanen dominieren zu lassen, um so mehr machte im Land ein neuer Wunderglaube die Runde, deren Hohepriester die jungen Technokraten waren.

Diese selbst allerdings wurden nicht müde darauf hinzuweisen, dass das Geschehen mit einem Mirakel weniger zu tun hatte als mit harter Arbeit und schonungsloser Selbstanalyse. Dazu gehörte die Einbeziehung der günstigen internationalen Situation und die Fähigkeit, das als richtig Erkannte durchzusetzen.

Der kalte Krieg begünstigte ein Fortbestehen des Franco-Regimes und machte eine Unterstützung Spaniens nicht von dem Verschwinden des Diktators abhängig – wichtige Voraussetzung für die Öffnung. Diese vollzog sich in einem Moment, als Frankreich, Westdeutschland, die Beneluxländer und Skandinavien auf einer Woge der Hochkonjunktur schwammen, deren Ende nicht abzusehen war.

Die beiden Konsequenzen dieser konjunkturellen Entwicklung – der wachsende Wohlstand und ein immer spürbarer werdender Arbeitskräftemangel in jenen Ländern – waren die Faktoren, welche die Entrümpelung, Sanierung, Öffnung und Dynamisierung der spanischen Wirtschaft dauerhaft flankieren sollten Eine äußerst glückliche Konstellation, die in einem Land, das reich an verpassten historischen Gelegenheiten war, dieses Mal endlich genutzt wurde, auch wenn von den Regimeführern dabei aus der Not eine Tugend gemacht wurde.

Spanien begann sich just in dem Moment zu öffnen, als im Norden Europas gerade Millionen von Arbeitskräften benötigt wurden, die zur Aufrechterhaltung des Booms um jeden Preis herbeigeschafft werden mussten. Der Glücksfall erhielt seine Verstärkung dadurch, dass die westeuropäische Bonanza Millionen von „Nordlichtern" mit dem nötigen Kleingeld ausstattete, um sich den Traum vom Urlaub im Süden zu ermöglichen.

Diese beiden Faktoren plus Öffnung trugen entscheidend dazu bei, dass sich in Spanien innerhalb von nur zwei Dekaden ein Wechsel vollzog, der die Veränderungen der letzten zwei Jahrhunderte in den Schatten stellte, das Land endgültig dem Mittelalter entriss und es zu einem modernen westeuropäischen Land machte, wobei die Tatsache, dass dies ausgerechnet unter einem Anachronismus wie dem Franco-Regime geschah, auf das Konto grotesker Ironie geht, woran die Geschichte der Menschheit bekanntlich reich an Beispielen ist.

Der Gastarbeiterstrom in Richtung Norden war die andere Klappe, die mehrere spanische Fliegen auf einmal schlug.

Der Exodus dünnte die Misere in den klassischen Elendszonen Andalusiens und Extremaduras aus. Zum ersten Mal seit der Vertreibung der Araber hatten die elendsten Bedingungen ausgelieferten Millionen von Tagelöhnern eine reelle Chance, der kollektiven Armut zu entweichen.

Den Verursachern dieser Misere , den in Saus und Braus lebenden Großgrundbesitzern, war plötzlich die Grundlage für ihre primitive Ausbeutungsstrategie entzogen. Das Überangebot an Landarbeitern stand mit einem Mal nicht mehr zur Verfügung, und mit den bisher üblichen Hungerlöhnen war bald keiner mehr auf die Felder zu locken. Die Señoritos waren zum Umdenken gezwungen, sowohl was ihr soziales Verhalten als auch ihre archaische Bewirtschaftung anbelangte. Hinzu kam, dass auf Grund der Öffnung des nationalen Marktes ihr künstlich hohes Preisniveau zusammenbrach – zugunsten des spanischen Konsumenten.

Insgesamt profitierte die Ökonomie doppelt von dem Exodus der Gastarbeiter. Hunderttausende unproduktiver Mäuler brauchten nicht mehr gestopft zu werden, ernährten sich fortan in ihren Gastländern und schickten zusätzlich einen Milliardensegen an Devisen in ihr Heimatland zurück, um ihren Familien erstmals die Grundlage für ein menschenwürdiges Leben zu verschaffen. Da diese Gastarbeiter auch Anrecht auf Urlaub hatten und diesen meist in ihrer Heimat verbrachten, kamen tausendfach äußerst glaubwürdige Augenzeugenberichte ins Land, die abseits der spanischen Medien davon kündeten, wie die Situation im so lange verteufelten Ausland wirklich aussah. Damit wurden die Propagandisten des Systems einschließlich der Kirche Lügen gestraft und sahen sich dazu gezwungen, ihren Märchenvorrat enorm auszudünnen oder ihn zumindest mit einer anderen Dramaturgie auszustatten, wollten sie einen Rest ihrer Glaubwürdigkeit retten.

Der Señorito, vor dem zuvor alle in den Staub gekrochen waren, der so gern hoch zu Ross an die Theke seiner andalusischen Stammkneipe geritten war, kam mit seinen Allüren nicht mehr an. Er erntete keine mit Mordgelüsten vermischten Respektsbezeichnungen mehr, sondern nur noch Verachtung. Mehr verlacht als gefürchtet, wurde er zusehends zu einem einsamen, verknöcherten Kauz, der Karrikatur einer Vergangenheit, die Jahrhunderte zurück zu liegen schien, ein Fossil, das irgendein seltsamer Zufall vor dem Aussterben bewahrt hatte.

Nicht nur Augenzeugen, sondern Repräsentanten der Lebensweise außerhalb der nationalen Grenzen waren Millionen von Touristen, die ins Land kamen, deren zunächst gewöhnungsbedürftiges Gehabe man aber schnell tolerieren lernte, weil sie etwas äußerst Begehrtes mitbrachten: Geld, und vielleicht so manchen zu der Spekulation veranlassten, ob deren spezielles Verhalten vielleicht etwas mit deren wirtschaftlichem Erfolg zu tun habe, also des Kopierens wert sei.

Sogar die repressiven Organe des Staates, allen voran die Guardia Civil und die Policía Armada, begannen angesichts der unterschiedlichen Maßstäbe der Touristen, ihre rüden Verhaltensweisen auf höchste Anweisung zu überdenken. Brutale Übergriffe gegen Regimegegner bis hinunter zum Hühnerdieb sollten in Zukunft zumindest den Augen der Fremden weitgehend entzogen bleiben. Dem Touristen gegenüber hatten sich die „Lackhüte" als Freund und Helfer zu verhalten. So sollte das Negativimage der Guardia Civil abgebaut werden und kein Hindernis mehr beim Scheffeln der Touristendevisen sein. Dabei handelte es sich allerdings um reine Kosmetik, denn die repressive Funktion beider Polizeikörper war in keiner Weise eingeschränkt. Besonders in den wenig von Touristen besuchten Industriezentren des Nordens war ihre Brutalität bei der „Disziplinierung" der Arbeiterschaft nicht nur weiterhin sprichwörtlich, sondern steigerte sich sogar bei den immer häufiger auftretenden Streiks Ende der 60er Jahre.

Härte im Verborgenen, scheinbare Toleranz nach außen: Insgesamt passte diese den Ordnungskräften auferlegte Doppelstrategie durchaus in das neue Wirtschaftskonzept.

Aus der Perspektive des internationalen Finanzkapitals hatte es sich herumgesprochen, dass Spanien sein Gesicht zwar humanisiere, aber dennoch über eine äußerst arbeitsame und anspruchslose Arbeiterschaft verfüge. Nicht nur das bewog sie, das Spanien der 60er Jahre als günstiges Investitionsfeld zu betrachten. Hinzu kam noch, dass nach dem Amtsantritt des neuen Industrieministers Gregorio López Bravo im Jahr 1962 ein Entwicklungskonzept vorgelegt wurde, das auf potenzielle ausländische Investoren wirken musste wie der Honigtopf auf einen naschhaften Bären.

In seinem am 1. Januar 1964 vorgelegten Vierjahresplan für ökonomische und soziale Entwicklung, kurz „El Plan" genannt, sah López Bravo für den industriellen Zuwachs sieben Präferenzzonen vor: Valladolid, Burgos, Saragossa, Vigo, La Coruña, Sevilla und Huelva, in denen Geldanlagen für spanische und ausländische Investoren besonders schmackhaft gemacht wurden. El Plan rechnete mit einer Gesamtinvestition von ca. 21 Milliarden Dollar. Investiert werden durfte auf sämtlichen Gebieten der Wirtschaft, und ausländischen Unternehmen wurde es ausdrücklich gestattet, ihr Kapital, ihre Gewinne oder Dividende zu jeder Zeit und ohne Einschränkung ins eigene Land zurück zu holen. Der Staat half kräftig mit, die Attraktivität der genannten Zonen durch die durchdachte Schaffung einer Infrastuktur zu erhöhen. Geplant war der Bau von Wohnungen, Schulen, Ausbildungs- und Erholungsstätten sowie ausreichende Verkehrsanbindungen.

Der Erfolg sprach für den Plan. Bereits im Jahr 1967 hatten sich über 150 amerikanische Firmen in Spanien niedergelassen. Auch das Investitionsvolumen französischer und deutscher Firmen wuchs immens.

Nachdem Gregorio López Bravo die politische Bühne 1962 mit solch nachhaltigem Erfolg betreten hatte und sich herausstellte, dass auch er Mitglied des Opus Dei sei, begannen immer wildere Gerüchte die Runde zu machen, um welch seltsame Vereinigung es sich da eigentlich handelte. War es ein Geheimbund mit vielleicht finsteren, dem Schicksal der Nation abholden Zielen? Auch die führenden Köpfe der in Frankreich lebenden Exilanten beobachteten die Leute vom Opus Dei mit äußerstem Misstrauen, zumal das Opus zunächst in keiner Weise irgendein Bestreben zeigte, seine Art und Zielsetzung in der Öffentlichkeit zu diskutieren.

Nicht zu übersehen war, dass sich in der Administration Madrids und den Provinzmetropolen ein neuer Stil durchzusetzen begann, bei dessen Prägung Leute wie Ullastres, Rubio, López Rodo und López Bravo zu gern imitierten Vorbildern wurden.

Paul Hoffman von der New York Times beschrieb diese Männer so: „Diese Technokraten waren Managertypen, die gar nicht recht nach Madrid und seinen gewaltigen, ernsten Zitadellen der Bürokratie zu passen schienen … Zusammen mit ihren jungen Assistenten arbeiteten sie länger als mancher ihrer Landsleute, auf fast asketische Weise ihrer Aufgabe zugetan, was man von vielen Spaniern nicht gerade behaupten kann.“

Besonders López Rodo verblüffte durch seinen persönlichen Stil. Weit entfernt von dem bisher üblichen aufdrückerischen, autoritären, angeberischen, windbeutelhaften Gehabe und Aufgeblähe, erließ er nicht eine Verordnung, ohne vorher die Betroffenen zu konsultieren. Kühl und höflich, ohne zu schimpfen oder zu befehlen, hörte er sich jeden an, der mit Einwänden oder Vorschlägen aufwarten konnte. So schuf er bei der Erarbeitung seiner Pläne stets eine reale Basis für deren Durchführbarkeit.

Offensichtlich waren diese jungen und hochkarätigen Profis des Opus Dei sämtlich von einem Arbeitsethos beflügelt, das Beobachtern alles andere als spanisch vorkam. Wucherten damals die Gerüchte, so ist es heute nach Glättung der Wogen wesentlich einfacher, einen sachlichen Blick auf das Wesen und die inneren Strukturen dessen zu werfen, was sich etwas hochtrabend „Werk Gottes" nannte und immer noch nennt.

Der Gründer dieses im Jahr 1941 als Gemeinschaft der Frommen vom Vatikan anerkannten Laienordens hatte sich 1937 nach einer abenteuerlichen Flucht aus dem republikanischen Spanien über Frankreich nach Burgos, dem Hauptquartier der Franco-Rebellen, abgesetzt. Er war in das so genannte nationale Spanien geflohen, nicht etwa, weil ihm die Aktionen der aufständischen Generäle besonders behagten, sondern weil die Kirche und alles, was damit zu tun hatte, im Spanien der Rebellen nicht nur nicht verfolgt, sondern ausdrücklich gefördert wurde.

Der Neuankömmling in Burgos war der am 9. Januar 1902 in einem gottverlassenen aragonesischen Nest geborene José María Escrivá Balaguer. Da eine höhere Schulbildung aus den Mitteln seiner Familie nicht finanzierbar war, wurde sein Erziehungsschicksal in die Hände der Kirche gelegt. Nach seiner Schulausbildung besuchte er das Priesterseminar in Zaragoza und studierte gleichzeitig Jura auf der dortigen Universität. Im Jahr 1925 wurde Escrivá zum Priester geweiht und betätigte sich danach in einer kleinen aragonesischen Gemeinde als Seelsorger.

Die Bahn seines Lebens schien vorgezeichnet, wenn ihm nicht – nach eigenen Angaben – am 2. Oktober 1928 der Herr erschienen wäre, ihm offenbarend, er habe ihn als Werkzeug auserkoren. Er solle sich nach Madrid begeben und danach stets seinen göttlichen Eingebungen folgen. Seine zukünftige Arbeit stehe „im Zeichen der Liebe, des Glaubens und des Kreuzes". Seine Aufgabe sei es, „die priesterliche Gesellschaft des heiligen Kreuzes und Werkes Gottes" (Sociedad Sacerdotál de la Santa Cruz y del Opus Dei) zu gründen.

Es war das ökonomisch aufstrebende Madrid der 20er Jahre, wo Escrivá sich weisungsgemäß niederließ und eine Etagenwohnung mietete. Dort begann er, Schulungskurse zu organisieren, die nicht etwa mit religiöser Erbauung, sondern recht weltlich mit der Vorbereitung von Jurastudenten auf ihre Staatsexamina zu tun hatten. Es ist anzunehmen, dass der „Menschenfischer" Escrivá dort die ersten „Jünger" einer Bewegung rekrutierte, deren Mitglieder später in sehr weltlichen Bereichen aktiv werden sollten.

Escrivá hatte außer seinen Kursen in bürgerlichem und römischem Recht ein esoterisches Konzept anzubieten, welches er niemandem aufzwang, das aber dennoch eine große Anziehungskraft auf Menschen auszuüben begann, die zwar religiös orientiert waren, aber auf eine Tätigkeit innerhalb der Welt dennoch nicht verzichten wollten.

Escrivás 1928 gegründeter Laienorden war in der Tat

etwas Neues. Aus seinem grundlegenden Werk „El Camino“ (Der Weg) geht klar hervor, dass er die bisher bestehende Kluft zwischen religiöser und weltlicher Existenz zu schließen gedachte.

Bisher hatte die im Katholizismus tief verankerte Idee von der unvermeidlichen Sündhaftigkeit allen Tuns auf Erden Heilsuchende in Scharen zur Weltflucht noch zu Lebzeiten getrieben. Unter bedeutenden abendländischen Denkern wies nicht nur Max Weber darauf hin, dass die ökonomische Insuffizienz vieler katholischer Länder mit dieser Tendenz zur Weltflucht zu erklären sei.

Dass Escrivá mit seinem vorgezeigten „Weg“ diese Kluft überbrücken wollte, ist vielleicht die Wurzel des frappanten Erfolges, den Anhänger des Opus Dei in Spanien und anderen Teilen der Welt hatten.

Die Tätigkeit des Gebets in der Welt als dem Herrn dargebrachtes persönliches Opfer war die Devise, der Escrivá seine Jünger und sich selber verschrieb. Tätigkeit in der Welt nicht als ein der Seelenrettung dienendes Ritual, sondern als aktiver Beitrag zur Vergöttlichung des Daseins hier auf Erden.

Das war an der traditionellen katholischen Praxis gemessen „in der Tat“ ein revolutionärer Ansatz mit hohem Anspruch, der angesichts der Blutorgien im damaligen Spanien geradezu vermessen erschien. Eine Wendung des irdischen Lebens zum Besseren – wie konnte dies angesichts des Triumphes roher Gewalt bewerkstelligt werden?

Trotz der ihn umgebenden Geistesverachtung, die General Millán Astray mit seinem in der Universität von Salamanca gepöbelten Spruch: „Abajo la Inteligencia“ auf den Punkt gebracht hatte, war Escrivá der Meinung, dass nicht rohe Gewalt, sondern nur konstruktive geistige Energie auf

Dauer den Bewusstseinswandel herbeiführen könne, der dann letztlich auch eine materielle Verbesserung der „Condition humaine“ herbeiführen könne. Scharfsichtig und zielgerichtet vorgehende Geistesmacht werde immer den Sieg über blindwütig agierendes Handeln davon tragen, war die grundlegende Überlegung, welche seine und die Vorgehensweise seiner Jünger leiten sollte.

Deshalb auch richtete er sein Hauptaugenmerk auf die Erziehungsinstitutionen und dabei besonders auf die Universitäten. Einfluss auf die universitäre Ausbildung zu haben bedeutete, die Bewusstseins- und Handlungsmuster zukünftiger Eliten zu beeinflussen. Deshalb auch empfahl er seinen Jüngern, sich bei ihren „Eroberungen“ auf die Hochburgen des Geistes zu konzentrieren.

Er selber wird mit Sicherheit gewusst haben, warum er in Burgos einen sehr intensiven Umgang mit dem Mann pflegte, der nach dem Bügerkrieg Erziehungsminister Francos werden sollte.

Nach dem Sieg Francos damit beauftragt, das nationale Erziehungswesen neu zu organiseren, stand José Ibáñez Martín im Jahr 1940 vor einer Trümmerlandschaft, augenfällig symbolisiert durch die während des Bügerkriegs total zerstörte Universitätsstadt Madrid. Aber nicht nur die Gemäuer der Alma Mater waren ein einziges Ruinenfeld. Dafür hatten in ihrer blindwütigen Raserei die Erfüllungsgehilfen Francos gesorgt, nachdem sie tausende von Lehrern, Universitätsprofessoren, Schriftstellern und Künstlern eingesperrt, exekutiert oder zur Flucht gezwungen hatten. Eine günstige Gelegenheit für Escrivá, dem Erziehungsminister Ibáñez seine Dienste beim Füllen dieses Vakuums anzubieten. Escrivá konnte Ibáñez von sich und seinen Gefolgsleuten überzeugen, als er formulierte:

„Unsere Aufgabe basiert vor allen Dingen auf der Restaurierung der klassisch-christlichen Einheit der Wissenschaften, die im 18. Jahrhundert durch die Aufklärung zerstört worden ist. Die Trennung und Zwietracht zwischen den spekulativen und den Naturwissenschaften ist rückgängig und der komplette Baum der Wissenschaften in all seiner homogenen Evolution wieder sichtbar zu machen, um so das monströse Wachsen einiger Zweige und das gleichzeitige Absterben anderer zu verhindern. Gegen die übertriebene Spezialisierung muss ein Gegengewicht gebildet werden, um die Wissenschaft wieder gesellschaftlich relevant werden zu lassen, was eine freie Rückkehr zu den Prinzipien der Koordination und Hierarchie bedeutet. Die kulturelle Ordnung der Dinge sollte zusätzlich durch die Ideen gefestigt werden, die unsere glorreiche Bewegung inspiriert haben, eine Basis für die Verbindung universaler katholischer Tradition mit den Anforderungen des modernen Lebens zu sein."

Escrivás große Stunde schlug. Erziehungsminister Ibáñez beauftragte ihn mit dem Aufbau des nationalen Universitätswesens und überließ ihm und seinen Jüngern die Leitung des neugegründeten CSIC (hoher Rat für wissenschaftliche Forschung) und damit ein Jahresbudget von 483 Millionen Peseten, eine für das ruinierte Land ungeheure Summe.

Ibáñez Martín sagte zur Eröffnung des Studienjahrs 1940/41: „Wir wollen eine Universität, die sich diszipliniert den materiellen und moralischen Interessen des Vaterlandes unterordnet. Wir werden dafür sorgen, dass wissenschaftliche Aktivitäten niemals ein perverses Instrument gegen die geheiligten Prinzipien des Vaterlandes werden können. Es gilt, die Türen einer Generation weit zu öffnen, die nicht durch die Irrtümer der Vergangenheit vergiftet sind."

Mit der Okkupierung des CSIC war es dem Opus Dei nicht nur gelungen, über Nacht eine Schlüsselstellung im universitären Bereich zu haben. Gleichzeitig bedeutete das die Vereinnahmung der „IESE", einer Institution für die Ausbildung von Topmanagern. In Pamplona übernahm das Opus zudem die Escuela de Periodismo (Schule für Journalismus).

Nachdem der „Asalto a las Catedras" (der Überfall auf die Lehrstühle) als gelungen und beendet betrachtet werden konnte, konzentrierten sich die Bemühungen auf das „Instituto de Estudios superiores de Empresa" ( ), eine Art Managerhochschule, deren Curriculum an der Harvard School of Business und der London School of Economics orientiert war. Aus der IESE gingen in den 50er und besonders in den 60er Jahren 796 Leiter wichtiger Unternehmen hervor. Dass ein Großteil der diplomierten Jungmanager Opus-Mitglieder waren, dafür hatte die Ausschüttung gezielt vergebener Stipendien gesorgt, die zu fünfzig Prozent aus dem Fonds des CSIC – also letztlich aus Steuergeldern – und zur anderen Hälfte über Firmenspenden finanziert wurden.

Wie die IESE, so wurde auch die Universität von Pamplona bald so vollständig vom Opus beherrscht, das man noch heute von ihr als der Opus-Universität spricht. Die dazu gehörige Escuela de Periodismo – die Schule für Zeitungswissenschaften – lag dem Laienorden besonders am Herzen. Denn dort wurden die Kader ausgebildet, die später einen entscheidenden Einfluss auf die Herausbildung der öffentlichen Meinung hatten.

Der beherrschende Einfluss auf die Ausbildung der spanischen Eliten trug bald auch im politischen Bereich Früchte. Ein Blick auf die Kabinettsliste zwischen 1957 und 1962 signalisiert, welch dominierenden Einfluss auf das politische Geschehen das Opus damals hatte. Als Opus-Leute galten:

- Joaquín Planell – Industrieminister
- Cirilio Cánovas – Landwirtschaftsminister
- Arias Salgado – Informationsminister
- Jorge Vigón – Minister für öffentliche Arbeiten
- Alberto Ullastres – Minister für Handel
- Pablo Martín Alonso – Kriegsminister
- Gregorio López Bravo de Castro – Nachfolger von Planell als Industrieminister
- Lora Tamayo – Erziehungsminister
- Laureano López Rodo – Planungsminister
- Mariano Navarro Rubio – Finanzminister.

Nachdem Navarro Rubio nicht nur Finanzminister, sondern auch noch Chef der Banco de España und des Instituts für die Kreditvergabe der Sparkassen geworden war, hatte das Opus auf einen Schlag die wichtigsten Instrumente zur Investitionssteuerung und damit der Entwicklung der nationalen Wirtschaft in seiner Hand. Denn abhängig von dem Institut für Kreditvergabe waren

- die Banco de Crédito Agrícola
- die Banco de Crédito Industriál
- die Banco de Crédito Locál
- die Banco Hipotecario
- die Banco Exterior de España
- die Caja Central de Crédito Marítimo y Pesquero
- die Banco de Crédito de la Construcción.

All diese Kreditinstitute verfügten nicht etwa über eigene Einlagen, sondern waren von der finanziellen Ausstattung durch die Banco de España und das „Instituto de Credito“ abhängig. Im Jahr 1966 verfügten durch das Opus beeinflusste Kreditinstitute über Gelder im Wert von 270 Milliarden Peseten, eine Summe, die – um die heutige Kaufkraft zu ermitteln – mit mindestens 20 multipliziert werden müsste und 42 Prozent der Gesamteinlagen aller spanischen Banken zusammen entsprach.

Immer wieder flammte Kritik am Opus auf, insbesondere von den in ihren Pfründen bedrohten vaterländischen Schwärmern. Francos Adlatus Luis Carrero Blanco, wohl wissend, dass das Opus das franquistische Spanien vor dem Fall in den Abgrund gerettet hatte, fühlte sich bemüßigt zu sagen: „Das Opus Dei ist eine exklusive religiöse Institution. Daher sind die Leute des Opus im politischen, ökonomischen und kulturellen Leben des Landes, wie auch im Arbeitsleben und anderen Aktivitäten, genauso tätig wie andere Bürger auch. Insofern ist die Behauptung, das Opus unterwandere die Gesellschaft als Gruppe oder Organisation, völlig falsch. Ich kann das kategorisch versichern, weil ich es selber von den Lippen des Gründers gehört habe, an dessen Glaubwürdigkeit ich nicht einen Schatten des Zweifels habe.“

Unerwartete Hilfe erhielten die innerspanischen Opus-Gegner von den Exilanten. Die vertriebenen politischen Führer der Republik waren erbitterte Gegner der Technokratenriege. Ihr Credo lautete, das Opus habe den Franquismus aus seiner Isolation herausgeholt, ihn wirtschaftlich saniert und international akzeptabel gemacht. Damit habe er einer schon todgeweihten und unfähigen faschistischen Diktatur entscheidende Überlebenshilfe gewährt. Das habe das Opus ganz bewusst getan, weil es in der Diktatur die Voraussetzung für seinen eigenen Aufstieg gesehen habe. Die innere Struktur des Opus zeige zudem, dass es sich um eine klerikale Organisation mit faschistoidem Charkter handle, die sich die vom Volk erwirtschafteten Güter unter den Nagel gerissen und sie im Sinne ihrer machtpolitischen und ideologischen Interessen missbraucht habe. Das Opus habe seine Macht niemals eingesetzt, um die Versöhnung innerhalb des gespaltenen spanischen Volkes zu fördern. Ganz im Gegenteil seien die Verbrechen des Franquismus bis zum Schluss verschleiert und seine angeblichen Verdienste glorifiziert worden. Das Opus habe mit dazu beigetragen, die Konstituierung freier Gewerkschaften zu verhindern, um so den eigenen Profit auf Kosten der Arbeiterschaft zu maximieren. Es habe zudem versucht, Generationen von zukünftigen Akademikern und Führungskadern mit den Mitteln von Bestechung (Stipendien, Studiendarlehen) oder Drohung (Exmatrikulation) geistig zu manipulieren bzw. einzuschüchtern und sie denkerisch zu infantilisieren.

Christdemokraten in aller Welt und viele Katholiken neigen zu der Ansicht, das Opus Dei habe den Faschismus spanischer Spielart abgeschwächt und zu einer Diktatur mit menschlicherem Gesicht beigetragen. Außerdem sei es dem Laienorden durch seine kapitalistische Ausrichtung und seinen technik- und industriefreundlichen Kurs gelungen, entscheidend zur Öffnung und Modernisierung Spaniens beizutragen.

Sicher ist, dass die Technokraten mit ihren Wirtschaftsreformen den rapiden Industrialisierungs- und Modernisierungsprozess der 60er Jahre ermöglicht und dadurch auch zur Schönfärberei des Franco-Regimes beigetragen haben. Sogar die abscheulichen Massenverbrechen der Nachkriegszeit begannen in Vergessenheit zu geraten, ebenso, wie die langen Jahre der Not und Bigotterie angesichts des wachsenden Wohlstandes zunehmend verdrängt wurden. Ein plötzlich „väterlicher" Franco mutierte zum nationalen Wohltäter.

Tatsache ist aber auch, dass die Veränderungen der 60er eine Dynamik auslösten, die sich der Kontrolle durch den Apparat des Regimes zunehmend entzog. Innerhalb von nur zehn Jahren wurde Spanien zu einem Land, dessen reale Lebensabläufe mit den Wunschvorstellungen der franquistischen Ideologen immer weniger zu tun hatten. Die Mumifizierung des Systems, das der Caudillo zu verewigen trachtete, verlief parallel zu dessen Vergreisung.

Kein Wunder, dass nach Francos Tod die ideologische Haut von Spanien weitgehend abfiel wie der abgetrocknete Panzer einer Schuppenechse. Darunter sichtbar wurde eine moderne europäische Nation. Entscheidenden Einfluss hatte dabei König Juan Carlos, von Franco selbst durch ein Referendum zu seinem Nachfolger auserkoren. Während im Ausland noch spekuliert wurde, was nach Francos Tod alles passieren könne, begann der Aufbruch des Landes in eine parlamentarische Demokratie.

Die Hobbys des El-Pardo-Clans

Francisco Franco, der sich selber als Asketen bezeichnete, weil er weder rauchte noch trank, weder dem Glücksspiel frönte noch Geliebte hatte, nahm nach dem Sieg der „nationalen Sache" die Pose eines altkastilischen Monarchen ein. Er verfügte über Paläste und Haciendas, umgab sich mit wertvollen Antiquitäten und Kunstschätzen je nach seinem Gusto.

Auch seine alten Hobbys Jagen und Fischen nahmen königliche Dimensionen an. Die luxuriöse Yacht „Azor" musste für seine Hochseefischerei in ständiger Einsatzbereitschaft sein. Regelmäßig waren Fischfangexperten unterwegs, um günstige Fanggebiete zu erkunden. Seine Exkursionen bis weit in den Atlantik hinaus wurden stets von einer großen Anzahl anderer Begleitschiffe eskortiert, von denen einige die Aufgabe hatten, dem Caudillo gute Beute zuzutreiben. Denn nichts stimmte „seine Majestät" übellauniger als ein schlechter Fang. Wie seine Wal- und Thunfischjagden in der Staatskasse zu Buche schlugen, darüber wagte sich kaum jemand Gedanken zu machen, geschweige denn Kritik zu üben.

Bei seinen Jagdzügen durch die Sierras und Wälder Spaniens begleitete ihn stets ein großes Gefolge. Um den

Caudillo bei Laune zu halten, wurde für reichlich Wildbestand gesorgt, und diskret waren die Treiberkolonnen darum bemüht, ihm möglichst viel Beute vor die Flinte zu treiben. Franco ließ sich meist mit den erlegten Hirschen oder Hasen ablichten und liebte es, wenn seine Schmeichler ihn als einen der erfolgreichsten Jäger bezeichneten, die das Erdenrund je gesehen hatte.

Für den Caudillo hatten diese Hobbys nichts mit indirekter Bereicherung auf Kosten des Volkes zu tun. Für ihn, der sich gern als Nachfolger von Philipp dem Zweiten sah, handelte es sich dabei um die selbstverständliche Wahrnehmung königlicher Rechte. Und von Korruption konnte bei ihm natürlich nicht die Rede sein.

Dass Teile seiner Familie dennoch in den Verdacht der Bestechlichkeit gerieten, hatte viel mit seiner einzigen Tochter Carmen zu tun, die er über alles liebte und zärtlich „Nenuca“ nannte. Diese nämlich war in Leidenschaft zu einem Provinzarzt aus Jaén entflammt, dem der Ruf eines Playboys voraus ging. Der sonst so eiskalte Diktator konnte seiner Tochter keinen Wunsch abschlagen und willigte schließlich ein, dass diese den „Señor Niemand“ heiraten durfte. Da Franco seiner Frau Doña Carmen ebenso wenig einen Wunsch abschlagen konnte, diese aber ihre Tochter gern mit einem Adeligen verheiratet sehen wollte, sorgte er kurzerhand dafür, dass Dr. Cristóbal Martínez Bordiú geadelt wurde und sich fortan Marqués de Villaverde nennen durfte.

Einer pompösen Hochzeit im hungernden Spanien konnte nun nichts mehr im Wege stehen. Es gab ein rauschendes Fest: Die Tische bogen sich unter kulinarischen Köstlichkeiten, edelster „Cava“ perlte in den Gläsern, importierter Whisky nobelster Marken floss im Übermaß, tausende von Blüten verströmten ihre Düfte. Ehrengarden standen Spalier, die Feuerwerker zauberten bunte Illusionen in den nächtlichen Himmel. Die Spitzen des Staates, elegant gekleidete Mitglieder des Adels, Industrielle und Banker, Diplomaten aus vielen Ländern gaben sich die Ehre. Natürlich war auch die Presse dabei, allerdings mit der Mahnung versehen, auf die bildliche Darstellung des ungeheuren Luxus, der sich vor den Fotografenaugen ausbreitete, zu verzichten. Die Hochzeitszeremonie fand in der Kapelle des Pardo-Palastes statt, wobei der Bräutigam – Schwert und Helm tragend – als Ritter des heiligen Grabes kostümiert war. Der mit der Predigt beauftragte Kardinal Pla y Deniel sagte mit feierlicher Stimme, dass das neue Paar der heiligen Familie des Nazareners ähnele und sich an der exemplarisch christlichen Lebensführung des Staatschefs und seiner Frau ausrichten werde.

Schon bald danach tauschte der frischgebackene Marqués und Ehemann sein altes Motorrad gegen einige nagelneue Chrysler- und Packard-Cabriolets, und das Volk auf den Straßen Madrids wurde mit einem Gassenhauer dichterisch tätig:

La niña quería un marido
La mamá quería un marqués
El marqués quería dinero
Están contentos los tres

(Das Mädchen wollte einen Mann/ Mama wollte einen Grafen / der Graf wollte Geld/ nun sind alle drei zufrieden).

Es dauerte nicht lange, bis gemunkelt wurde, dass der neue Wohlstand des Marqués nicht etwa Produkt der Zuwendungen des Schwiegervaters, sondern seines plötzlich erwachten Geschäftssinnes sei. Zu einer Zeit, als wegen

Devisenmangels noch nicht einmal Prothesen für Kriegsversehrte importiert werden durften, gelang es dem cleveren Schwiegersohn, unter Zuhilfenahme seines neu erworbenen Einflusses die Generalimportlizenz für Vespa-Roller aus Italien zu erhalten. Wegen der grünen Einheitsfarbe der Fahrzeuge, die nun bald auf den Straßen der Städte zu sehen waren, nannte der Volksmund den erfolgreichen Schwiegersohn fortan den Marqués de „Vespaverde". Seinem intensiven Nachtleben verdankte er sein zweites Pseudonym „Marqués Vaya Vida" (frei übersetzt „Bruder Leichtfuß). Der Arbeitsminister José Antonio Girón rügte schon bald das Verhalten des Marqués: „Er ist frivol und betätigt sich zu sehr als Weiberheld und mit seinen Geschäften. Er weiß gar nicht, wie sehr er damit seinem Schwiegervater schadet."

Anlässlich eines Besuches in den USA benahm sich „Vaya Vida" mehrere Male so gründlich daneben, dass er vom damaligen Botschafter Lequerica unmissverständlich zur Ordnung gerufen werden musste. Villaverde war sauer und schwärzte Lequerica bei seinem Schwiegervater an. Lequerica musste seinen Botschafterstuhl, von dem aus er so viel für die Anerkennung des Franco-Regimes in den USA getan hatte, räumen. Bei einem Botschaftsempfang in Rio de Janeiro verursachte der Marqués einen landesweiten Skandal, als er einer prominenten Brasilianerin sagte, bevor sie spreche, solle sie sich erst die Federn aus dem Haar nehmen und von den Bäumen herunter steigen. Der spanische Botschafter hatte danach eine Menge zu tun, die antispanischen Wogen einigermaßen zu glätten.

Unter Beratung seines Onkels José María Sánchis stieg „Vespaverde" auch bald groß ins Immobiliengeschäft ein. Auf Grund seiner Einsicht in öffentliche Planungen spekulierte er sehr erfolgreich und kaufte im Zuge seiner Geschäfte für seinen Schwiegervater den im Südwesten Madrids gelegenen Landsitz Valdefuentes. Franco war hoch dankbar für diesen Erwerb, den er als Hobby bald zu einem landwirtschaftlichen Musterbetrieb machte. Villaverdes Ansehen überstieg im Pardo-Palast bald das des Franco-Bruders Nicolás und der Schwester Pilar.

Des Caudillos Ehefrau Doña Carmen war von der Geschäftstüchtigkeit ihres Schwiegersohnes so eingenommen, dass sie beschloss, ihre eigenen schlummernden Fähigkeiten zu wecken und diese bei der schon immer latent dagewesenen Gier nach kostbaren Juwelen und Antiquitäten zu nutzen. Ihre Freundin, die Marquesa de Huetor de Santillán, regte Carmen zu einer besonders erfolgreichen Methode an, indem sie sagte: „Jeder Spanier von großem Wohlstand hat diesen Deinem Mann zu verdanken."

Ihre Schlüsse daraus ziehend, wurde sie bald zum Schrecken der Juweliere von Madrid bis Barcelona. Sie pflegte unangemeldet in einem ihrer Läden aufzutauchen, und wenn ihr ein Collier oder eine Brosche gut gefiel, bat sie darum, das Schmuckstück ein paar Tage zur Probe tragen zu dürfen. Wer hätte es gewagt, die Ware zurückzufordern?

Die Juweliere halfen sich schließlich auf ihre Weise. Sie bildeten einen Fonds, aus dem die Heimgesuchten entschädigt wurden. Die Antiquitätenhändler Oviedos entwickelten in ihrer Not ebenfalls eine eigene Methode. Immer wenn es sich herumsprach, „La Señora" befinde sich in der Stadt, schlossen sie mit dem Hinweis „de Vacaciones" – in Urlaub –ihre Läden. Komplizin bei den Beutezügen der First Lady war meist die besagte Marquesa Pura Huetor de Santillán, die sich einmal sogar erdreistete, einem

Antiquitätenhändler aus Bilbao zu befehlen, Doña Carmen eine kostbare Christusfigur aus Elfenbein zu schenken.

Madame Franco sah bald noch andere Möglichkeiten, ihre Gier zu befriedigen, denn in den Kreisen reicher Geschäftsleute hatte es sich herumgesprochen, dass sie einen besonderen Einfluss auf die Entscheidungen ihres Mannes habe und außerdem über ein großes Insiderwissen verfüge. Durch die Marquesa de Huetor de Santillán ließ „La Señora" signalisieren, dass sie für kostbare Geschenke durchaus empfänglich sei. Die Marquesa sorgte auch für Umtausch, wenn die teuren Gaben ihrer Freundin Carmen missfielen.

Das ganze Ausmaß der Sammelleidenschaft der Doña Carmen wurde 1977 erstmals diskutiert. Laut Aussagen des Ehemannes einer ihrer Enkeltöchter war nach ihrem Auszug aus dem Pardo-Palast in ihrer neuen Madrider Stadtwohnung ein Zimmer von über 40 Quadratmetern mit schmalen Schränken bis zur Decke mit Perlen, Juwelen und Edelsteinen gefüllt. Öfter soll sie dieses edle Kabinett aufgesucht haben, um sich an ihren Kleinodien zu ergötzen. Die ganz wertvollen Geschmeide waren allerdings auf Banken deponiert, wie der Schwiegersohn des Marqués zu berichten wußte.

Dass auch der Caudillo zunehmend beeinflussbar wurde und auch bloßen Gerüchten Glauben zu schenken begann, lag an seiner Tendenz, sich auf seinen Lorbeeren auszuruhen und das politische Tagesgeschäft mehr und mehr zu delegieren. Statt die Zeit aufzubringen, sich persönlich über wichtige Sachverhalte zu informieren, überließ er dies seinen Vertrauten und zog es statt dessen vor, im Kino des Pardo-Palastes Westernfilme zu sehen, oft mehrere hintereinander. Die Zeit nach seinem Mittagessen verbrachte er lieber auf seinem Landsitz Valdefuentes als in seinen Amts- oder Wohnräumen. Dort widmete er sich als Hobbylandwirt dem Anbau von Weizen, Kartoffeln und – als Nichtraucher – von Tabak. Valdefuentes wurde zu einem hochprofitablen landwirtschaftlichen Unternehmen, was er seinem Genie und nicht etwa der Tatsache zuschrieb, dass er über sämtliche Experten des Landwirtschaftsministeriums und die neuesten Maschinen verfügen konnte. Bei der Jagd, beim Fischen und bei seiner Arbeit als Agronom gab es für seine Schmeichler reichlich Gelegenheit, ihn zu loben, und das liebte und honorierte er, was nicht unbedingt dazu beitrug, seine Sinne für die Realitäten zu schärfen.

Einer Einladung zur Jagd konnte er selten widerstehen, und die wurde meist von Industriellen, Geschäftsleuten oder Großgrundbesitzern ausgesprochen, die wussten, dass den Caudillo oft das halbe Kabinett begleitete, und eben daraus wollten sie ihren Gewinn ziehen.

General Múñoz Grandes, ehemaliger Chef der Blauen Division, beklagte sich: „Die Jagdzüge verwandeln sich in Geschäftsbörsen, und unter dem Vorwand, seine Exzellenz zu erfreuen, erwirbt man so Importlizenzen aller Art. Später führt man dann die Freundschaft mit dem Caudillo an, um weniger Steuern zu bezahlen oder Straferlass zu bekommen."

Die Minister kamen nicht etwa mit, weil sie gern jagten, sondern weil sie die Gelegenheit sahen, mit Franco persönlich zu reden und auch mal einen ungeliebten Kollegen anzuschwärzen. Aus diesem Grunde auch wollten die Herren, wann immer es ihnen möglich war, dabei sein, sogar der Industrie- und spätere Außenminister Miguel López Bravo, der von sich selber sagte, er könne kein Schwein auf zwei Meter Entfernung treffen.

Dass die Jagdleidenschaft des Caudillo mit der zeitlichen Entfernung zum Bürgerkrieg zunahm, lässt darauf schließen, dass dieses Hobby für ihn eine Art Kriegsersatz war. Seine Exkursionen wurden von Jahr zu Jahr immer ausgedehnter und häufiger, dauerten manchmal sogar mehrere Wochen. Je mehr Wild er erlegte, um so besser fühlte er sich. Anfang der 60er Jahre rechneten Vertraute von ihm aus, dass er pro Jahr durchschnittlich 220 Tage mit Jagen und Fischen beschäftigt sei. Leibarzt Dr. Vicente Gil, der ihn begleitete, beklagte die Exzessivität seines Klienten mit der Bemerkung, es gebe Tage, an denen der Caudillo allein über 600 Patronen verschieße. Einmal von einer Jagdpartie in den Padro-Palast zurückgekehrt, sagte er seinem Vetter Pacón euphorisch: „Dieses Mal habe ich den absoluten Rekord gebrochen. Insgesamt habe ich 5 000 Wachteln abgeschossen." Besagter Vetter hielt das exzessive Jagen für eine gefährliche Schwäche des Caudillo und bemerkte dazu in seinem Tagebuch: „Die großen Jagden, die zur Zeit in Andalusien zelebriert werden, absorbieren alles. Mit dabei sind fünf oder sechs Minister mit ihren Staatssekretären, Regionalautoritäten, Gefälligkeitsjägern etc. Die übrigen Minister, die in Madrid geblieben sind, nutzen das ihrerseits aus, um sich kleine Ferien zu gönnen, die es ihnen gestatten, sich von der Last ihrer Tagesarbeit zu erholen. Also sind die Minister verreist, begleitet von ihren Frauen, Gefolge und Dienstpersonal, und belegen dabei jede Menge Dienstwagen mit Beschlag."

In den Jagdpausen hielt Franco gern Monologe über die großen Helden alter Ritterzeiten, das glorreiche Imperium des 16. Jahrhunderts und die Notwendigkeit, die Schönheit des schlafenden Spaniens wieder zu erwecken.

Auch bei einem anderen Hobby, der Malerei, kam er

von der Jagd nicht los. In seinem Atelier entstanden riesige Bildnisse mit Jagdszenen, deren Stil den Meistern des 17. Jahrhunderts nachempfunden war. Er brachte es bei seinen Darstellungen rein technisch zu erstaunlicher Kunstfertigkeit. Ansonsten gehörten seine Bilder eher in den Bereich der Seelenforschern als den der Kunstkritik. Auf den Leinwänden war verendetes Wild en masse abgebildet. Ein Gemälde stellte einen Bären dar, der schon mehrere Jagdhunde zerfetzt hatte und nunmehr vom überlebenden Rest der Meute selbst zerfetzt wurde.

Wenn er nicht gerade malte, offizielle Empfänge hatte oder neue amerikanische Filme in seinem Privatkino sah, ödete ihn der Pardo-Palast offensichtlich an. Was seine Frau anbetrifft, mag er Ähnliches empfunden haben, wie sein mitfühlender Vetter Pacón in seinem Tagebuch vermerkte: „Es gibt Tage, da kann sie noch nicht einmal sich selber ausstehen. Sie strahlt dann eine launische Stickluft aus oder ist von einer absurden Dreistigkeit. Es besteht niemals eine Atmosphäre des Vertrauens, und es fehlen jegliche Spontaneität und Freude. Alle spielen nur Theater."

In einer anderen Tagebuchnotiz schreibt Pacón: „Heute habe ich im Pardo mit dem Caudillo und seiner Familie gegessen. Diese Mahlzeiten sind in höchstem Maße langweilig, und keiner macht sich die geringste Mühe, etwas zu sprechen. Wenn Franco Sorgen hat, spricht er fast überhaupt nicht. Dann zerbeißt er Zahnstocher, deren Reste er unter den Tisch fallen lässt. Er hat einen starren, traurigen Blick. Da könnte ein Engel oder der gesamte himmlische Hofstaat vorbeirauschen. Die Stille ist absolut und sehr unangenehm, denn niemand wagt es, sie zu brechen."

Pacón berichtet auch von der Tendenz Francos, sich zu isolieren, und schreibt: „Er sollte mehr Einblick in das Leben des Volkes haben, sich ein bisschen umsehen und einen persönlichen Kontakt zu den realen Bedürfnissen der Spanier herstellen, die Probleme aus eigener Anschauung kennenlernen und nicht durch den Filter dessen, was die Minister ihm zu sagen wagen. Er lebt gerne isoliert, und ich halte das für einen großen Defekt."

Wie weit sich der Caudillo von den Realitäten des Landes entfernt hatte, zeigte sich anlässlich einer Reise nach Sevilla Ende April 1961, als der Zivilgouverneur der Provinz ihm nicht nur andalusische Folklore präsentierte, sondern ihn ungewarnt in die Slums seiner Stadt fuhr und mit den dort herrschenden katastrophalen Lebensbedingungen konfrontierte.

Der Caudillo war erschüttert und sagte wenig später in Córdoba: „Auf dieser Reise ist mir das Fortbestehen vieler sozialer Ungerechtigkeiten bewusst geworden." Er appellierte „an die Noblesse von Andalusien und die Großzügigkeit der Menschen dieses Landes, „an diejenigen, deren Besitztümer und Güter wir gerettet haben, an die Geschäftsleute, auf dass sie in christlichem Geist zu der Schaffung von sozialer Gerechtigkeit beitragen und in gutem Glauben uns bei der Ausarbeitung und Durchführung unserer sozialen Legislation unterstützen, und ich glaube daran, dass die Arbeiter und Knechte es ihnen mit erhöhter enthusiastischer Arbeitsleistung zurückzahlen werden".

Als Franco danach von seinem Vetter Pacón hörte, auch in Madrid und Barcelona gebe es ähnliche Slums, versprach der Erstaunte, etwas dagegen zu unternehmen.

Unternommen wurde lediglich etwas gegen den Zivilgouverneur von Andalusien, dessen Entlassung wegen monarchistischer Gefühlsduselei und Verärgerung des Caudillo eingeleitet wurde.

Weitere Zeichen von Realitätsschwund – oder war es blanker Zynismus? – zeigte Franco nach der schrecklichen Folterung und Hinrichtung des Kommunisten Julian Grimau García am 18. April 1963, nachdem durch die westlichen und sozialistischen Länder gleichermaßen ein Sturm der Entrüstung gegangen war und Franco sich mit seinem Image als brutaler Diktator konfrontiert sah. Bitter beklagte er sich im engsten Bekanntenkreis: „In Spanien hat es niemals solche Freiheiten gegeben wie heute. Jeder Spanier kann machen, was ihm beliebt, und denken, was er will. Er kann am öffentlichen Leben teilnehmen durch die Gewerkschafts- und Kommunalwahlen und die dafür vorgesehene Sektion in den Cortes. Die Presse ist frei, und kein Spanier wird dafür bestraft, dass er andere Ideen als die des Regimes vertritt, sogar dann, wenn er diese Ideen in Anwesenheit von Freunden verteidigt. Im heutigen Spanien regiert jeder mit dem Willen des Volkes."

Diese Ansicht, die er nicht zum ersten Mal äußerte, hinderte ihn nicht daran, kurze Zeit danach zwei linke Oppositionelle mit der Garote Vil – dem Würgeeisen – öffentlich hinrichten zu lassen. Als er sich auf Grund dessen die Schelte des neugewählten Papstes Paul VI. einhandelte, konterte Franco: „Spanien verteidigt weiterhin unerschütterlich die Spiritualität und kämpft auf der Seite Gottes".

Über den Tod hinaus

Nach seiner Siegesparade in Madrid im Jahr 1939 galt Francos Interesse weder der Versöhnung seiner entzweiten Landsleute noch der Konzentration aller Kräfte der Nation auf den Wiederaufbau des verheerten Landes. Während seine Erschießungspelotons rund um die Uhr arbeiteten und seine Häscher durch die Dörfer streiften, um auch den letzten „Rojo" aufzustöbern, ließ sich der Caudillo durch die Berge und Wälder Kastiliens chauffieren.

Er suchte nach einem Platz, mit dem er ganz bestimmte Vorstellungen verband. Meist fuhr er allein durchs Gebirge, zuweilen nahm er alte Kameraden mit, so den Legionärsgeneral Millán Astray oder den von ihm geadelten und beförderten General Moscardo, den „Helden" des Alcazar von Toledo.

Immer wieder kehrte er dabei in jene düstere Gegend zurück, die Jahrhunderte zuvor Philipp II. auserkoren hatte, um dort fern vom Glanz der Hauptstadt zu leben, zu regieren und zu meditieren. Der Monarch des Niedergangs der Weltmacht Spanien setzte sich dort ein Denkmal für die Ewigkeit, das riesige Klostergeviert von San Lorenzo del Escorial, das noch ungezählten Generationen eine Ahnung von den Dimensionen seiner absoluten Macht über die halbe Welt vermitteln sollte.

Der kleine General aus Galicien, der sich über Berge von Leichen die Macht in Spanien erkämpft hatte, stapfte zielstrebig und gelassen oft tagelang über die Höhen und durch die dunklen Pinienwälder der Ostabhänge der Sierra Guadarrama, in der zu Beginn des Bürgerkriegs so heftige Kämpfe getobt hatten. Mit dem Fernglas studierte er Höhen und Täler, bis er, fast ein Jahr nach dem Ende des Krieges, den richtigen Ort gefunden hatte, einen Platz für ein Denkmal, für ein Monument des Todes, den er auf seine Weise zu glorifizieren gedachte.

Der Caudillo wollte, wie er seinen Architekten verriet, dort ein „achtes Weltwunder" schaffen. Der Platz schien ihm dafür ideal. Ein hufeisenförmiges Felsental, mit Pinien und Eichen bewachsen, das von seinem Eingang nahe El Escorial von 1 000 auf fast 1 800 Meter ansteigt und auf dem Felsgipfel „El Risco de los Abantos" seinen höchsten Punkt erreicht.

Auch der Name des bergumkränzten einsamen Platzes sagte dem frommen Krieger sofort zu: Altar Mayor – der große Altar. Die volkstümliche Bezeichnung des Gebietes war Cuelgamuros, eine Abwandlung von Cuelgamoros – Maurengalgen.

Am 1. April 1940, ein Jahr nach seinem Sieg, unterzeichnete Franco feierlich ein Dekret, das den Bau eines gigantischen Monuments mit dem Namen Santa Cruz del Valle de los Caídos (Heiliges Kreuz vom Tal der Gefallenen) befahl. „Es ist notwendig", heißt es bombastisch in der Urkunde, „dass die Steine sich zur Größe jener antiken Monumente emportürmen, die Zeit und Vergessen herausfordern und einen Ort der Meditation und Ruhe bilden. Dort sollen die kommenden Generationen jenen Bewunderung zollen, die ein besseres Spanien für sie schmiedeten. Diesem Zweck dient die Wahl eines abgelegenen Ortes, wo sich der grandiose Tempel unserer Toten erhebt und man durch die Jahrhunderte jener gedenken wird, die auf dem Pfad von Gott und Vaterland gefallen sind."

Das in Granit gehauene Mausoleum für die Gefallenen wohl allein „seiner" Armee sollte gleichzeitig die größte Kathedrale der Welt werden. Die toten Verteidiger der Republik kümmerten Franco schwerlich. Seine Gleichgültigkeit gegenüber deren Sterben hatte er hinlänglich bewiesen, wenn er Todesurteile als lästige Pflicht zwischen zwei Schlucken Kaffee abzeichnete oder verlangte, dass mindestens vier von fünf Todesurteilen auch zu vollstrecken seien.

In Wahrheit ließ Franco das gigantische Monument für sich errichten. Es sollte seine eigene Gruft werden und musste wohl deshalb die größte Grabstätte werden, die je in der Geschichte für einen Sterblichen gebaut wurde. Sie sollte gigantischer und prächtiger werden – und wurde es dann auch – als die Pyramiden der Pharaonen, die Sonnentempel der Azteken, die Mausoleen der Moguln und Kalifen, die Grabeskirchen christlicher Kaiser. Nichts, was jemals irgendwo zu Ehren eines Gottkönigs errichtet wurde, sollte seiner letzten und ewigen Ruhestätte gleichen.

In Anwesenheit der Botschafter und militärischen Chargen Deutschlands, Italiens und Portugals – andere Freunde hatte Franco damals nicht – wurde im Zentrum des Tales, 58 Kilometer nordwestlich von Madrid, der Grundstein für die Gigantengruft gelegt. Die Oberleitung des Projekts, bei dem sich der Caudillo selbst um jedes Detail kümmerte, erhielt der Generaldirektor für Architektur,

Pedro Muguruza Otano. Im verelendeten, kriegsverwüsteten Land, das kein Geld für die Prothesen seiner Kriegsopfer hatte, in dem Menschen verhungerten, erhielt Otano alle nötigen Mittel, um das 1 365 Hektar große Bergtal in das gewaltigste Zeugnis für den Totenkult eines Besessenen umzuformen. Für diese Aufgabe wurden ihm dann auch ausreichend Menschen zur Verfügung gestellt.

Franco reichte es nicht, die Besiegten zu verfolgen. Sie wurden noch tiefer gedemütigt. Sie mussten in zermürbender Sklavenarbeit auch noch das Monument zum ewigen Ruhm des Siegers errichten. 10 000 gefangene und zu Zwangsarbeit verurteilte Republikaner rückten in die Sierra de Guadarrama ein, um mit primitiven Werkzeugen im Dreischichtbetrieb zur höheren Ehre des triumphierenden Tyrannen bis zur Erschöpfung zu arbeiten. Die Arbeitsbedingungen glichen jenen in Stalins sibirischen Straflagern oder Hitlers KZs. „Es war eine Schufterei wie im Mittelalter", erzählte der Rentner Pepe Rodríguez. „Es gab keine Maschinen. Alles musste mit der Hand gemacht werden. Wir hatten nur Spitzhacken und Schaufeln, Schubkarren und Tragkörbe. Den Beton bereiteten wir in Kübeln zu, je sechs Teile Sand, zwei Teile Zement und Wasser."

Zum Aushöhlen des Berges für die riesige Gruftbasilika wurden Presslufthämmer und viele Tonnen Dynamit eingesetzt. Der feine Granitstaub legte sich auf die Lungen der Arbeiter, hunderte starben an Silikose, viele erstickten. Jeden Tag fuhren Lastwagen mit toten „Rojos" aus dem Tal zu den Massengräbern nahe San Lorenzo, wo sie verscharrt wurden, wie alte Bewohner sich erinnern. Einige Tote blieben auch im heiligen Tal – beim Betonieren ohne feste Gerüste abgestürzt und gleich eingemauert ins Fundament des weithin sichtbaren Symbols, das die Gruft krönt, des 150 Meter hohen und über 200 000 Tonnen schweren Kreuzes.

Wie viele Sträflinge in all den Jahren im Gefallenental starben, weiß niemand. Offiziell wurden nur vierzehn tödliche Unfälle registriert. Jahr um Jahr kamen immer neue Arbeitskolonnen an, wurden „freie Arbeiter" für zehn Peseten pro Tag angeworben, um das gigantische Werk voranzutreiben. Gearbeitet wurde Tag und Nacht ohne Pause, im bitter kalten Winter, wenn tiefer Schnee das Tal bedeckte und eisige Winde über die Granitfelsen der Guadarrama-Berge fegten, in der Sommerhitze, wenn die Sonne erbarmungslos in das nach Südosten geöffnete Tal brannte. Nach acht Jahren erkrankte Architekt Otano über der schier nicht zu bewältigenden Aufgabe. Mit dem Weiterbau beauftragte Franco, der ungeduldig auf die Vollendung des Monumentes wartete, den Architekten Diego Méndez Gonzales. 1950, zehn Jahre nach Baubeginn, fehlten noch die wichtigsten beiden Teile des Werkes, die Basilika und das Kreuz.

Spanien vegetiert noch immer im Elend, doch Milliarde um Milliarde – insgesamt etwa sieben Milliarden Mark nach heutiger Kaufkraft – verschwanden in dem Fass ohne Boden, zu dem die fixe Idee des Diktators längst geworden war. Überall im Land fehlte Zement für den Aufbau – er wurde zu tausenden von Tonnen für das Denkmal des Caudillo verbraucht. Immer wieder fuhr Franco in die Berge, um den Fortschritt am Bau zu prüfen. Einmal begleitete ihn Millán Astray und erkannte unter den Zwangsarbeitern einen alten Kameraden aus gemeinsamen Tagen in Marokko wieder. Es war Oberstleutnant Alejandro Sánchez, der für die Republik gekämpft hatte. Franco, der Sánchez gleichfalls aus Marokko kannte, ging kalt an ihm vorbei und würdigte ihn keines Blickes. Millán Astray ließ dem gefangenen Oberst fortan Zigaretten schicken.

Der Caudillo redete nicht nur den Architekten in ihre Arbeit hinein. Er ließ auch den Bildhauer Juan de Avalos, der mit der Schaffung der kolossalen Figuren beauftragt war, die das Bauwerk innen und außen schmücken sollten, seine Statuen immer wieder verändern. So gefiel dem Generalissimus der lange Bart des Evangelisten Johannes nicht, weil viele „Rote" solche Bärte trugen. Der Künstler musste ihn von der 2 000 Tonnen schweren und 18 Meter hohen Figur wegmeißeln. Auch die über dem Eingangsportal prunkende, dem Besucher Winzigkeitskomplexe einflößende „La Piedad" (die Frömmigkeit), Maria mit dem toten Gottessohn, fand zunächst nicht den Gefallen des Caudillo – sie schien ihm „traurig wie eine Ente."

Es dauerte noch fast ein Jahrzehnt, bis das endlich fertiggestellte „Valle de los Caídos" den Vorstellungen seines Schöpfers entsprach. Es wurde eine gigantische Sammlung von Superlativen: Den Taleingang sperrt eine riesige Toreinfahrt. Die ganzen 14 Quadratkilometer Tal sind ummauert. Eine breite Asphaltstraße führt bergan in eine Park- und Blumenlandschaft, aus der sich das Monument erhebt. Eine 100 Meter breite Marmortreppe führt auf einen über 30 000 Quadratmeter großen, mit Steinplatten ausgelegten Platz in Kreuzform, den Paradegrund. 63 Meter breit ist die Treppe, die von dort zum Eingang der Höhlenkirche leitet, den eine 10,40 mal 5,80 Meter messende Bronzetür versperrt, mit gegossenen Reliefs aus dem Leben Christi. Fast 300 Meter lang, mit weißem, braunem und schwarzem Mamor ausgelegt, überdimensionale Figuren, mit Kandelabern und acht riesigen Gobelins geschmückt, die

Szenen aus der Apokalypse zeigen, füllt die Kathedrale mit ihrem Kreuzgang und einer über hundert Meter hohen Kuppel den Berg aus, größer noch als der Petersdom zu Rom – die gewaltigste Kirche der Welt, in den Granit der Guadarrama gesprengt.

Darüber, auf der Felsspitze des „El Risco", ragt das Kreuz empor, halb so hoch wie der Pariser Eiffelturm, 300 Meter über dem Paradeplatz. Seine Balken sind 46 Meter breit, durch ihre Hohlräume könnten zwei Autos aneinander vorbeifahren. Im Hochtal dahinter liegen ein Kloster, ein Priesterkonvent und ein Zentrum für soziale Studien, das sich hauptsächlich mit Themen katholischer Moral beschäftigt.

Als das Monument 1959 nach 20-jähriger Bauzeit fertig war, bestimmte sein Schöpfer, dass nur zwei Menschen dort wirklich ruhen sollten. Er selbst nach seinem Tod und der Begründer der faschistischen Falange-Partei, José Antonio Primo de Rivera, der 1936 von den Republikanern im Gefängnis von Alicante erschossen worden war.

In einer zehn Tage dauernden Prozession hatte man den Sarg auf den Schultern junger Falangisten zunächst zum Escorial getragen. Nach der Fertigstellung wurde er in die Basilika des Valle de los Caídos umgebettet.

Die Basilika repräsentierte Francos zu Stein gewordenen Glauben an sein ewiges Spanien, dass er im Auftrag Gottes zu bauen gedachte. Dieser Aufgabe würde er sich bis zu seinem Tode widmen, um dann innerhalb dieser Mauern seines Glaubens selbst die ewige Ruhe zu finden.

Der Gedanke daran, dass er sterblich sei, mag ihn dazu bewogen haben, im Sommer 1973 seinen alten Waffenkumpanen Luis Carrero Blanco zum Regierungspräsidenten zu machen. Carrero war seit Jahrzehnten sein loyalster und engster Mitarbeiter gewesen, und Franco hielt ihn für am besten geeignet, die Kontinuität seines Regimes auch nach seinem Tod zu gewährleisten. Er würde dem jungen und unerfahrenen König ein guter Berater und Wegweiser bei dem Bestreben sein, regimegemäß zu regieren.

Carrero hatte alle Zeitenwenden des Franquismus erlebt, hatte die Phase der Repression, der Isolierung, des kalten Krieges und der wirtschaftlichen Öffnung mitgestaltet. Carrero wusste deshalb, wie man sich starken Zeitströmungen chamäleonartig anpassen konnte, ohne dabei die Glaubenzessenz aufzugeben. Mittlerweile konnte er geradezu Francos Gedanken lesen. Er war die Enkarnation von Treue und Loyalität und die „Stimme seines Herrn".

Daher traf es Franco wie einen Keulenschlag, als er vom tödlichen Attentat auf seinen alten Adlatus hörte. Seine Tränenausbrüche in der Öffentlichkeit deuteten darauf hin, dass dieser Verlust ihn im Innersten getroffen hatte. Wer sollte nun bei seinem eventuellen Ableben dem jungen König zur Seite stehen und die franquistischen Prinzipien hüten?

Die letzten vierzehn Jahre hatten Spanien einen gewaltigen wirtschaftlichen Aufschwung beschert. Der Preis allerdings war eine Öffnung des Landes mit der Folge des Hereinströmens verwerflichen Ideenguts gewesen. Das Denken vieler Spanier hatte sich stark vom Ausland beeinflussen lassen.

Der enorme Anstieg des Lebensstandards jedoch und die Effektivität der Repression hatten den Ruf nach mehr Freiheiten nicht allzu vehement werden lassen. Dennoch wiesen die immer häufiger werdenden verbotenen Streiks und Studentendemonstrationen darauf hin, dass die Öffnung Spaniens mit erheblichen Risiken verbunden war, zumal auf allzu brutales Eingreifen der Ordnungskräfte mit Rücksicht auf Spaniens Image im Ausland verzichtet werden musste.

Insofern war der gewaltsame Tod von Carrero Blanco Symbol für eine Zwickmühle, in die das Regime hineingeraten war. Sollte es toleranter werden und damit seine Selbstauflösung riskieren, oder sollte es weiter zum Mittel brutaler Repression greifen und damit die beim jetzigen Stand internationaler Verflechtung tödliche Isolation riskieren?

Das war das Dilemma, mit dem sich der Nachfolger Carrero Blancos herumschlagen musste. Die Wahl Francos war dabei auf einen „Hardliner", Arias Navarro, gefallen. Der Falangist hatte sich nach der Besetzung von Málaga durch die Truppen der Franco-Rebellen als unbarmherziger Staatsanwalt den Spitznamen „Metzger von Málaga" eingehandelt. Er hatte erreicht, dass die Stadt an der Costa del Sol damals gründlich von „Roten" gesäubert worden war. In den letzten Jahren war Arias Chef des Sicherheitsdienstes und der berüchtigten Brigada Politico-Social (Politische Spezialpolizei) gewesen.

Allen Erwartungen zum Trotz präsentierte sich der Erzreaktionär in einer seiner ersten Reden als Apologet der Öffnung, neuer Bürgerfreiheiten und der Wiederbelebung des politischen Lebens. Sein neuer Informationsminister Pio Cabanillas proklamierte und praktizierte eine weitgehende Beseitigung der Zensur. Spanien erlebte einen unter Franco nie für möglich gehaltenen Grad von Pressefreiheit. Der Erfolg eines kritischen Nachrichtenmagazins wie „Cambio 16" signalisierte mit einer wöchentlichen Auflage von über 500 000 Exemplaren den Durst vieler Spanier nach ungeschminkter Information aus Politik und Gesellschaft. Emilio Romero, Chefredakteur des Falangistenblattes „El Pueblo", sah die neue Öffnung so: „Meine verehrten Journalistenkollegen benehmen sich wegen der Öffnung und der Liberalisierung, als ob sie in einem Haschischrausch schwelgten."

Es mag Romero geradezu verrückt erschienen sein, dass die spanischen Zeitungsschreiber ihren anderen westeuropäischen Kollegen nachzueifern begannen, um ungeschminkt über Streiks, Politik, Demonstrationen, Skandale und Terror zu berichten. Sie deckten skandalöse Ereignisse auf, auch wenn angesehene Persönlichkeiten des öffentlichen Lebens darin verwickelt waren. Geradezu ungeheuerlich erschien es, dass sowohl im Kino als auch in der Presse entdeckt wurde, dass Frauen unter ihrer Bekleidung nackt waren. Sogar die Führer verbotener oppositioneller Gruppierungen wurden vorgestellt und interviewt.

Das Signal zur „Entfesselung" der Presse hatte Cabanillas in einer vielbeachteten Rede in Barcelona selbst gegeben, als er von Erneuerung, Freiheit und Toleranz sprach und hinzufügte, man werde dem staatlichen Dirigismus der Presse gegenüber ein Ende bereiten. Der Minister wedelte zum Abschluss seiner Rede sogar mit der „Barretina", der traditionellen katalanischen Mütze, ein Hinweis für die Regionalpatrioten, dass in Zukunft auch ihre Standpunkte einen Platz in der öffentlichen Diskussion hätten.

Wenn Arias Navarro es darauf angelegt hatte, eine Imagekorrektur des Systems vorzunehmen, so war ihm auf diesem Feld zunächst voller Erfolg beschieden. Allerorten begann man davon zu reden, Spanien sei dabei, sich zu liberalisieren. Der Regierungspräsident hatte damit jedoch einen Geist aus der Flasche gelassen, den er schwerlich wieder einfangen konnte. Außerdem realisierte sich die neue Informationspolitik ausgerechnet zu einer Zeit, deren Umstände und Geist für ein Regime wie das franquistische alles andere als günstig waren. Nach einer fast fünfzehn Jahre währenden Phase wirtschaftlichen Wachstums, in der sich Spanien zur Industrienation gemausert hatte und dem politisch geknebelten Volk immerhin eine materielle Ersatzbefriedigung hatte verschaffen können, standen die Zeichen ökonomisch nun auf Sturm, wovon auch das politische Szenarium nicht unbeeinflusst blieb.

Insbesondere die Revolution im Nachbarland Portugal am 24. April 1974 gab Anlass zu großer Beunruhigung. Die Tatsache, dass die gerade entknebelte spanische Presse ausführlich darüber zu berichten begann und den Sturz der Diktatur im Nachbarland einhellig begrüßte, ließ die Meinung über das eigene Land durchschimmern und brachte die Gralshüter des Regimes in Harnisch.

Besonders der ultrarechte Ex-Arbeitsminister José Antonio Girón, der eine Phalanx Hundertfünfzigprozentiger anführte, die bald nur noch als „Bunker" bezeichnet wurde, veröffentlichte in der Zeitung „Arriba" ein Manifest, das als „Gironazo" (Giróns Kanonenschuss) Aufsehen erregte. Der Altfalangist prangerte darin die Pressefreiheit an und warnte davor, dass man einen weiteren Verrat an Regime und Franco nicht dulden würde. Der ultrarechte Chef der „Fuerza nueva" (neue Kraft), Blas Pinar, sprach in Anspielung auf Cabanillas kleine Statur von „Zwergen", die das Regime infiltriert hätten. Man werde weitere Auswüchse der „Pressekanaille" nicht dulden.

Auch Arias Navarro selbst, dessen Nominierung zunächst die volle Rückendeckung des „Bunkers" hatte, geriet in die Schusslinie. Das konnte dem eigentlich erzreaktionären Regierungspräsidenten natürlich nicht gefallen. Andererseits genoss er sein neues Image als Initiator von

Öffnung und Erneuerung. Auch wenn er sich vom „Bunker“ hätte belehren lassen, wäre ihm ein Zurückschrauben der Pressefreiheit und erneute Knebelung wohl nur um den Preis nicht kalkulierbarer Unruhen gelungen. Worauf er in den nächsten Monaten setzte, war die Beibehaltung verbaler Toleranz, gekoppelt mit demonstrativem Zähnezeigen im realen Leben. Dieser Seiltanz wäre ihm vielleicht sogar gelungen, hätten sich die wirtschaftlichen Bilanzen und damit der emotionale Zustand des politischen Umfeldes nicht dramatisch verschlechtert.

Die Widersprüchlichkeit zwischen verbaler Toleranz und harter Repressivität äußerte sich schon bald nach Beginn seiner Regierungszeit. Auf seine Öffnung und Dialog versprechende Rede vom 12. Februar 1974 folgte der in diesem Kontext kaum zu verstehende Hausarrest für den Bischof von Bilbao, weil dieser eine Predigt veröffentlicht hatte, in der er für das Recht der Basken auf den Gebrauch ihrer eigenen Sprache eingetreten war.

Es sprach sich bis zum Vatikan herum, dass Arias Navarro neben dem Hausarrest eine Verbannung des Bischofs plane. Franco persönlich kam zu Ohren, dass Papst Paul VI. bei der Ergreifung solcher Maßnahmen Arias' die gesamte Regierung und sogar den Caudillo selbst exkommunizieren wolle. Franco wusste, dass der Pontifex Maximus seit seinen vergeblichen Gnadengesuchen anlässlich der Prozesse von Burgos noch eine Rechnung offen hatte und pfiff seinen Regierungschef zurück. Anoveroes wurde freigelassen und durfte weiterpredigen.

Keinen Einspruch hingegen erhob der Caudillo, als der Anarchist Puig Antich am 2. März 1974 wegen angeblicher Beteiligung an einem Polizistenmord mit dem mittelalterlichen Würgeeisen hingerichtet wurde. Der Tod von

Puig rief eine Welle von Empörung in ganz Europa hervor, die sich auf Grund der „neuen Toleranz" auch in der spanischen Presselandschaft niederschlug. Zum ersten Mal konnten die Spanier auch nachlesen, dass ihr Land wegen der durch den Jom-Kippur Krieg ausgelösten Ölkrise in eine tiefe Wirtschaftsbaisse gerutscht war, die bald alle Symptome eines Teufelskreises zeitigte. Das seit 1959 andauernde und japanische Ausmaße erreichende Wirtschaftswachstum war fast über Nacht in eine Rezession umgekippt. Die Arbeitslosigkeit stieg binnen eines Jahres um 500 Prozent. Streiks waren die Folge, die sich mit gewalttätigen Demonstrationen und terroristischen Anschlägen mischten. 1974 gab es 20 Tote durch terroristische Anschläge, 69 von Gewalttätigkeit begleitete Demonstrationen, 96 politische Überfälle, 169 Sabotageakte und 37 Bombenexplosionen. Hunderttausende streikender Arbeiter gingen auf die Straße.

Das war nicht mehr das von vielen multinationalen Konzernen hochgelobte Land der fleißigen und gleichzeitig bescheidenen Malocher. Die für Spanien schon fast zur Gewohnheit gewordenen Milliardeninvestitionen besonders aus den USA blieben aus. Die Reichen Spaniens begannen, ihr Konten zu plündern und brachten ihr Geld in die Schweiz. Das Handelsdefizit betrug bald vier Milliarden Dollar, während die Auslandsschulden auf acht Milliarden Dollar hochschnellten. Die Anfang 1974 noch mit sechs Milliarden Dollar bezifferten Devisenreserven schrumpften rapide, wozu auch das durch die vielen Bombenattentate bewirkte Nachlassen des Tourismus beitrug.

All diese Tendenzen verschlimmerten sich noch, als Franco am 5. Juli 1974 schwer an einer Thrombose erkrankte, die deshalb nicht mit blutverdünnenden Medikamenten behandelt werden konnte, weil er auf Grund der Medikation gegen die Parkinsonsche Krankheit zahlreiche Magengeschwüre hatte. Die Krankheit erwies sich als so ernst, dass Franco am 25. Juli die letzte Ölung verabreicht wurde, nachdem er vorher die Regierungsgeschäfte bis auf weiteres dem Prinzen Juan Carlos übergeben hatte. Als er am 9. September wider Erwarten geheilt in den Pardo zurückkehrte und seine Funktion als Staatschef wieder aufnahm, stand es alles andere als gut um sein Land.

Neben seine Sorgen trat der Ärger, dass die Presse jegliche Zurückhaltung vermissen ließ und nun sogar nicht davor zurückschreckte, seinen eigenen Bruder Nicolás in einen Wirtschaftsskandal fabulöser Größenordnung hereinzuziehen. Es handelte sich dabei um die heute noch unvergessene Redondela-Affäre.

Es war nicht nur die Schmiergeschichte als solche, die so großes Aufsehen erregte, sondern auch die Tatsache, dass eine solche das erste Mal an die große Glocke gehängt wurde. Die fortscheitenden Enthüllungen brachten ans Tageslicht, dass kein Geringerer als Francos Bruder Nicolás in den Skandal verwickelt war. Bei der ganzen Geschichte ging es um vier Millionen Liter Olivenöl, die in den Tanks der REACE (Refinerías del Noroeste de Aceites y Grasas S.A.) als Staatsreserve gelargert hatten und verschwunden waren. Recherchen ergaben, dass Nicolás Franco bei der REACE die Aktienmehrheit hatte.

Als eine gerichtliche Untersuchung gestartet wurde, die unter anderem feststellen sollte, inwieweit Nicolás in die Affäre verstrickt war, starben sechs potentielle Zeugen eines mysteriösen Todes. Weitere Ermittlungen versickerten im Sande.

Mitten in die Enthüllungen durch die Presse platzte die

Nachricht von einer Bombenexplosion im Café Rolando in der Nähe der Puerta del Sol im Zentrum von Madrid. Der Terrorakt, der elf Menschen das Leben kostete und über sechzig zum Teil schwer Verletzte forderte, wurde der ETA in die Schuhe geschoben. Das Lokal war ein beliebter Treffpunkt von Polizisten gewesen. Es habe sich um einen Racheakt der baskischen Terrororganisation gehandelt.

Als findige Journalisten jedoch in Erfahrung brachten, dass zum Zeitpunkt der Explosion überraschenderweise kein einziger Polizist in der Cafeteria gewesen war, kamen Gerüchte nicht zum Verstummen, es habe sich um eine Provokation ultrarechter Falangisten gehandelt.

Diese Gerüchte und die Olivenölaffäre um seinen Bruder Nicolás brachten den Caudillo gewaltig auf. Besonders missfiel es Franco, dass die Presse der Frage nachzugehen begann, warum die sechs Hauptzeugen des sich anbahnenden Prozesses alle umgekommen waren. Solche unziemliche Neugierde, zusammen mit der Berichterstattung über Streiks, Terrorakte, Demonstrationen und Statements Oppositioneller über die Notwendigkeit, das Land zu demokratisieren, zeichnete ein Bild von einem Spanien, das der Caudillo nicht länger hinzunehmen bereit war.

Als Franco dann von Leuten des „Bunkers" ein Dossier mit Auszügen aus spanischen Zeitschriften zugespielt wurde, wo für knappe Bikinis in Wort und Bild geworben wurde, geschickt vermischt mit pikanten Schnappschüssen aus Softpornos, überlief den prüden Caudillo ein Schauer der Abscheu. Er zitierte Arias Navarro zu sich und bellte: „Dieser Kerl (Cabanillas) kann noch nicht einmal diesen Dreck und den Namen meines Bruders aus der Presse heraushalten. Ich möchte diesen Menschen bei der nächsten Kabinettssitzung nicht mehr sehen."

Cabanillas, das Alibi der franquistischen Toleranz, war geschasst. Am 29. Oktober trat er zurück. Sein Ausflug in die Gefilde der freien Presse hatte gerade einmal zehn Monate gedauert. Dennoch fiel es seinem Nachfolger, dem Integristen León Herrera, schwer, die Pressegeister wieder in das Behältnis zurückzubannen, in dem sie Jahrzehnte lang so gut unter Verschluss gewesen waren. Trotz des Risikos hoher Geldstrafen, der Beschlagnahme und Publikationsverboten gelang es nicht, die kritische Berichterstattung vollends abzuwürgen. Im Zuge dieser repressiven Maßnahmen erhielten unter anderem die bekannten Zeitschriften „Triunfo" und „El Mundo" sogar ein vier Monate währendes Erscheinungsverbot.

Als mit dem Abflauen des Tourismusbooms eine der größten Immobiliengesellschaften, die Sofico, ihre Zahlungsunfähigkeit anmelden musste und nach dem anschließenden Bankrott festgestellt wurde, dass nicht nur tausende von Anlegern – man hatte sie mit zwölf Prozent Zinsen geködert – um ihre Ersparnisse gebracht waren, sondern einige mit dem Regime verquickte Gesellschafter an der Pleite verdient hatten, begann es auch Leuten wie dem Marqués de Villaverde mulmig zu werden. Schließlich war er zusammen mit seinem Onkel lange im Immobiliensektor tätig gewesen und hatte in dieser Branche ein Vermögen verdient. Wie er die Journaille und deren Einstellung zu ihm einschätzte, würde sie nicht lange zögern, auch seine Geschäftspraktiken unter die Lupe zu nehmen. Da mit dem Tod seines Schwiegervaters in absehbarer Zeit zu rechnen war, konnte er auf dessen Schutz nicht mehr allzu lange vertrauen. Es war kaum anzunehmen, dass der zukünftige König ihn in gleicher Weise abschirmen würde wie der Caudillo.

Dem Marqués de Villaverde und seiner Schwiegermutter Doña Carmen missfiel es in höchstem Grade, dass Franco sich für Juan Carlos als König entschieden hatte. Sie hielten ihn – zu Recht, wie man inzwischen weiß – für ein trojanisches Pferd, in dessen Bauch sie Liberalität, Pluralität und Lauterkeit vermuteten. Bei dem Bemühen, Juan Carlos auszuschalten, bewegten den Marqués und andere prominente Profiteure weniger politische Motive als das Bestreben, die eigene korrupte Haut zu retten. In diesem Boot saß auch Doña Carmen, die um ihre ertragreichen Fischzüge bangte.

Da erschien es wie ein Geschenk des Himmels, als sich eine intime Beziehung zwischen der Tochter Villaverdes, María del Carmen, und Alfonso de Bourbón y Dampierre anbahnte, die dann vom Marqués und Doña Carmen eifrig gefördert wurde. Alfonso war ein Enkel des im Jahr 1931 abgedankten Königs Alfonso XIII. und Sohn von dessen Filius Jaime, der allerdings der Nachfolge entsagt hatte. Alfonso war also Angehöriger des Königshauses und Vetter ersten Grades von Kronprinz Juan Carlos, stockkonservativ und deshalb in den Augen des Marqués und der First Lady ein idealer Nachfolger Francos.

Bald schon läuteten die Hochzeitsglocken und das größte Fest aller Zeiten wurde angekündigt, ein wahrer Leckerbissen für die Regenbogenpresse im In- und Ausland, die natürlich nicht versäumte zu berichten, dass Alfonso und María del Carmen sich mit „königliche Hoheit" ansprechen ließen. Franco wurde freudig signalisiert, nun habe er eine andere Option für seine Nachfolge.

Der Caudillo jedoch ließ sich nicht umstimmen. Er verwies auf das Nachfolgegesetz und Juan Carlos, der seit 1969 einen Anspruch auf den Thron habe. Die Pläne des Marqués und Francos Frau, Juan Carlos als künftigen König auszuschalten, waren gescheitert.

Inzwischen spitzte sich die Situation im Lande weiter zu. Hatten schon im Jahr 1974 die Häufigkeit der Streiks und der ausgefallenen Arbeitsstunden alle Rekorde gebrochen, so brachten die ersten zwei Monate des Jahres 1975 die spektakulärste Streikwelle, die Franco-Spanien je erlebt hatte. Spanien war mittlerweile ein Land, in dem der Staat nicht mehr das Sagen zu haben schien. Denn Streiks waren zwar streng verboten, aber keiner konnte sie verhindern. Ebenso definierte sich der Staat als katholisch, wurde aber mittlerweile von der katholischen Kirche in dieser Form abgelehnt. In einem katholischen Land pöbelten Ultras gegen „rote Bischöfe", saßen Priester in Spezialgefängnissen ein, dachte das Oberhaupt aller Katholiken der Welt darüber nach, ob die Regierung dieses Landes nicht zu exkommunizieren sei.

Mit dem körperlichen Verfall des Caudillo hatte auch das System zu bröckeln begonnen. Der Ausspruch des spanischen Intellektuellen José María Pemán schien sich zu bewahrheiten, der gesagt hatte: „Die fundamentalen Gesetze des Staates sind die Gesundheit von Franco."

Das Jahr 1975 wurde zum unruhigsten der gesamten Franco-Zeit. Allein bis Juli waren bereits 200 Gewaltakte zu verzeichnen. Elf Polizisten waren bis zum Oktober Anschlägen der ETA und der FRAP ( ) zum Opfer gefallen.

Die verunsicherten Repräsentanten des Regimes schäumten vor Wut, als der Vater des designierten Thronfolgers Juan Carlos die instabile Lage zum Anlass nahm, aus seinem portugiesischen Exil verlauten zu lassen, Spanien nähere sich dem Ende einer Ära der absoluten Macht, wie das in Portugal bereits geschehen sei. Wörtlich sagte er: „Als Verwahrer des uralten politischen Schatzes, den die spanische Monarchie darstellt, habe ich mich nicht der persönlichen Macht unterworfen, die ein Mann in so ausgedehntem Maß und so unerschütterlich ausübt, den seine Waffengefährten nur mit der Verwirklichung einer höchst speziellen und von den Umständen abhängigen Mission betraut hatten."

Wohl wegen des Anzweifelns der Legitimität Francos reagierte das Regime blitzartig und verbot Don Juan die Einreise nach Spanien über See, Land und Luft.

Auch ansonsten schien den Vertretern des Regimes der Ernst der Lage klar geworden zu sein, und Arias Navarro, vor kurzem noch damit beschäftigt, dem Franco-Regime ein weltoffenes und liberales Make-up aufzuschminken, fiel auf die Grundlagen seines erzreaktionären Charakters zurück und kippte über in eine Politik harter Repression.

Am 25. April 1975 wurde über das Baskenland der Ausnahmezustand verhängt und mehr als 2 000 Menschen verhaftet. Sogenannte Unkontrollierte – ultrarechte Schlägerbanden – verbreiteten Angst und Schrecken unter der baskischen Zivilbevölkerung. Während die Polizei wegschaute, bedrohten sie Verwandte mutmaßlicher ETA-Mitglieder, Bürger, die sich zur baskischen Kultur bekannten, nationalgesinnte Priester und Anwälte politischer Gefangener.

Am 30. Juli 1975 fand die spektakuläre Verhaftung von zehn Offizieren statt. Sie wurden beschuldigt, der UDM (Demokratische Militärunion) anzugehören, einer Variante der portugiesischen Militärbewegung, die ein Jahr zuvor die lusitanische Diktatur gestürzt hatte.

Am 26. August erließ die Regierung eine Anti-Terror-Notverordnung, welche die Todesstrafe für diejenigen vorsah, die sich an Gewaltakten beteiligt hatten, bei denen Vertreter der öffentlichen Ordnung umgekommen waren. Da auch Helfershelfer einbezogen wurden, schwebte praktische jeder, der einen Terroristen kannte oder mit ihm verwandt war, in der Gefahr, Opfer einer Überreaktion des Staates zu werden.

Bereits zwei Tage nach Inkrafttreten der Verordnung wurden zwei ETA-Mitglieder zum Tode verurteilt. Gegen Ende des Monats gab es bereit elf Todeskandidaten. Fünf der Verurteilten wurden dann am 27. September 1975 tatsächlich hingerichtet. Franco, der die Todesurteile hatte unterschreiben müssen, charakterisierte seine Haltung mit folgenden Worten: „Sagen Sie mir, warum man die Menschenrechte von Mördern respektieren soll, die auf grausame Weise die ihrer Opfer verletzten? Diesen Zerstörern der Gesellschaft muss man mit größtmöglicher Energie begegnen. Entweder sie erledigen uns oder wir sie."

Die internationalen Reaktionen jedoch ließen Franco dieses Mal nicht kalt. Obwohl er stets gern die Rolle des einsamen Helden gespielt hatte, der „High Noon"-mäßig für Ordnung sorgte, schmerzte ihn der gewaltige Ausbruch von Abscheu in ganz Europa und den USA. Eine Jahre währende Imagekampagne, die ihn zum gestrengen, aber dennoch gütigen Landesvater hochstilisiert hatte, kippte um zu Gunsten eines Bildes von einem blutrünstigen, fossilen Monster. Vierzehn Länder zogen ihre Botschafter ab. Mexiko stellte sogar den Flugverkehr nach Spanien ein und verlangte den Ausschluss des Landes aus der UNO. Verschiedene spanische Botschaften wurden angegriffen, die Gebäude teilweise gestürmt oder abgebrannt wie das der Botschaft in Lissabon.

Offensichtlich hatte die mörderische Härte, die der Franquismus erneut an den Tag legte, zur Geburt einer neuen Terrorgruppe beigetragen, der GRAPO (Antifaschistische Widerstandsgruppe 1. Oktober), die zum ersten Mal am 1. Oktober 1975 zuschlug. Ausgerechnet während der von der Falange einberufenen Massenversammlung auf der Plaza de Oriente zum 39. Jahrestag der Machtergreifung Francos töteten die neuen Terroristen drei Beamte der Policía Armada.

Franco sagte während dieser Veranstaltung mit leiser und brüchiger Greisenstimme ins Mikrofon: „Alles gehorcht einer linken Freimaurerverschwörung, die ein schmähliches Bündnis mit der kommunistisch-terroristischen Subversion in der Gesellschaft eingegangen ist, was uns ehrt und sie der Verachtung preisgibt."

Nach seiner Ansprache umarmte er den Kardinalprimas Marcelo Gonzales und ließ minutenlang seinen Tränen freien Lauf. Zwei Wochen später erlitt der Caudillo eine Serie von Herzinfarkten.

Als der Marqués de Villaverde am 16. Oktober 1975 vom äußerst kritischen Gesundheitszustand des Caudillo erfuhr, befand er sich gerade auf einer Jagdpartie in der Nähe von Ciudad Real. Den Tod ihres Patrons fürchtend, brach Panik unter den anwesenden franquistischen Freunden aus. Der Sohn des Marqués, Cristóbal, lief gar auf einen Wache stehenden Zivilgardisten zu, riss diesem die Maschinenpistole aus der Hand und schrie: „Wir müssen bereit sein. Sie werden uns holen kommen, aber was mich anbetrifft…". Er legte die MP an und verschoss hintereinander das gesamte Magazin, auf einen imaginären Feind zielend.

Franco jedoch ließ sich mit seinem Tod noch einige Wochen Zeit, so dass der Marqués zu seinem Totenbett eilen konnte. Dort versuchte er, den Arzt, der Franco in Würde sterben lassen wollte, dazu zu bewegen, das Leben des Moribunden mit allen Finessen der modernen Medizin so lange wie möglich zu verlängern.

Das Krankenhaus war von Journalisten umlagert. Dem leitenden Arzt Dr. Vicente Pozuelo wurden enorme Summen für die Erlaubnis geboten, Fotos vom sterbenden Diktator machen zu dürfen. Empört lehnte der Arzt die Angebote ab, um nach seiner Rückkehr ins Krankenzimmer festzustellen, dass der Marqués gerade dabei war, eine Fotoserie zu machen.

Am 20. November 1975 um 10 Uhr morgens trat Ministerpräsident Arias Navarro mit gramzerfurchtem Gesicht vor die Kameras, um den Tod Francos mitzuteilen. Er verlas die Worte, die Franco noch formuliert hatte, bevor er ins tödliche Koma gefallen war: „Ich bitte jedermann um Verzeihung, so wie ich aus ganzem Herzen jenen vergebe, die sich mir als Feinde erklärt haben, obwohl ich sie nie für solche gehalten habe. Ich glaube, ich hatte keine Feinde, außer den Feinden Spaniens. Vergesst nicht, dass die Feinde Spaniens und der christlichen Zivilisation auf der Lauer sind."

Der Caudillo war tot. Eine halbe Million Spanier flanierte im Palacio de Oriente an seinem offenen Sarg vorbei, um sich augenscheinlich davon zu überzeugen, was sie vielleicht noch nicht glauben konnten. Tausende von Trauergästen warteten im Valle de los Caídos auf die Überführung des Sarges. Eine 1 500 Kilo wiegende Steinplatte lag bereit, um die betonierte Grube im Boden der Basilika nach der Eingruftung des Sarges zu überdecken. Da geschah kurz vor Eintreffen des Sarges etwas Unerwartetes. Ein an der Grube stehender Mann kam Franco zuvor und fiel ohnmächtig hinein. Es bedurfte angestrengter und hektischer Bemühungen, um den Schwerverletzten rechtzeitig herauszuholen. Zeuge des Vorfalls war der einzige amerikanische Staatsgast von Bedeutung: der chilenische Diktator und Bewunderer Francos, Augusto Pinochet.

Die Befürchtungen des Villaverde-Clans, Juan Carlos werde jetzt gnadenlos beginnen, den Augiasstall zu säubern, erwiesen sich lediglich als Produkt ihres schlechten Gewissens. Anstatt Rache zu üben, schloss sich der junge König der allgemein herrschenden Stimmung an, der Albtraum möge vergessen und seine Wiederholung unter allen Umständen verhindert werden. Die Villaverdes und Konsorten, die Folterknechte und Henker, alle, die Francos Herrschaft zu stabilisieren geholfen hatten, blieben unbehelligt.

Die Witwe durfte sogar noch über zwei Monate im Pardo-Palast wohnen, und ihr wurde genügend Zeit gelassen, auf ungezählten Lastwagen all das auszuräumen, was sie wollte. Dokumente, Notizen Francos, Gemälde, Antiquitäten, alles verschwand in einer der zahlreichen Besitzungen der Familie oder gar im Ausland. Bei diesem Umzug stand sogar eine vor dem Palast abkommandierte Ehrengarde Spalier.

Was die neue Staatsmacht an Vergeltungsmaßnahmen unterließ, blieb dann den Furien überlassen, die entweder der Himmel oder die Hölle auf den Clan gehetzt zu haben schien.

Die Serie mysteriöser Vorfälle begann mit einem Großbrand auf Francos galicischem Landsitz Pazo de Meiras, bei dem die persönlichen Papiere Francos und auch ein großer Teil seiner selbst gemalten Bilder – nach Aussage der Familie – ein Raub der Flammen wurden.

Kurz danach entkamen Doña Carmen und der Marqués

de Villaverde in Zaragoza knapp dem Tod, als das Hotel „Corona de Aragón" in Flammen aufging. Anlass des Besuches in Zaragoza war Villaverdes Sohn Cristóbal gewesen, der dort sein Studium auf der Militärakademie beginnen sollte. Der heroische Großvater hätte sich gewiss im Grab umgedreht, wenn er vernommen hätte, Cristóbal habe sein Militärstudium mit der Bemerkung abgebrochen, er fühle sich für diese Karriere ungeeignet.

Die selbst erklärte „königliche Hoheit" María del Carmen hatte offensichtlich bald die Nase voll von ihrem noblen Ehemann und brannte mit einem Pariser Antiquitätenhändler durch. Der sonst so ernste Alfonso de Borbón begann darauf hin, über den Durst zu trinken und verursachte einen schweren Autounfall, bei dem sein Sohn Francisco ums Leben kam. Wegen zu schnellen Fahrens musste er eine kurze Gefängnisstrafe abbüßen. Er starb später bei einem mysteriösen Skiunfall.

Valdefuentes, wo sich Franco als Musterlandwirt versucht hatte, verkam unter der Verwaltung seines Enkels Francisco Franco Martínez de Bordíu zu einem Sumpf von Drogen und pornografischen Veranstaltungen. Francisco, der es danach vorzog, nach Südamerika zu gehen, wurde in Chile bei dem Versuch, ein Vermögen zu machen, wegen Betrugs verhaftet und landete im Gefängnis. Seine Mutter Carmen – des Caudillos einzige Tochter – wurde an der spanischen Grenze verhaftet, als sie unter falschem Namen undeklariert Gold außer Landes schaffen wollte. Ihrer Beteuerung, sie habe sich mit dem Gold Uhren in der Schweiz anfertigen wollen, wurde kein Gehör geschenkt.

Es ist nicht etwa so, dass dem jungen König der Übergang von einem diktatorischen Regime zur Demokratie über Nacht gelang. Sich der enorm mächtigen franquistischen Mächte bewusst, die unter ihrem Caudillo viel gewonnen und deshalb eine Menge zu verlieren hatten, hielt er sich zunächst streng an die ihm verordnete Pseudokonstitution. Dass er den Generalsekretär der Falange, Adolfo Suárez González, zum Ministerpräsidenten machte, ließ ihn als besonders verfassungstreu erscheinen und schläferte deshalb die Aufmerksamkeit der Gralshüter des Franquismus ein.

Dass ausgerechnet dieser Suárez zum Komplizen des Königs wurde, um die Demokratisierung Spaniens in die Wege zu leiten, konnte damals niemand erahnen. Dennoch fand dieser Prozess, zunächst fast unmerklich beginnend, statt und erreichte seinen vorläufigen Höhepunkt am 14. Mai 1977, als die ersten freien Wahlen seit 1936 stattfanden. Sogar der franquistische Erzfeind, die kommunistische Partei, war zugelassen, nachdem ihr Generalsekretär Santiago Carillo Verfassungs- und Königstreue gelobt hatte. Der befürchtete Militärputsch blieb aus: Im Jahr 1981 verspätet nachgeholt, scheiterte er kläglich.

Der Bann des Schweigens, der die Franco-Zeit überlagert hatte, begann sich nach den Wahlen aufzulösen, und sogar langjährige Vertraute Francos fassten sich ein Herz, um Intima über den Caudillo zu veröffentlichen, die so gar nicht dem Bild entsprachen, das während der 39 Jahre seiner Herrschaft verbreitet worden war. Leute wie sein Vetter Pacón, seine Schwester Pilar, sein Enkel Cristóbal, Schwager Serrano Suñer und sein Leibarzt Dr. Gil verwandelten ihr Insiderwissen in Form von Bestsellern in klingende Münze. Schreibend befreiten sie sich von den Schatten ihrer eigenen Vergangenheit und beteuerten gleichzeitig, dass sie im Grunde ihres Herzens „siempre democratas" – immer Demokraten – gewesen seien.

Auch für Historiker und Politologen war die Zeit gekommen, sich endlich ernsthaft mit der jüngsten Vergangenheit zu beschäftigen. Bei den bald vorliegenden Analysen konnte kaum jemand Franco die Anerkennung versagen, was seine Fähigkeit anbelangt hatte, bis zu seinem Tod an der Macht zu bleiben. Dabei vergaß man allerdings nicht den hohen menschlichen Preis zu erwähnen, den dieser Erfolg gekostet hatte. Es wurde erinnert an die vielen hunderttausende, die noch nach Beendigung des Bürgerkriegs Exekutionen, Torturen oder langen Gefängnisstrafen ausgesetzt waren, an die ca. zwei Millionen, die Jahrzehnte lang dazu gezwungen waren, im politischen Exil zu verbringen, an die Millionen Elendsflüchtlinge, die für Jahre nur im Ausland eine materielle Überlebenschance hatten. Ein wahrhaft hoher Preis für das Triumphieren eines einzelnen Menschen.

Denn was war es sonst? Das Land hatte außer Leiden und Not wenig von der Herrschaft dieses Mannes gehabt. Die angeblich satanischen Kräfte, gegen die er ein Leben lang gekämpft hatte, erwiesen sich bei ihrem Comeback nach seinem Tod als recht unteuflisch, nur dass sie stärker waren als jemals zuvor. Seine Träume von der Wiederbelebung des alten Imperiums und der Glorie von „Madre Patria“ existierten schon lange vor seinem Tod nur noch in seiner Fantasie.

Die Ironie der Geschichte wollte es, dass die Kommunisten, Satan Nr. 1 und Hauptlegitimierung für Francos so genannten Kreuzzug, schon zwei Jahre nach seinem Tod mit 200 000 eingetragenen Parteimitgliedern zehnmal stärker waren als beim Ausbruch des Bürgerkriegs. Der verhasste Regionalismus, den er mit Stumpf und Stiel hatte ausrotten wollen, erhob sein Haupt stärker als jemals zuvor. Nicht nur die schon seit Generationen sehr selbstbewussten Regionen Katalonien und das Baskenland erlangten eine weitgehende Autonomie. Auch in Galicien, Andalusien und Valencia kämpften starke regionalistische Bewegungen mit Erfolg für ihre kulturelle und sprachliche Eigenständigkeit, ohne dass der spanische Staat darüber zerbrach.

Somit waren die Hauptziele, denen Franco bis zu seinem Tode treu geblieben war, nicht nur gescheitert, sondern hatten sich als reines Hirngespinst erwiesen.

Auch was die positive wirtschaftliche Entwicklung Spaniens seit Beginn der 60er Jahre anbetrifft, hatte Francos Sachverstand kaum Anteil daran gehabt. Ganz im Gegenteil hatte sein Tick von Autarkie und militärisch organisierter Kommandowirtschaft Spanien in eine fast zwei Jahrzehnte währende Stagnation gedrückt. Nur auf Francos politischen Überlebenstrieb war es zurück zu führen, dass er eine Kehrtwendung gestattete und die Ökonomie Fachleuten überließ, die das Land dann wirtschaftlich zu öffnen begannen. Sein einziger positiver Anteil am Boom der 60er Jahre mag darin begründet sein, dass eine durch brutale Repression eingeschüchterte und deshalb Streiks abholde Arbeiterschaft mit dem entsprechend niedrigem Lohnniveau ausländische Investitionen begünstigte.

Bei den Wahlen nach Francos Tod, ob auf nationaler, regionaler oder kommunaler Ebene, gelang es radikalen franquistischen Gruppen niemals, mehr als zwei Prozent der Stimmen zu erhalten.

Wenn sich am 20. November des Jahres 2000 der 25. Todestag Francos jährt, wird das Fähnlein der Aufrechten von damals noch mehr geschrumpft sein, und keiner mehr wird den brüchigen Greisenstimmen die geringste Aufmerksamkeit schenken, wenn sie im Chor ausrufen: „Franco resucita, el pueblo te necesita“ – Franco, erstehe auf, das Volk braucht dich. – Das Spektakel könnte als Groteske eines Freilufttheaters durchgehen, wenn nicht eine solch von Schrecken durchwobene Vergangenheit dahinter stecken würde.

Glossar

Spanisch-amerikanischer Krieg,
die 1895 beginnenden Kolonialkriege auf Kuba und den Philippinen mündeten in einer kriegerischen Auseinandersetzung zwischen Spanien und den USA, nachdem ein amerikanisches Kriegsschiff, die „Maine", im Hafen von Havanna explodiert war.

Höhepunkt des Krieges waren die Seeschlachten vor der Bucht von Santiago de Cuba und bei Cavite (Philippinen), die mit der totalen Niederlage der spanischen Armada endeten. Im Frieden von Paris (1898) verlor Spanien Kuba, Puerto Rico, die Philippinen und Guam. Die verlorenen Kolonialgebiete hatten danach den USA gegenüber einen halbkolonialen Status. Puerto Rico ist heute Teil der USA.

José Millán Astray Tereros,
geboren 1879 in La Coruña (Galicien), war Berufsoffizier. Er gründete 1920 die spanische Fremdenlegion (Tercio de Extranjeros). Franco ernannte er zu seinem Stellvertreter. 1932 wurde er zum General befördert. Er gehörte zu den führenden Köpfen des Putsches von 1936 und organisierte das Büro für nationalistische Presse und Propaganda in Salamanca. Er starb 1954 in Madrid.

Miguel Primo de Rivera y Orbaneja,
geboren 1870 in Jerez de la Frontera, nahm an den Feldzügen auf Kuba, den Philippinen und in Marokko teil und erlangte den Rang eines Brigadegenerals. Nach Ernennung zum Militärbefehlshaber verschiedener spanischer Regionen führte er am 13. September 1923 einen Militärputsch an, der von König Alfons XIII. gebilligt wurde. Nach seiner Ernennung zum Ministerpräsidenten bildete er ein Militär-Direktorium und unterdrückte die demokratischen Freiheiten. Er machte allerdings sein Versprechen wahr und beendete den ruinösen Marokko-Krieg. Obwohl er ab 1925 hoffte, durch Schaffung eines zivilen Direktoriums an der Macht zu bleiben, nahm die Opposition gegen sein Regime zu. Da auch die Militärbefehlshaber ihm nicht mehr bedingungslos folgten, musste er am 28. Februar 1930 zurücktreten. Er ging ins Exil nach Frankreich, wo er kurz darauf, am 18. März, in Paris starb.

José Antonio Primo de Rivera y Sáenz de Heredia,
geboren 1903 in Madrid, Jurist, verteidigte anfangs die Politik seines Vaters Miguel Primo de Rivera, wandte sich jedoch später mehr und mehr den Ideen eines nationalistischen, antiliberalen und antimarxistischen Totalitarismus zu. 1933 gründete er die Falange Española und errang als Kanditat der Rechten im November 1933 ein Abgeordnetenmandat. Auf dem ersten Kongress der Falange (1934) wurden die „27 Punkte" der Bewegung verabschiedet und José Antonio zum Führer der Organisation ernannt. Bei den Wahlen im Februar 1936 erhielt er kein Mandat. Im Mai wurde er verhaftet und in das Provinzgefängnis von Alicante überführt. Von dort aus unterstützte er offen die

militärische Erhebung. Als Rädelsführer des Putsches von einem Volksgerichtshof verurteilt, wurde er im November 1936 hingerichtet. Von den Franquisten zum obersten Märtyrer erklärt, wurde er nach Ende des Bürgerkriegs feierlich in den Escorial überführt, später (1959) in das Valle de los Caídos, wo seine Gebeine neben denen des Caudillo ruhen.

Emilio Mola Vidal,
1887 auf Kuba geboren, Zögling der Militärakademie von Toledo, trat 1909 in das Marokko-Heer ein, zeichnete sich durch große Unerbittlichkeit aus, wurde 1926 Oberst, kurz darauf General. 1930 ernannte man ihn zum Leiter des Sicherheitswesens. Er wurde beim Sturz der Monarchie verhaftet und unehrenhaft aus der Armee entlassen. Durch Amnestie von 1934 wieder in die Truppe aufgenommen, nach den Wahlen 1936 nach Pamplona versetzt, avancierte er zum Hauptorganisator der militärischen Erhebung. Er war Kopf der sog. Junta für Nationale Verteidigung in Burgos, leitete die Feldzüge im Norden Spaniens und organisierte die ersten Kolonnen, die knapp vor Madrid gestoppt werden konnten. Am 3. Juni 1937 starb er bei einem Flugzeugabsturz.

Manuel Azaña,
1880 in Alcalá de Henares geboren, studierter Jurist, vielseitig gebildet, interessierte sich neben der Politik insbesondere für Literatur. Er gehörte zu den geistigen Größen seiner Zeit, war Gründer und Mitarbeiter verschiedenster Zeitschriften, seine bedeutendsten schriftstellerischen Werke sind „Vida de Don Juan Varela“ (Nationalpreis), „El Jardín de los frailes“ und „Memorias íntimas“. Als überzeug-

ter und aktiver Demokrat war er in der 2. Republik zuerst Kriegsminister, später Ministerpräsident bis zu seinem Rücktritt 1933 auf der Basis der neuen Verfassung. Er war Mitbegründer (1934) der Izquierda Republicana (Republikanische Linke). Nach den Wahlen von 1936 wurde er Ministerpräsident der Volksfrontregierung, später erneut Präsident der Republik. 1939 entkam er nach Frankreich und trat noch vor Kriegsende von seinem Amt zurück. Er starb 1940 in Montauban / Südfrankreich.

José Sanjurjo Sacanell
wurde 1872 in Pamplona geboren, wurde Militär und nahm an den Feldzügen in Kuba und Marokko teil. 1925 wurde der General Hochkommissar von Spanisch-Marokko. Drei Jahre später wurde er Chef der Guardia Civil. Im Jahr 1932 initiierte er einen Putsch gegen die Republik, der scheiterte und ihn ins portugiesische Exil zwang. 1936 wurde er von seinen Generalskollegen zum Führer des von General Mola geplanten Aufstandes gegen die Republik ernannt, stürzte aber bei seinem Flug von Portugal nach Spanien tödlich mit dem Flugzeug ab.

Guardia Civil,
1844 als Landpolizei zur Bekämpfung des Banditentums gegründet. Wurde später auch zur Bekämpfung der anarchistischen Bewegung eingesetzt, wodurch sie als Instrument der politischen Unterdrückung in Verruf kam. Sie war Teil der Armee und unterstand dem Kriegsministerium und der Militärgerichtsbarkeit. Sie stellte sich im Jahr 1936 mehrheitlich hinter die aufständischen Generäle. Unter Franco wurde sie auch gegen bewaffnete Widerstandsbewegungen und die verbotene Opposition eingesetzt. Sie

stand im Ruf äußerster Brutalität. Ihr militärischer Charakter wurde nicht angetastet.

José María Gil Robles y Quiñones
wurde am 17. November 1898 geboren und studierte Rechtswissenschaften an der Universität Salamanca. Er arbeitete das Programm der CEDA (Confederación Española de Derechas Autónomas) aus, deren Vorsitzender er wurde. Während der Republik übertrug man ihm im Jahr 1935 das Kriegsministerium. Nach dem Wahlsieg der Volksfront im Februar 1936 war er in der Opposition und ging nach dem Aufstand der Generäle ins Exil. 1953 kehrte er nach Spanien zurück und gehörte zu den persönlichen Beratern von Don Juan de Bourbón. Auf Grund seiner Teilnahme am Manifest von München musste er zwischen 1962 und 1965 Spanien verlassen. Er gründete die Partei der Democracia Social Cristiana. Nach Francos Tod erfuhr er kein politisches Comeback und starb am 14. September 1980 in Madrid.

Alejandro Lerroux
wurde 1864 in La Rambla in Córdoba geboren, war Journalist und wurde Redakteur und Herausgeber der Tageszeitung „El País". 1901 wurde er als republikanischer Kandidat für Barcelona als Abgeordneter in die Cortes gewählt. Er gründete die Radikale Partei. In der Republik war er zunächst Außenminister und dann Ministerpräsident von sechs republikanischen Kabinetten, wobei er von der CEDA unterstützt wurde. Während des Bürgerkriegs ging er ins portugiesische Exil. Er kehrte 1947 nach Spanien zurück, wo er zwei Jahre später starb.

Luis Companys,
geboren 1883 in Lleida (Lérida), studierter Jurist, betätigte sich ab 1917 politisch als Berater der Stadtverwaltung von Barcelona und als Verteidiger angeklagter Gewerkschafter. Nach erstem Gefängnisaufenthalt wurde er zum Abgeordneten von Sabadell gewählt und frei gelassen. War Teilnehmer an der Verschwörung gegen die Diktatur Primo de Riveras, Gründer der ERC (Katalanische Linkssozialisten), erneut Berater in Barcelona und rief 1931 die autonome Katalanische Republik aus. Im gleichen Jahr zum Abgeordneten der Cortes gewählt, wurde er 1933 Marineminister (im Kabinett Azaña), 1934 Präsident der Generalitat de Catalunya, erneut verhaftet und zu 30 Jahren verurteilt. Nach dem Sieg der Volksfront 1936 freigelassen, übte er erneut das Amt des katalanischen Ministerpräsidenten aus, regierte mit unterschiedlichen Koalitionen. Nach seiner Flucht nach Frankreich lieferte ihn die Vich-Regierung an die Deutschen aus. Als „Geschenk" Himmlers an Franco übergeben, wurde er 1940 im Castillo de Montjuig (Barcelona) erschossen.

Francisco Largo Caballero,
1869 in Madrid geboren, früher Mitglied der UGT (Nationale Arbeitergewerkschaft) und der PSOE (sozialistische Arbeiterpartei) wurde nach dem großen Streik 1917 zu lebenslangem Gefängnis verurteilt, kam jedoch frei, als er zum Abgeordneten gewählt wurde. 20 Jahre lang war er Generalsekretär der UGT und engagierte sich für die Mitwirkung der PSOE an der Errichtung einer bürgerlichen Republik. Nach dem Wahlsieg von 1931 wurde er Arbeitsminister, 1932 Parteivorsitzender der PSOE. Im Volksmund der „spanische Lenin" genannt, wurde er nach dem Putsch

Francos Kriegsminister der Republik, bis er unter kommunistischem Druck von allen Ämtern und Organisationen entfernt wurde. Im Januar 1939 entkam er nach Frankreich, wurde dort von der Vichy-Regierung verhaftet, an Nazi-Deutschland ausgeliefert und 1943 in das KZ Oranienburg verschleppt. Sowjetische Einheiten befreiten ihn dort 1945. Er starb 1946, wurde neben den Helden der Kommune von Paris begraben und am 8. April 1978 auf den bürgerlichen Friedhof von Madrid überführt.

Juan Yagüe Blanco
wurde 1891 in San Leonardo in Soria geboren, machte seine militärische Karriere in Afrika und nahm an der Niederschlagung der Revolution in Asturien im Oktober 1934 teil, wo er die marokkanischen Truppen (Regulares) und die Legion kommandierte. 1936 war er Oberstleutnant und führte in Ceuta die militärische Erhebung gegen die Republik an. Danach landete er an der Spitze der Afrika-Truppen im Süden Spaniens, stieß über Badajoz und Mérida in Richtung Norden vor und leitete die Offensive gegen Madrid. 1937 wurde er zum General befördert und nahm Tortosa und Barcelona ein. 1939 wurde er zum Minister für Luftfahrt und 1943 zum Befehlshaber der sechsten Militärregion ernannt. Er starb 1952 in Burgos.

La Pasionaria (Die Leidenschaftliche),
eigtl. Dolores Ibarruri,
geboren am 9. Dezember 1895 in Gallarta / Baskenland. Mitbegründerin der spanischen kommunistischen Partei (1920). Seit 1932 in hohen Parteiämtern. Augenzeugin des brutalen Niederwalzens des asturischen Bergarbeiteraufstandes von 1934 (durch Franco), wurde kurz nach Aus-

bruch des Bürgerkriegs zum charismatisch-leidenschaftlichen Symbol des republikanischen Widerstands. Ihr Slogan „No pasarán – pasaremos!" (Sie kommen nicht durch, aber wir!)wurde zum weltweiten Motto im Kampf gegen den Faschismus. Franco entkommen, seit 1939 im Exil in der Sowjetunion, kehrte sie 1977 nach Spanien zurück. Die Prinzipien ihrer Jugend nie verleugnend, starb sie am 12. Dezember 1989 in Madrid, geliebt, verehrt und betrauert.

Guardia de Asalto,
nach der Konstituierung der Republik kreierter, im gesamten nationalen Territorium aktiver Polizeikörper. Er wurde hauptsächlich als Gegengewicht zur Guardia Civil geschaffen, an deren Republiktreue Zweifel bestanden. Nach Ausbruch des Bürgerkriegs verhielt sich die Guardia de Asalto loyal zur Republik. Auf franquistischem Territorium wurde sie sofort aufgelöst und viele Beamte dieser Polizeitruppe füsiliert.

Unión Militar Española
ging zurück auf den 1931 von monarchistischen Offizieren und Aristokraten in Madrid gebildeten Unabhängigen Monarchistischen Kreis (Círculo Monárquico Independiente) zur Unterminierung der Republik. Sprachrohr des Zirkels war die Zeitschrift „Acción Española". Anfang 1934 bildete sich die Unión Militár Española heraus, die innerhalb der Armee auf den Sturz der Republik hinarbeitete.

Legión Condor
nach der erfolgreichen deutschen Luftbrücke für Francos marokkanische Söldner, kämpften unter der Bezeichnung „Legión Condor" deutsche Soldaten als sog. Freiwillige für

die franquistische Armee im spanischen Bürgerkrieg. Sie agierten in Bomberstaffeln, Panzerverbänden und als Militärberater in einer Präsenzstärke zwischen 6 000 und 10 000 Mann. Sie hatten entscheidenden Anteil am Sieg der Franquisten. Die Erfahrungen im Spanienkrieg nützten ihre Generäle Hugo Sperrle und Freiherr von Richthofen für die Blitzkriege im zweiten Weltkrieg.

Internationale Brigaden
waren ein einzigartiges Experiment in der modernen Militärgeschichte: Insgesamt dienten in den Jahren 1936 bis 1938 etwa 40 000 Freiwillige aus aller Herren Länder in ihren Reihen. Sie operierten als selbständige Einheiten im Rahmen der Republikanischen Armee, ihre Verluste lagen bei über 50 Prozent. Außer den Kommunisten waren die meisten Kämpfer der Interbrigaden nicht parteigebunden, kamen jedoch meist aus dem Lager der Linken und Verfolgten, auch aus den USA und sogar China. Unter ihnen waren zahlreiche Intellektuelle, Schriftsteller und Journalisten aus der ganzen Welt. Im Frühjahr 1938 löste die Republik im Vertrauen auf die Zusage des Völkerbundes, die Freiwilligen auf faschistischer Seite auch zu entfernen, die Interbrigaden auf.

Im Jahr 1996 wurde den noch lebenden internationalen Verteidigern der Republik von den Cortes in Madrid offiziell die spanische Staatsbürgerschaft angeboten.

Komintern,
Abkürzung für kommunistische Internationale, gegründet im März 1919 auf Anregung von Lenin. Sie diente zur Koordination, auch personell, aller kommunistischen Parteien und verfolgte als Endziel die Weltrevolution. Der so-

wjetische Einfluss verwandelte die internationale Organisation schrittweise in ein Instrument der Außenpolitik Moskaus. Nach dem Militärputsch in Spanien 1936 übernahmen Vertreter der Komintern in Paris die Aufstellung der freiwilligen Brigaden (s. Internationale Brigaden) zur Unterstützung der Republik. Verantwortlicher war Tito alias Josip Broz, der spätere Ministerpräsident Jugoslawiens.

Nichteinmischungskomitee,
vor allen Dingen auf Initiative Englands zustande gekommen. Sein Ziel war eine Verhinderung der Internationalisierung des spanischen Bürgerkriegs. Obwohl dem Komitee 27 Länder – neben England auch Frankreich, Deutschland, Italien und die Sowjetunion – angehörten, konnte von Nichteinmischung bis zum Ende des Krieges keine Rede sein. Nach der Konstituierung des Komitees flossen mehr Kriegsmaterialien nach Spanien als zuvor, und zwar aus Mitgliedsstaaten, wobei Deutschland und Italien Franco und die Sowjetunion die Republik unterstützten. Auch Frankreich öffnete zeitweise seine Grenzen, um Waffenimporte für die Republik zu ermöglichen. Deshalb sind sich alle namhaften Historiker einig darüber: Das Nichteinmischungskomitee war eine Farce.

Carlisten,
ursprünglich Bürgerkriegspartei in den Kämpfen um den spanischen Thron nach 1833. Auslöser war die Inthronisierung der Tochter des vestorbenen Königs Ferdinand VII. In drei blutigen Bürgerkriegen versuchte Carlos, der Bruder Ferdinands, sein Thronrecht durchzusetzen. Bis 1879 hatten sich die Carlisten dem revolutionären Aufstand

verschrieben, mit Hochburgen in Navarra und Katalonien. In ihrem Programm stand der autoritäre Ständestaat, die Lösung der sozialen Frage in Übereinstimmung mit der katholischen Soziallehre und die historischen Privilegien der Regionen. Die Bewegung überstand unbeschadet alle politischen Wechselbäder, bis sie 1936 wieder ihre große Chance sah. Die Carlisten schlossen sich Franco an, dem sie ihren eigenen Wehrverband, 30 000 Requetes, zur Verfügung stellten. 1937 vereinigte sie Franco mit der Falange zur Einheitspartei.

Luis Carrero Blanco,
geboren 1903 in Santona (Santander). Absolvent der Militär-Marineschule; nahm von 1924 bis 1926 am Krieg in Marokko teil. Befördert zum Korvettenkapitän, lehrte er als Professor für Taktik an der Seekriegsakademie. Nach dem Putsch schlug er sich zu den Franquisten durch, bekleidete dort mehrere wichtige Ämter in der Marine und fungierte als Francos persönlich unterstellter Staatssekretär. 1966 zum Admiral befördert, ernannte ihn der Caudillo 1967 zum stellvertretenden und 1973 zum Ministerpräsidenten. Am 20. Dezember 1973 starb er bei einem Attentat der ETA in Madrid.

Federica Montseny,
geboren 1905, aus einer traditionell anarchistischen Familie Kataloniens stammend, 1931 Mitbegründerin der CNT (Anarchosyndikalisten), ab 1933 in der FAI (Iberischer Anarchistenbund), wurde im November 1936 zur Gesundheitsministerin in Katalonien berufen. Die erste Ministerin Europas setzte eine Reihe von fortschrittlichen Gesetzen zur Emanzipation der spanischen Frau durch. 1937 trat

sie aus politischen Gründen zurück und wurde Komiteevorsitzende der CNT/UGT (Vereinigte Gewerkschaften). Ab 1939 im französischen Exil, kam sie 1977 nochmals kurz nach Spanien zurück und arbeitete aktiv für den Wiederaufbau der CNT. Sie ist Autorin mehrerer feministischer Bücher. Federica Montseny starb 1994 in Toulouse/Frankreich.

Abkürzungen

CC.OO. – *Comisiones Obreras,* Arbeiterkommissionen

CEDA – *Confederación Española de Derechas Autónomas,* Spanischer Bund autonomer Rechtsparteien

CNT – *Confederación Nacional de Trabajadores,* Nationalanarchistischer Arbeiterbund

ETA – *Euskadi ta Askatasuna,* Baskenland und Freiheit

FAI – *Federación Anarquista Ibérica,* Iberischer Anarchistischer Bund

FET y de las JONS – *Falange Española Tradicionalista y de las Juntas de Ofensiva Nacionalsindicalista,* Traditionalistische spanische Falange der nationalsyndikalistischen Sturmgruppen

GRAPO – *Grupo de Resistencia Antifascista Primero de Octubre,* Antifaschistische Widerstandsgruppe des Ersten Oktober

INI – *Instituto Nacional de Indústria,* Nationales Industrieinstitut

JAP – *Juventudes de Acción Popular,* Bewegung Völkischer Jugend

PCE – *Partido Comunista de España,* Kommunistische Partei Spaniens

PSOE – *Partido Socialista Obrero Español,* Span. Sozialistische Arbeiterpartei

PSUC – *Partit Socialist Unificat de Catalunya,* Sozialistische Einheitspartei Kataloniens

SEU – *Sindicato de Estudiantes Universitarios,* Syndikat der Universitätsstudenten

UGT – *Unión General de Trabajadores,* Nationale Arbeitergewerkschaft

UMD – *Unión Militar Democrática,* Demokratische Militärunion

UME – *Unión Militar Española,* Spanische Militärunion

Literaturverzeichnis

Alcalde, Carmen
Mujeres en el Franquismo (Barcelona 1996)

Andrade, Jaime de
RAZA – La novela que escribió Franco (Barcelona 1997)

Andújar, Manuel; Aub, Max; Ayala, Francisco; Barea, Arturo; Ruiz, Roberto; Sender, Ramón José
Narradores españoles / Spanische Erzähler (München 1981)

Bastian, Gert; Kelly, Petra K. (Hg.)
Guernica und die Deutschen (Hamburg, Zürich 1992)

Bayo, Eliseo
Los atentados contra Franco (Barcelona 1976)

Baroja, Pio
La Busca (Madrid 1969)

Berger, Hartwig; Heßler, Manfred; Kavemann, Barbara.
Brot für heute >Hunger für morgen< Landarbeiter in Südspanien (Frankfurt am Main 178)

Bernecker, Walther L.; Dirschl, Klaus (Hg.)
Spanien heute (Frankfurt am Main 1998)

Blasco Ibáñez, Vicente
La barraca (Barcelona 1977)

Brenan, Gerald
Das Gesicht Spaniens (Kassel 1991)

Brenan, Gerald
La faz de España (Barcelona 1985)

Brenan, Gerald
Memoria personal 1920/1975 (Madrid 1984)
Campesino, El
Morgen ist ein anderer Tag (Frankfurt am Main, Berlin, Wien 1983)
Canicio, Víctor
Vida de un emigrante español (Barcelona 1979)
Carandell, Luis u.a.
Retrato de un siglo – La mirada de 10 escritores (Madrid 1999)
Carrascal, José María
Franco – 25 años después (Madrid 2000)
Castro, Américo
Aspectos del vivir hispánico (Madrid 1987)
Collins, Larrie; Lapierre, Dominique
Oder du wirst Trauer tragen – Das phantastische Leben des El Cordobés (Wien, München 1968)
Dollinger, Hans
Schwarzbuch der Weltgeschichte (Frechen 1999)
Escrivá de Balaguer, José María
Der Weg (Köln 1983)
Etchebéhère, Mika
La guerra mía – Eine Frau kämpft für Spanien-Erinnerungen (Hamburg, Zürich 1991)
Eyre, Pilar
Quico Sabaté, el último guerrillero (Barcelona 2000)
Foertsch, Eduard
Im Namen der heiligen Inquisition (Hannover 1970)
Forest, Eva
Tagebuch und Briefe aus einem spanischen Gefängnis (München 1975)

Franco Salgado-Araujo, Francisco
Mis conversaciones privadas con Franco (Barcelona 1976)
Fromm, Erich
Anatomie der menschlichen Destruktivität (Reinbek bei Hamburg 1977)
Fusi, Juan Pablo
Franco, Spanien unter der Diktatur 1936-1975 (München 1972)
García, Consuelo
Die Hand des Herzens - Leben und Kämpfe der Spanierin Soledad Real (München 1981)
García Fernández, Javier
El régimen de Franco – un análisis político (Madrid 1976)
Giménez-Arnau, Joaquín
Yo Jimmy. Mi vida entre los Franco (Barcelona 1981)
Gironella, José María.
Ha estallado la paz (Barcelona 1966)
González, Sancho
Francisco Franco – Artífice de la victoria y de la paz (Madrid ????)
Goytiselo, Juan
Die Häutung der Schlange (München, Wien 1995)
Goytiselo, Juan
Jagdverbot (München, Wien 1994)
Goytiselo, Juan
Spanien und die Spanier (München, Luzern 1982)
Gutiérrez Álvarez, José; Kleiser, Paul B.
Sozialistinnen (Frankfurt a.M. 1989)
Heinsohn, Gunnar
Lexikon der Völkermorde (Reinbek bei Hamburg 1998)
Hills, George
Franco – El hombre y su nación (Madrid 1968)

Höhn, Will; Schieder, Karl-Heinz
Spanien 1936-1976, Kampf für Freiheit und Demokratie (Frankfurt 1976)

Ibarruri, Dolores
Der einzige Weg (Berlin 1985)

Jaenecke, Heinrich
Es lebe der Tod - Die Tragödie des Spanischen Bürgerkrieges (Hamburg 1980)

Jaraiz Franco, Pilar
Historia de una disidencia (Barcelona 1981)

Jong, Rudolf de; Orero, Felipe; Gómez Peláez, Fernando; Semprún Maura, Carlos; Hermet, Guy
Santiago Carrillo: Vom Stalinisten zum Eurokommunisten? (Berlin 1977)

Juliá, Santos (Hg.)
Víctimas de la Guerra Civil (Madrid 1999)

Klein, Peter
Francos zweite Inquisition – Spanien zwischen Folter und EWG (München 1971)

Lafuente, Isaías
Tiempos de hambre – Viaje a la España de posguerra (Madrid 1999)

Lepiorz, Gerhard
Geistige Länderkunde - Spanien (Nürnberg 1959)

López Mondéjar, Publio
Spanische Fotografie zur Zeit Francos (Köln 1999)

Marías, Julián
Ser español (Barcelona 2000)

Mendoza, Eduardo
Die Stadt der Wunder (Frankfurt am Main 1989)

Mertens, Hans-Joachim
Spanien – Die Zukunft stirbt nicht – Eine politische

Reportage (Berlin 1977)
Miguel, Amando de
La España de nuestros abuelos (Madrid 1995)
Miguel, Amando de
Sociología del Franquismo (Barcelona 1975)
Miravitlles, Jaume; Termes, Josep; Fontserè
Carteles de la República y de la Guerra Civil (Barcelona 1978)
Namuth, Hans; Reisner, Georg
Spanisches Tagebuch 1936 (Berlin 1986)
Núñez, Cayetano; González, Juan
Los presos (Barcelona 1977)
Olmeda Gómez, José Antonio
Las fuerzas armadas en el estado franquista (Madrid 1988)
Otten, Karl
Torquemadas Schatten (Hamburg 1980)
Pemán, José María
Mis almuerzos con gente importante (Barcelona 1975)
Pérez Galdós, Benito
Misericordia (Madrid 1984)
Pérez Merinero, David y Carlos
Cine y control (Madrid 1975)
Preston, Paul
Franco (New York 1994)
Primo de Rivera, Pilar
Recuerdos de una vida (Madrid 1983)
Rathfelder/Stein/Vogel
>Alle oder keiner!< Comisiones Obreras - neue Arbeiterbewegung in Spanien (Berlin 1976)
Reventlow, Rolf
Spanien in diesem Jahrhundert - Bürgerkrieg, Vorgeschichte und Auswirkungen (Wien 1968)

Sánchez Dragón, Fernando
Gárgoris y Habidis – Una historia mágica de España – Ciclos cristianos (Madrid 1979)
Sell, Hans Joachim
An Spaniens Fell zerren Dämonen – Aufzeichnungen aus einem Lande der begrenzten Möglichkeiten (Hamburg 1968)
Soria, Georges
Guerra y revolución en España 1936-1939 – Volúmen 5: El desenlace (Paris 1977)
Suárez Fernández, Luis
Franco, la historia y sus documentos – Africa, República, Alzamiento – Tomo 1 (Madrid 1986)
Tamames, Ramón
La Républica – La era de Franco (Madrid 1983)
Téllez, Antonio
Sabaté - Stadtguerilla in Spanien 1945-1960 (Berlin 1974)
Teppich, Fritz (Hg.)
Spaniens Himmel - Volksfront und internationale Brigaden gegen den Faschismus 1936-1939 (Berlin 1986)
Thomas, Gordon; Morgan Witts, Max
Der Tag, an dem Guernica starb – Görings Luftwaffe im Spanischen Bürgerkrieg (Zug 1978)
Thomas, Hugh
Der spanische Bürgerkrieg (Berlin West 1964)
Vidal, César
Intrépidos y sucios – Los españoles vistos por Hitler (Barcelona 1996)
Vilar, Pierre
Historia de España (La Habana 1990)
Villain, Jean
Nacht über Spanien-Reisenotizen 1956 (Berlin 1957)

Welles, Benjamin
Spanien – die fromme Diktatur (München 1965)
Wright, Richard
Heidnisches Spanien (Hamburg 1962)
Infante, Jesús
La prodigiosa aventura del Opus Dei – Génesis y desarrollo de la Santa María (Paris 1970)
Zülch, Tilman
Von denen keiner spricht, Unterdrückte Minderheiten – von der Friedenspolitik vergessen: Kurden, Basken, Chicanos, Indios, Meschier (Sowjetunion) u.a. (Reinbek bei Hamburg 1975)